没药花园

十五个绝对真实的案件

何袜皮 著

江苏凤凰文艺出版社
JIANGSU PHOENIX LITERATURE AND ART PUBLISHING, LTD

图书在版编目（CIP）数据

没药花园：十五个绝对真实的案件／何袜皮著．—
南京：江苏凤凰文艺出版社，2019.10（2020.10 重印）
ISBN 978-7-5594-0884-6

Ⅰ．①没… Ⅱ．①何… Ⅲ．①犯罪心理学—通俗读物
Ⅳ．①D917.2-49

中国版本图书馆 CIP 数据核字(2018)第 280999 号

没药花园：十五个绝对真实的案件

何袜皮 著

出版人 张在健
策划 黄孝阳
责任编辑 黄小初 唐婧
助理编辑 程明明
装帧设计 张景春
责任印制 刘巍
出版发行 江苏凤凰文艺出版社
南京市中央路 165 号，邮编：210009
网址 http://www.jswenyi.com
印刷 苏州市越洋印刷有限公司
开本 710 毫米×1000 毫米 1/16
印张 20
字数 250 千字
版次 2020 年 1 月第 2 版
印次 2020 年 10 月第 9 次印刷
书号 ISBN 978-7-5594-0884-6
定价 49.80 元

序 | 何袜皮

很少谈自己，今天就来谈谈自己。

我在微信公众号“没药花园”(ID:moyaohy)开始写案件时，关注者只有几百人，都是一些生活中认识的，或因为我那些冷僻的小说而知道我笔名的人。

我早期也发过自己的照片。当关注者的数目突然猛增后，我有种感觉，我不再是站在一个屋子里对一小群人说话，而是站到了一片广场上。一种轻微的失控感，让我删去了自己的照片，从此再没有发过，并把作者的名字也改为没药花园。

常有朋友建议我放一个个人简介和照片在每篇文章的末尾，我一直没有采纳。

不是故作神秘，只是不习惯成为关注的焦点。

我也没想过设立什么人设，因为在一个网络时代，所有美好的人设都是脆弱的。只有一个本来就足够糟糕的人设，才能立于“不败”。

我的想法是：只展示观点，而无需捆绑一个身份或者个人经历。

很多人关注没药花园时压根没听说过作者是谁。他们是看了某篇文章，认同某个观点才关注的。所以我一直认为，我的观点是否被接受，和我的履历、相貌、年龄、甚至性别，并没有太大关系。

但是，久而久之，我却发现，当大家看不到这些文章背后的人是谁时，便会出现一些奇怪的揣测，譬如：某次“没药花园”四个字上了微博热搜是团队策划之类……(没有，我也是别人发给我截图后才知道的)

所以，我想在这篇序中写一下我自己和我的一些想法，以便让大家多了解我一点点。

01

虽然我常常要为某些观点辩护，但我本人既不强势，也不泼辣，是个温和的人。

虽然我写过诗，但我个人风格不文艺，也不抒情。

虽然我的小说中有各种奇思怪想，但其实我很务实，不喜欢空谈和吹牛。

虽然我思维缜密，但我的写字桌总是很乱，经常丢三落四（丢手机和钱包的历史已经成为朋友间的笑柄）。

我在生活上自由、散漫，但对工作中的事又很较真。

以前我在读书期间每次假期短暂回国，总有人叫我何博士，我知道这是客套话，但还是会认真地纠正，“是博士生”。

几年前，一本书的图书编辑未询问意见，便替我写了作者介绍，把我写成了博士。我拿到书后简直寝食难安，觉得万一被人抓住，就是造假。

一位历史学博士朋友安慰我：“没事，国内只要开始念博士了，都这么叫。”

“那万一中途我因为某些原因没拿到学位呢？”我问。

她答：“那从此以后，都管你叫博士肄业。”

幸好，我毕业了。

02　人类学

我的一个博士学位读了8年多……

有诗人朋友曾写过一首诗嘲笑我：

人类太难了

——致袜皮

还记得
刚认识你那会儿
你开始读人类学博士
如今小十年过去
都快不认识你了
可你还没毕业

我们系平均毕业时间是8—10年，所以其实我也不算慢。

有时回头看，我不敢想象，人生最好的时光都在做这件事。我读了许许多多可能对我这辈子都没什么用且枯燥难懂的书。也或许，所有读过的那些理论在心中融会贯通，让我更理解这个世界了。

这些年大部分时候的生活很枯燥。早上带午餐和晚餐去图书馆等开门。最好能抢到一个沙发的位置，因为要坐上一整天。中午用公共微波炉热饭吃，到了晚上再热另一份饭吃。深夜11:30图书馆关门出来。有时也会在通宵的图书馆待到凌晨。

正因如此，研究的课题必须有趣才能让自己坚持下去……

我早期的课题研究金三角赌场，为此还学了一个学期的老挝语。那是一块位于缅甸、泰国和老挝之间的神秘飞地，菜单上有小炒老虎肉，商人饲养巨蟒、猴子当宠物，游客寥寥却有建筑最豪华的唐人街……

最后一次去时，AS陪我前往。那天是她的生日，可我的线人找遍金三角特区，竟然找不到一只生日蛋糕，最后是KTV厨师在一只西瓜上插了蜡烛给她庆生。

后来，因为个人生活的变化，我改变题目，回到上海做田野。论文题目是《恐惧的和被恐惧的：中国封闭式小区内的作为安全商品的保安》。

在我拿到博士学位参加毕业典礼时，副导师Bowie教授遇见我爸妈。她走到他们面前，让我翻译给他们听：她读我的毕业论文时哭了。

有时，打动人并不需要语言上的煽情。事实足以。

在我刚开始读人类学的学位时，一个师姐告诉我，人类学就是一门屠龙术。

什么是屠龙术？

有个人抱负不凡，其他功夫都看不上，一心想学一门最难、最高超的武功。因此有人建议她，那你应该去学屠龙术。

她用了许多年，花费了很多力气，吃了许多苦头，终于掌握了这门绝世武功。

可当她有一天走出深山，想要找条龙打一架，试试自己的武功时，却发现世界上哪儿都找不到一条龙。

闭关修炼多年，终有一天走出深山，剩下的只有彷徨。

许多人问我毕业以后的打算。在答辩通过后，委员会的老师们也问了同样的问题。我回答：还没有计划。

过于专注于眼前的事，没有提前考虑未来，或许也是一种逃避吧。

在我写完280页的毕业论文后，我对自己说：先暂停3个月，把手上的事（修改书稿、答应大家写的案件）做完，再考虑找工作。

没想到快半年过去了，我本以为很快可以结束的事一直没有结束，反而越来越多……

03 没药花园

有天和同学讨论各自会对什么上瘾。有人对打游戏上瘾，有人对甜食上瘾……唯一让我不能自控的是钻研某个谜，有时甚至会耽误正事。这些年看了许多案件，有自己的想法，却总是那么的忙，从未有时间写出来。

2017年，我在上海做田野研究，时间上充裕了很多。我一个人住在某小区的群租房(因为研究内容涉及群租)，晚上也没什么事，就开始做自己一直感兴趣的——把我对那些悬案的看法写下来。

在那一刻，我没有想过要正儿八经创立什么，更没有想过在两年后，自己会在一个“不务正业”的兴趣上投入那么多的时间和心血。

我曾看过一个冷门的美国电视节目“*Cold Justice*”。

一个退休的女检察官，在一个犯罪现场侦查员的协助下，重新调查各个州留下来的冷案。她们重新梳理当年警方的资料，重访犯罪现场或搭建模拟现场，找到当事人谈话，找出新的线索，并把找到的新证据或口供提供给警方。

截至2018年4月，这个团队帮助警方逮捕35人，定罪18人，包括多起谋杀案的定罪。

我很惊叹，一个朴素的节目可以对现实的正义产生那么大的直接影响。

有时候他们也会失败。尽管周边的证据都指向了这个人，但是却没有直接的证据，对方也不愿意开口……他们只能向受害人家属说抱歉。

尽管我知道由于现实的约束，几乎没有可能实现这样的愿望，但是我在起初也有一个这样的英雄梦。

04 是推理，不是臆测

我需要在这里解释一下臆测和推理的区别。

尽管有人说我的文章是臆测，但我认为自己在做的是推理。广义上的推理比我们想象的更普遍，其实是每个人在日常生活中无时无刻不在运用的。

早上醒来，薄窗帘外天色阴暗，水声滴答响，你的心中会有判断，外面正在下雨。

七夕节有男同事送了你一束花，你暗想，“他是喜欢我吧”。

有人在长跑结束的终点喝了一大瓶水，周围人会想，他一定是渴坏了……

这些判断并不等同于“确定”，而是一种基于相关证据的推理。

对这类日常生活中的推理，事实和结论之间的距离很近，人们能迅速反应，有时速度快到自己都意识不到这个思考的过程。

而像柯南那样的推理，证据和结论之间的距离更远，需要科学、心理学、逻辑、常识等去填补。

那什么是臆测呢？有人蒙头躺在被窝里，既没有听见水声，也没有看见天色，更没有看过天气预报，他便对自己说：“现在外面在下雨吧。”这是一种没有根据的凭空想象，即臆测，自然很容易出错。

人只要活着，无时无刻不在运用推理，这是对客观世界认知的延伸。越是高级的动物，其生活对推理的依赖性就越大。山羊看到水泥地上放了一个胡萝卜只会想到食物，立刻有冲动要去吃；但人看到胡萝卜会想它为什么在这里……

我写的文章大多运用推理，举个例子，我在两年前写蓝可儿时，曾判断她是自己通过爬消防楼梯上的楼顶天台。这不是凭空想象的，而是在看了塞西尔酒店的很多资料、视频、照片，读了一些早年游客的描述后发现：上楼顶天台只有两条通道，而只有这一条对没有员工钥匙的蓝可儿是可行的。

2019 年 11 月底，美国媒体才从洛杉矶警方处获知，案发后警犬曾在通向消防楼梯的窗户附近发现了蓝可儿的气味，证明她到过那里。如果是基于准确的证据进行严密的推理，那么结论被证实的概率很高。

有些人混淆臆测和推测的界限，把“臆测”作为一个标签对论证过程进行污名化，这样他们不用参与深度的讨论，就可以否定某些结论。

另外我想再谈一下什么叫作“客观”。有人抛出一些(极)小概率的可能性说，如果作者不能 100%确定，就是不客观。

客观有两个含义：一个是指存在于思维活动之外的事实，譬如一个水泥地上的胡萝卜是客观存在的；但人类高级思维活动中的客观则意味着尊重事实、不受个人情感、立场等影响，而不是指排除所有其他可能性。

世界上有多少事是 100%确定的呢？

美国科学家 Dr. Peter H. Raven 曾在某纪录片中说过一句话“science never says anything is certain”(科学从来不说任何事是确定的)，因为“科学表达的语言就是如此”。譬如 DNA 鉴定给出的结果永远不会是 100%。

实际上，科学进步也常常是从“不确定”开始的，是从假设开始的。

科学都如此，更何况日常生活和隐秘的犯罪行为？

窗外天色昏暗、水声滴答，就一定是下雨吗？这不一定。可能你出门抬头看，会发现一个巨型 UFO 在高空遮挡了阳光，并在向下洒水？

没人可以保证宇宙中没有 UFO。

有异性在七夕节给你送花一定是喜欢你吗？这也不一定。可能他刚刚送花给暗恋对象被拒绝，在想要扔掉这束花时，刚好看见了你。

有人喝了很多水一定是渴吗？不一定。可能他和其他人打赌，输了要在终点喝掉一瓶水。

犯罪人侧写(offender profiling)是根据犯罪现场和犯罪行为本身的特点推测凶手的身份、心理、经历、体型等等，不是 100%确定，而是一种推理。犯罪心理分析也是根据犯罪行为进行推测，很多是没有办法可以确定的，因为通常罪犯本人不愿意承认或不能意识到自己的问题。

这世界上的每件事其实都存在其他可能性。但那些小概率事件的存在，不应当阻止每个人进行客观的推理；就如同或许存在的 UFO，不会阻止人们在阴暗的天色中出门带一把伞。

05 未来

我的本科专业是新闻学，也写过一些案件的深度报道。

新闻报道是事实的陈述，而我在没药花园上写的文章是犯罪心理分析和案情讨论，类似于美国心理侧写师 Pat Brown 等人的专栏。

两者是非虚构写作的不同形式。

我很明确两者的界限。我不会在报道中加入个人观点。如果有话要说，也会在没药花园中另写一篇。

我希望没药花园存在的意义不局限于寻找悬案和神秘事件的答案。

我更希望做的是两件事：一，为读者提供一个逻辑分析的样本，一个看待社会事件的理性的角度和方式。至于具体的答案，其实每个人都可以有自己的推论，只要逻辑自洽就可以。

此外，我希望能从众多极端的、离奇的案件中找到更为普遍的心理和人性，让每个读者包括我自己可以借鉴、反思自己的生活。

目 录

美国楼梯悬案

跨国公司女总裁丧命豪宅，凶手是猫头鹰、楼梯，还是她最爱的丈夫？

最近看完了13集Netflix制作的纪录片*The Staircase*（《楼梯悬案》）。从2002年至2017年，它跟踪案件进展，跨度16年，讲述了一个错综复杂、富有争议的案件。

本案于2001年发生在北卡罗来纳州的达勒姆市的一栋豪宅里。豪宅占地3.5英亩，使用面积达1000平方米，有5个房间，曾经是一些电影的取景地。

豪宅主人是一对夫妇：小说家迈克尔（Michael）和一家大型跨国通讯公司副总裁凯瑟琳（Kathleen）。

迈克尔和凯瑟琳工作体面，养育着5个孩子。

其中，2个男孩是由迈克尔和前妻苏（Sue）所生，2个女孩则是迈克尔在上一段婚姻时期收养的。也就是说，4 个孩子全部是迈克尔带过来的。另一个女孩卡特琳(Caitlin)是凯瑟琳和其前夫所生。

比起他们的财富来，更让周围朋友津津乐道的，是两人的爱情。

许多朋友证明，再没见过比他们更合拍的夫妻。他们的爱情是所有人梦想的那种，从不争吵，双方都风趣幽默，有讲不完的笑话，一家人沉浸在欢声笑语中。

案发

案发时是 2001 年 12 月 9 日，孩子们都在外地读大学或者居住，并不在家。

凌晨 2:40，911 接线员突然接到迈克尔的电话，口气惊恐、慌乱："我的妻子发生意外了，她还在呼吸……她从楼梯上摔了下来……"

当接线员问他是从多高的楼梯摔下来的时，他发出"呃，呃"的声音，似乎在走向楼梯去数。大概 10 秒钟后，他回答："15，或者 20 级吧。"

挂断电话 1 分钟后，他再次报警，除了催促救护车外，还提及妻子已经没有呼吸了。电话里充满惊恐的啜泣声。

接到电话 7 分钟后，警察与医护人员赶到现场。与他们同时到达的，是迈克尔的大儿子陶德(Todd)和他的 4 个朋友。

陶德声称自己刚参加完派对，接到父亲的电话就赶了过来(他当时居住在其他居所)。

首先到达的警员的第一反应是，现场似乎并不符合他经验中从楼梯上摔下来的景象。

尸体仰面朝上，后脑勺搁在第一级台阶上。墙上、地板上、尸体上，到处都是大量鲜血。

一些血迹已经干了，几乎不会沾到警员的身上。

迈克尔的球鞋脱在一旁，旁边还有多块沾血的毛巾。

水槽里有浓烈的酒味，桌上放了一个空酒瓶和两个酒杯。迈克尔身穿短裤和汗衫，不停啜泣。

迈克尔告诉警员，他和凯瑟琳在接近凌晨0点时决定去泳池边坐坐聊天，两人喝了不少酒。

坐了一会儿，他们回到房子里，但迈克尔发现泳池边的灯还没关，于是又走回去关灯。

泳池很大，中间有喷泉，从房子走到泳池，要经过一段小径。

后来经过试验证实，如果有人在房子里发生意外呼喊，在泳池那边确实是听不见的。

等他关完灯回来，却发现凯瑟琳倒在了楼梯下方的血泊中。

他认为凯瑟琳是醉酒加吃了一片安眠药后，从楼梯上摔了下来。

在开庭时，以及纪录片的开头，迈克尔又修改了他的证词：

当晚，凯瑟琳和迈克尔坐在泳池边喝酒聊天，待了若干个小时。

后来，凯瑟琳说她第二天一早还有会议，就先进了屋。而迈克尔则继续留在外面抽雪茄，大约多待了45分钟，直到2:30才进屋。

而他一进屋，就发现了这恐怖的一幕。

警方认为这不像一起意外，于是进行了尸检。

法医发现，凯瑟琳体内的酒精含量并不高，相当于喝了一小杯啤酒。

尸体全身有38处伤痕，头皮有7处裂伤，颈部甲状软骨骨折，眼眶和太阳穴有淤青，手腕和手臂也有伤口，她死于失血过多。凯瑟琳的手上还抓了一小把自己的头发，有些被连根拔起。

法医认为，凯瑟琳头皮上的致命伤口来自凶手用物体的连续击打，颈部骨折是掐脖子造成的，其他伤口是防御伤。

由于迈克尔是当时唯一在房子里的人，自然成了嫌疑人。

第二名受害人?

警方在调查时，有人对他们说起一件很巧合的事。16 年前，迈克尔 2 个养女的生母，也是在楼梯下方意外身亡的。

这要从迈克尔的经历说起。

迈克尔 1943 年出生，毕业于杜克大学的政治学系，他当年在校时风度翩翩，是运动健将、学校的兄弟会主席，也是校报编辑，颇受女生欢迎。

毕业后他在美国国防部工作，同年，他和第一任妻子苏结婚，生育了 2 个儿子。

1968 年，他在美国海军服役，被派往越南（当时正是越战期间）。他于 1971 年退役。

此后，迈克尔和苏在德国生活了一段时间，他们在那里认识了另一对夫妇伊丽莎白（Elizabeth）和乔治（George）。两对夫妇有很多共同点：妻子都是小学老师，丈夫都是退役军官。

后来，乔治在某次军事行动中去世。他去世后的那一年，伊丽莎白和迈克尔夫妇的关系更为亲密。

1985 年的一天早上，伊丽莎白的保姆去上班时，发现伊丽莎白死在楼梯下方，现场的地板、墙上都有大量鲜血。

而前晚，迈克尔一家刚和她吃了晚饭。迈克尔送伊丽莎白回家，并照顾她的 2 个女儿上床睡觉后才离开。

因此，最后一个见到伊丽莎白活着的人，或许也是迈克尔。

接到保姆报案后，医生和警察赶到现场，把一个针管插入伊丽莎白的脊椎，发现液体浑浊。加上获知伊丽莎白此前曾和家人抱怨头疼，以及她本身患有血管性血友病，便认定她当晚发生“脑溢血”，导致从楼梯上摔下来死亡。

伊丽莎白死后留下了2个分别是1岁和2岁的女儿。

迈克尔收养了这2个女孩，也继承了伊丽莎白3.5万美元（一说6万美元）的遗产。

但我猜他的妻子苏或许并不太赞同对这2个女孩的收养。

1987年，迈克尔夫妇分居了，2个儿子跟随苏生活。迈克尔则带2个养女回到美国。

在把2个案件联系起来后，检方做出决定：18年后，重新开棺验尸。

此举得到了伊丽莎白娘家人的支持。

为伊丽莎白尸检和为凯瑟琳尸检的是同一个女法医，她的结论令人吃惊，在伊丽莎白的头部同样有多个裂口。

这些裂口究竟是从楼梯上摔下来造成的，还是被钝器击打造成的呢？

法医结合他人对现场大量血迹的描述，认为伊丽莎白死于谋杀。

伊丽莎白的娘家人，和凯瑟琳的娘家人一样，都相信迈克尔就是凶手。

但伊丽莎白的2个女儿，却无法接受这个结论。她们极为坚定地站在养父这一边。

后来纪录片 *The Staircase* 的法国导演让·泽维尔·德莱斯特德（Jean-Xavier de Lestrade）接受了访问，他认为伊丽莎白之死和迈克尔无关。

他说当年德国警方和军方都参与了调查，还把伊丽莎白的半个脑袋切下来送进实验室，结论是她确实患病。

检方从德国请了伊丽莎白的保姆、好友等人出庭。那些证人都描述现场有大量鲜血，有些鲜血的位置非常高，高个子都需要伸手才能触及，不符合摔下楼梯的情况。

但检方并没有起诉迈克尔杀死伊丽莎白，而是指出，迈克尔很可能从中得到灵感，伪造了凯瑟琳的死。

第二次婚姻

迈克尔曾以自己的军旅生活为题材，写了 3 部小说，其中一部登上了畅销书榜，据说他因此拿到了几十万美元的版税。

他为当地报纸写专栏，批评政府官员，也批评了后来起诉他的检察官。因此一些人认为检察官办案时，有报复的嫌疑。

迈克尔刚搬回北卡州住的学区刚好是凯瑟琳和女儿住的那一个，两家的女孩是朋友，也让她们的父母由此相识、相爱。

凯瑟琳的履历比迈克尔更为耀眼。

她读书时就是高中第一名，是杜克大学工程学院历史上招收的第一个女性学生。她工作能力极强，当时 30 多岁，已担任 Nortel（北电网络有限公司）公司高管。

凯瑟琳是事业型女强人，但感情上却不顺利，上一段婚姻因为前夫的出轨而离婚，这让她备受打击。

在离婚后的一两年内，女儿卡特琳每天夜晚都能听到母亲独自在床上哭泣。令卡特琳高兴的是，母亲自从和同学的父亲迈克尔交往后，变得每天都那么快乐。因此当母亲去世后，卡特琳一度站出来替继父说话，说他绝对不可能是凶手。

1989 年，凯瑟琳和迈克尔搬到了一起同居。凯瑟琳很大方，让迈克尔的 2 个儿子也从德国搬过来一起居住。

迈克尔的儿子之一是问题少年，在杜克大学读书时因为制造爆炸物入狱 4 年。

1997 年，迈克尔和凯瑟琳结婚，他按照凯瑟琳的喜好，举行了一场盛大的婚礼。

婚后，凯瑟琳不仅事业蒸蒸日上，升为副总裁，而且精力充沛，亲自照顾孩子们，做饭，料理家务。2个养女也表示，凯瑟琳是第一个替她们梳头发的人，她们从内心接受了她。

据说迈克尔的2个儿子不喜欢凯瑟琳，因为他们的父亲此前对自己的生母一直很冷淡，从没有像对凯瑟琳那么好过。但慢慢地，他们也接受了凯瑟琳，至少表面上。

夫妻俩也经常举行大型派对和奢侈的晚宴，高朋满座。

到2001年案发时，两人已经一起生活了12年。在如此漫长的岁月中，两人感情甜蜜如初，令周遭人羡慕，大家纷纷用“完美”“理想化”等词描绘他们二人的感情。

如果一切都如大家所说的那样，迈克尔有什么动机杀害凯瑟琳呢?

动机

检方认为动机有2个:金钱和性。

古人云:由俭入奢易，由奢入俭难。

据检方调查，迈克尔和凯瑟琳的生活方式奢侈，其实当时已经入不敷出。迈克尔结婚后一直没有太多经济收入，竞选市长和市议会议员都落选。最近2年基本没啥进账，全靠凯瑟琳养家。

凯瑟琳当时年薪14.5万美元，这在2001年是非常高的薪水了。但检方发现，截至案发时，他们光信用卡就欠下了14万美元，几乎是靠透支信用卡在维持家庭运转。

想想养这么大的家，毕竟什么都要钱。3个女儿都到了读大学的年纪，美国学费很贵。这么大的老房子，不时需要维修，每次都是几千、几万美元的账单。

偏偏2001年经济不好，当时Nortel公司已经裁掉了三分之二的员工，凯瑟琳在无奈裁掉自己下属的同时，也担心哪天会轮到自己。

而同一时间美国股票大跌，她本来指望用来退休的价值几百万美元的股票跌到了小几十万。

案发后，警方恢复了12月9日下午迈克尔删掉的邮件，从中得知，迈克尔写信让他的前妻苏把房子抵押贷款，取出3万美元来付2个儿子的信用卡账单，他特意交代不能让妻子凯瑟琳知道此事。

而养女之一也问自己的舅舅，能否帮忙付5000美元的学费，可见当时她的养父母已无力支付。

凯瑟琳的死亡能为迈克尔带来什么？一份Nortel公司给凯瑟琳买的价值140多万美元的人寿保险。在婚后，凯瑟琳就把受益人从前夫改成了迈克尔。

此外，凯瑟琳还有35万美元的“递延补偿”，以及其他各种补偿。

如果她在世时被裁员，这些公司福利恐怕拿不到了。但如果她是意外跌下楼梯死亡，这些钱都将属于迈克尔。那么他可以不工作，继续享受奢侈的生活。

但辩方律师认为这是胡扯：凯瑟琳作为高层被裁掉的可能性很小，天下哪有丈夫会为这样一个捕风捉影的消息杀死爱妻？

再说毕竟是凯瑟琳在养家，杀了她，岂不是全家一点收入都没了？

人寿保险后来把保险支付给了凯瑟琳的女儿卡特琳，以及她的亲生父亲，但我认为如果不是因为迈克尔成为被告，其实他是可以得到这份保险赔偿的。

最后Nortel公司为副总裁之死支付了38.5万美元的“递延补偿”、死亡福利等。这些钱被迈克尔拿到后，支付了部分律师费。根据纪录片，律师费高达七八十万美元，还不包括后来持续多年的上诉。

这栋豪宅也在 2003 年上市出售，由于发生过命案加上经济不佳，它从 100 多万美元降价到 60 多万美元，才在 2004 年售出。

检方提出的第二点作案动机或许更具说服力，它说明这对夫妻的婚姻根本不是外人看到的或者凯瑟琳以为的那么“理想”。

警方在案发后扣押了位于二楼的一部电脑，在其删除的硬盘数据中，发现了几百部色情影片，2000 多张下载的色情照片，200 多个色情网站的浏览记录。

惊人的是，这些色情影像中有大量男性同性恋内容。

警方发现迈克尔曾发邮件和一名男妓布拉德（Brad）谈生意，约好了趁凯瑟琳上班时在家里交易。但那天布拉德因为刚好要去外地而没有赴约。

布拉德出庭承包了整个纪录片的笑点。他当庭阅读了两人之间极为色情的电子邮件，当检方问他，双方见面后准备干什么时，他回答：“普天下任何事都可以干。”

当检方问他的已婚客户中有什么人时，他说“有法官”，还连忙补充一句，“不是现在法庭上这个。”

台下哄笑一片，迈克尔则坐在被告席上一脸无奈。

辩方辩称，迈克尔是一个双性恋，而凯瑟琳是个开明的女人，早就知道并接受这一点，还经常拿这个开玩笑，说他的那些军队里的小伙伴都是 gay。

纪录片中，迈克尔承认自己在第二次婚姻中多次出轨，对象都是男性。但他坚持自己是爱妻子的，凯瑟琳是他的灵魂伴侣。至于其他那些，只是肉体出轨。

对于双性恋，我会在后面分析。

此外，迈克尔的人品还遭到质疑，因为他曾经在竞选市长时撒谎。

他说自己在越战中因受伤而退役，却被记者揭露出来，其实他退役是因为在日本时出了个车祸。而他拿出来的几个勋章，记者也没找到相关记录。

对尸检结果的质疑

迈克尔的高额律师费不是白花的，他们请到了李昌钰博士和沃纳·斯皮茨(Werner Spitz)博士这两位法医界大咖来论证他们一方的理论。

后来出庭作证的是李昌钰博士。他认为凯瑟琳的伤口更符合跌下楼梯而造成的，而不是被击打。他推测凯瑟琳当时在上楼梯时重心不稳、脚滑，往后仰，摔下来时撞到了对面的带凸起的门柱(如下图1)。

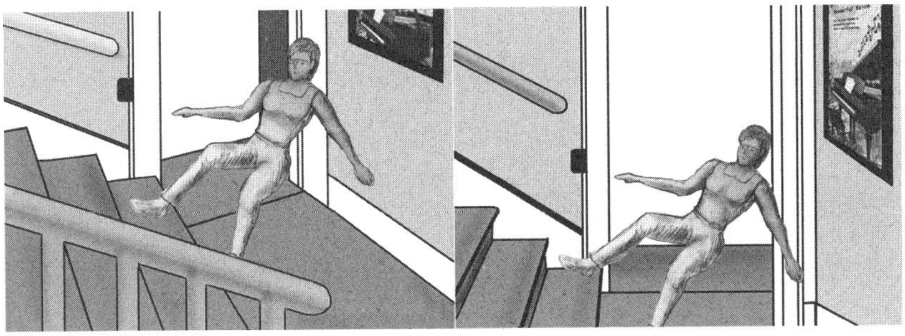

图1

当她想站起来时，踩到了自己的血滑倒，再次撞在台阶上，手腕也撞在了台阶上(如下图2)。颈部骨折也是撞击造成的。

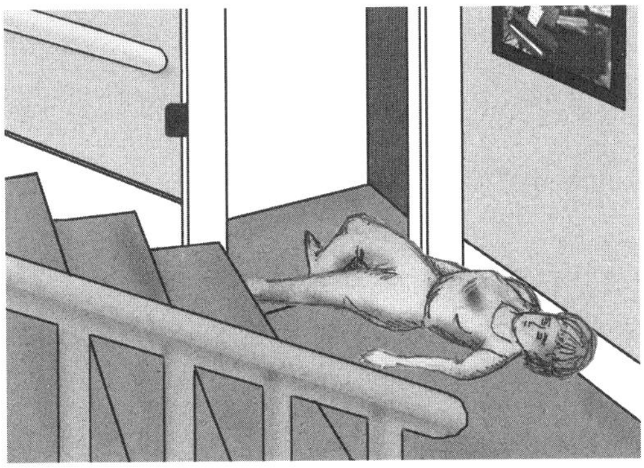

图2

辩方抓住的一点是：虽然头皮有裂伤，但是颅骨没有骨折，脑部也没有血肿、颅脑损伤，这在由打击所造成的伤口中是很少见的。

一般如果真要杀人，肯定用尽力气击打，那么通常来说会伴随颅骨骨折或颅脑损伤，或两者都有。

而检方则认为迈克尔用吹火棒（用于向火炉吹火）或者类似的又轻又硬的钝器击打过凯瑟琳的头部。

凯瑟琳的妹妹曾买过 4 根吹火棒送给家人，她说此前每次去凯瑟琳家，都看到那根东西在火炉边，但是案发后不见了。

值得一提的是，当时凯瑟琳的 2 个妹妹以及凯瑟琳的亲生女儿卡特琳，在看到检方提供的证据后，都站到了反对迈克尔的阵营。

卡特琳也和另外 4 个坚决支持迈克尔的兄弟姐妹决裂。

戏剧性的是，就在临近陪审团做决定前几天，那根消失的吹火棒被迈克尔的儿子在车库里找到了。它显眼地倚墙站立，上面有灰尘和蜘蛛网，证明长久未被使用。

辩方认为，警方早已找到了，故意不提此事，就为了赖它是凶器。

而检方则认为，他们几十人搜索都没找到。它不可能本来就在那里，是迈克尔家人隐藏后，故意在这一刻拿出来打击检方。

尽管有李昌钰等人支持摔下楼梯论，但当时检方有一个血迹分析师杜安·迪弗（Duane Deaver）却做了一个试验，还原了钝器击打杀人的现场。

他用一根吹火棒击打塑料“头颅”，模拟出了血迹溅在迈克尔大裤衩上的痕迹。

他认为，墙上、地上、身上的血迹只可能是在这种情况下形成的，而不是摔下楼梯形成的，这和李昌钰的结论完全相反。

实验很有争议，迪弗击打时站在一个现实中根本不可能存在的位置：楼梯的墙外。

但迪弗指出很关键的一点是，迈克尔的大裤衩里面有向上溅进去的血迹。

这只可能在一种情况下形成：迈克尔站在凯瑟琳的上方，而当时的血是动态的。李昌钰博士认为这是当迈克尔移动尚有呼吸的凯瑟琳时，凯瑟琳的头发把血迹甩入了迈克尔的裤管。

审判结果

看完纪录片后的第一感觉是，律师很牛，敬业、头脑清晰、思维敏捷、表达精确。

连迈克尔自己也在纪录片中感叹，在美国有钱人请得起好律师，可以想方设法脱罪，而那些穷人怎么办呢？

尽管律师和迈克尔非常有信心，但陪审团讨论后认为一级谋杀罪名成立，迈克尔在名誉扫地后，又被判终身监禁，不得保释。

2 个养女在法庭上泣不成声，而迈克尔一直回头安慰她们："没关系。"

迈克尔于 2003 年入狱，坐了 8 年牢。在这 8 年中，他的上诉全都被驳回，他对此已经不抱希望。

2011 年时，转机来了。

之前的血迹分析师迪弗被人揭发故意隐藏对被告有利的试验结果，以证明自己的结论。此前的一起案子也因此翻案，迪弗被解雇。

调查发现，迪弗可能在 34 起案件中伪造过证据。

补充一句，迪弗其实在 2014 年通过州人力资源委员会投诉过对自己的解雇不合理，后来他的老东家不得不重新雇佣他，还赔偿了他 30 个月的薪水。

2011 年，新律师抓住迪弗这个把柄以及其他一些程序上的错误（比如那些证据袋被人撕开，混杂保存，比如当年警方忘记验死者身上的 DNA……），从而要求法官撤销迈克尔的罪名，直接释放。被法官拒绝。

但迈克尔争取到了一次再审的机会。

2017 年，迈克尔和检方达成了认罪协议。他承认杀人，检方把罪名减为"过失杀人"，由于他的服刑时间已经超过这个罪名相应的刑期，他立刻获得释放。

此时已经 70 多岁的迈克尔老态龙钟。他出庭后，依旧不认罪，说自己只是实在耗不起了，打官司的钱也花光了。

凯瑟琳的妹妹在法庭上愤怒控诉迈克尔和纪录片 *The Staircase*，这一段也被收录进了纪录片。

她认为这部纪录片虽然是在讲述此案，但对受害人凯瑟琳几乎没有介绍和关注，把所有的时间全都放在被告的心路历程上，非常具有偏见。

虽然我很敬佩纪录片创作人员横跨 16 年，一直跟踪拍摄本案被告迈克尔及其律师团队，我也认为它从艺术上呈现了一个很丰富的迈克尔的形象，但我对于其呈现出来的视角亦无法认同。

纪录片和新闻报道一样，当制作者有意片面呈现信息时，其实已经背离客观了。

其次，本纪录片虽然长，但信息量却少得可怜，对案件关键的信息故意忽略，譬如连案件发生当天完整的时间线都没有提及。

除了双性恋、凶器和血迹这几个辩方主攻的方向外，其他偏向检方的重要证据几乎只字不提。经常一整集都让观众看被告律师怎么聊天、打趣、讨论辩护策略，或者看迈克尔喃喃自语，感叹人生。

这部片子受众很广，很大程度上为迈克尔洗了白。大部分人看完后不会再去 google 其他信息，而是直接认为这是起冤案。

迈克尔最后说，自己始终戴着婚戒，为了纪念最爱的妻子凯瑟琳。

但事实上，他和 *The Staircase* 的女剪辑师在 2002 年就“恋爱”了，并交往了十几年。

他获释后，还曾经去法国待过，两人最终分手。

猫头鹰理论

在 2009 年，一个迈克尔和凯瑟琳的邻居，也是个律师，曾提出过猫头鹰是凶手。

横斑林鸮

这个理论听起来似乎有一定道理。首先北卡州是横斑林鸮（一种大型猫头鹰）活跃的区域，当地偶见猫头鹰袭击人的事件。

据说被它们袭击后脑勺的感觉，像被大力重击。

而 12 月底，正是猫头鹰交配的季节，如果母猫头鹰怀孕了，比较容易攻击人（虽然本案发生在 12 月初）。

其次，在法医的报告中，凯瑟琳的手上抓了自己的一小缕头发，头发上发现了一根松针，以及一根微小的绒毛，而横斑林鸮的爪子上是覆盖着这种绒毛的。

凯瑟琳可能被猫头鹰袭击的示意图

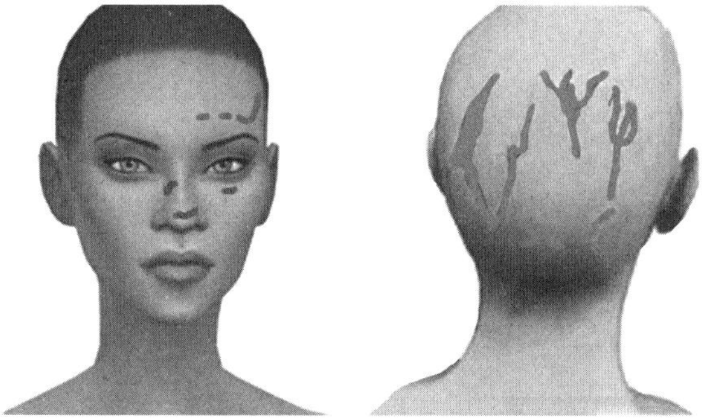

凯瑟琳的伤口有 3 处是三叉型的

再次，凯瑟琳的伤口有 3 处是三叉型的，符合猫头鹰爪子的形状。

这种理论认为，凯瑟琳可能当时在进家门前，遭到了猫头鹰的袭击。

猫头鹰的爪子划裂她的头皮，缠住了她的头发，她伸出双手保护自己的脑袋，所以手上和手腕也被抓伤。她为了解开爪子，掉了一缕头发在手上。而猫头鹰带走了一块头皮。

她挣扎着跑进家门，在门框上留下一道血印，门外地面就有两滴血。

她本来想回房间止血，但因为流血过多加上惊恐，从楼梯上摔了下来，再次撞击伤口，导致失血过多而亡。

这个理论如何？

辩方并没有拿这个假设来辩护，而是坚持认为凯瑟琳是从楼梯上摔下来的，或许因为他们自己也觉得有点太匪夷所思了，不敢冒险。

研究鸟禽几十年的专家大多是这个反应：以前从来没听说过猫头鹰袭击人这么严重啊，但是……也不是完全没可能吧……

我搜集了一点关于横斑林鸮的知识，总结如下：横斑林鸮不会无缘无故攻击人类，也不会把人类当成野兔。

它们攻击人类一般都出于自我防卫，比如人类闯入了它的领地，而它刚好怀孕了。

从泳池到屋内，虽然是小径，但明显是人类的生活区域，不太可能被猫头鹰认为是它的领地。

既然是防卫型的，横斑林鸮攻击人主要是为了吓跑人，让人类离开自己的领地。因此它的袭击方式是 fly and attack，即在飞行过程中降低高度，猛击一下后，立刻飞走。

它不会纠缠，或者跑回来再攻击一次。

我查了一下横斑林鸮过去袭击人的照片，伤口大多是点状的，而不是条状的。

假设是猫头鹰从后脑勺袭击，手和手腕是凯瑟琳自己伸到头顶时受伤的，那么她的正面眼眶和太阳穴的伤口是怎么来的呢？

凯瑟琳的头发并不是长发，缠绕的可能性应当不高。

如果她是在户外遭到袭击，她必然会尖叫，理论上坐在泳池边的迈克尔应该能听见。

就算她因猫头鹰袭击而流血，她进屋后走楼梯，又刚好摔下来，会摔得伤口如此严重吗?(尸检图片中,头皮上好几个大豁口。)

凯瑟琳头发中的微小绒毛并未做测试,不清楚是否属于横斑林鸮,但她如果当晚在泳池边坐过,有羽毛和树叶粘在头发上,或者枕头里的鹅绒钻出来,粘在头发上,都是有可能的。

对我来说,如果本案真的是猫头鹰导致的意外,那么迈克尔的一些谎言就无法解释了。

没药花园分析

2001 年 12 月 8 日下午某时,迈克尔曾登录他在二楼的电脑,并从硬盘上删除了 216 个文件,随后他去健身房运动,凯瑟琳则留在家中(据迈克尔所言,等他回来后,两人亲热了一番。凯瑟琳洗了澡,下楼做饭,两人一起吃了晚饭)。

警方推断:傍晚 7 点,两人一起看了电影《美国甜心》。

21:45,陶德的朋友来接他去派对时,看到陶德的父母迈克尔和凯瑟琳正在一起喝酒。

22:45,电脑记录显示,凯瑟琳登录了迈克尔的电脑。

23:08,凯瑟琳给一位同事打电话,让他给自己(迈克尔的信箱)发一个邮件,用于明天的会议。电话里她的语气正常,既不像生气,也不像喝多了酒。

据悉,凯瑟琳很少用迈克尔的电脑,那天突然用他的电脑和邮箱收件,可能是因为她把自己的笔记本电脑忘在办公室了。

没药花园:迈克尔在纪录片的开头则说,他和凯瑟琳在 23 点左右看完《美国甜心》,然后放下晚饭的盘子,带了酒杯去厨房继续聊天喝酒,最后去了泳池边坐着聊天,直到凯瑟琳要先回屋。

快到凌晨 0 点时,同事把会议邮件发到了迈克尔的邮箱,但显示一直没有被阅读。

2001 年 12 月 9 日 2:40，迈克尔打第一通电话报警，说妻子还有呼吸。

2:46，他打第二通，说妻子已经没有呼吸。

2:47 到 2:53 之间，警方和救护人员到达。

时间漏洞

迈克尔最初对警方说，他和凯瑟琳一起回屋，他折返到泳池边关灯，再回房子，发现意外，立刻报警。显然，他认为凯瑟琳若从楼梯上摔下来，只要他和凯瑟琳分开几分钟就够了。

但他却没考虑到，凯瑟琳死于失血过多，几分钟可不够。

失血过多死亡意味着她至少失去了体内 40%的血。

摔下楼梯，造成头皮裂伤伤口，人体 40%的血液从这几个伤口流出，不是几分钟能完成的。

于是迈克尔修改了自己的口供。

他称，两人坐在泳池边喝酒聊天，待了很久。后来，凯瑟琳说她明天早上还有电话会议，就先进了屋。而迈克尔则继续留在外面抽雪茄，大约多待了 45 分钟，直到 2:30 才进屋。而他一进屋，就发现了意外。

在我看来，这多出来的 45 分钟就是为了给凯瑟琳的失血致死留出时间，迈克尔不可能把差异如此大的细节记错，他说谎显然是为了掩盖什么。

那么，我们倒推一下时间线：

2:30→ 45 分钟→1:45

照他的说法，凯瑟琳是在 1:45 左右进入屋内，摔下楼梯的。

警方到达的时间是 2:47 到 2:53 之间，距离所谓的意外发生大概过了一个小时。

但是，警方在他报警到达后，发现一些地方的血迹已经快干了，这意味着这些血迹已经存在了至少 90 分钟。

与之相符的是，法医在凯瑟琳的大脑中发现了少量红色神经元，表明人体在彻底死亡之前，经历了最少 2 个小时的缺氧状态，即氧气无法进入脑组织。

这与迈克尔留出的 45 分钟的死亡时间相矛盾。

报警电话

2001 年 12 月 9 日凌晨的 911 接通后，迈克尔的第一句话是："我的妻子发生了意外，她还在呼吸。"

911："什么样的意外？"

"她从楼梯上摔下来了。"

首先现场最不符合"常识"的是，一个人从木梯上摔下来，伤到了头，很少会留下那么大量的血迹。因此当报警时，一般来说，报案人会首先描述现场和伤者最异常、最醒目的现象："她流了好多血。"

但他在整个报警电话中只字没提到血，这也是一种心虚的回避心理。

他只在第一通电话中说："她还在呼吸。"1 分钟后的第二通电话他强调："她不再呼吸了。"

因此，很明显，他想制造一个印象，凯瑟琳是在 2:30 以后死亡的。

因为如果死亡时间更早，比如 23 点，他无论如何都无法解释，为什么自己到 2:40 才打报警电话。

而且通常来说，报案人看到如此反常的场景，不太会自己下结论："她从楼梯上摔下来了。"

毕竟自己没看到怎么发生的，或许是外来人行凶呢。

凌晨泳池？

迈克尔说他和凯瑟琳在户外喝酒，待了很久。他甚至一个人多待了 45 分钟，直至 2:30。

但要知道，当时是 12 月，根据气象报告，他家那个区域在夜晚 0 点以后气温只有 10 度。当天不是周末，凯瑟琳第二天早上有会议。

谁会在寒冷的凌晨，坐在户外几个小时，直到 2:30？

警方见到迈克尔时，他穿着短裤和汗衫，并且他表示没换过衣服。

一个白人男青年表示，如果让他只穿这么少，在 10 度气温下待着，必定瑟瑟发抖，十分难熬。人的本能会在此刻寻求温暖，提高体温。

很难想象迈克尔在凯瑟琳进屋后，还独自在寒冷的户外待了 45 分钟抽雪茄。

醉酒？

警方到达时，桌子上有一个空酒瓶和 2 个空杯子，水槽中散发出浓烈的酒精味。而桌子上的 2 个杯子，一个上面有指纹，另一个很干净，什么都没有。

迈克尔和凯瑟琳当晚或许喝酒了，但只有一点点。为了证实她是喝醉了才摔下楼梯的，他倒掉了一瓶酒，假装是两人喝掉的。

凯瑟琳是个稳重、理性的女性，且在自己熟悉的家中，走每天都走的楼梯，出现意外的概率很小。

假设她第一次不小心摔倒了，那么接下来会踩着自己的血泊一再滑倒，一再撞头？这是醉酒者的表现。

可事实上，她体内的酒精浓度为 70 mg/100 mL，根本谈不上醉酒。

大门外的血迹

大门的内侧有一条血迹，门外地面有两滴血。

这个是符合“猫头鹰理论”的，但并不符合摔下楼梯的情况。

凯瑟琳哪怕在楼梯间屡次摔倒挣扎，也不会把血迹带到大门那里。

检方认为这是迈克尔出门扔凶器时留下的。

查看邮件？

凯瑟琳在22点多到23点之间在用迈克尔的电脑收邮件，而迈克尔在纪录片中说，那段时间他们在看《美国甜心》。

或许他记错了时间吧。电影可能在22点多就结束了，而后凯瑟琳才去收的邮件。

但他的叙述中，几乎没有提及收邮件一事。

从犯罪心理上来说，如果某件事或者某个物品涉及核心案情，罪犯出于心虚会故意回避。

血迹和脚印

凯瑟琳的运动裤小腿上被踩了一个血脚印，而且那个裤管是朝向地板的，这说明踩完后要不凯瑟琳自己挪动了腿，要不她后来被人调过姿势。

血脚印被证实是迈克尔当晚穿的鞋。

警方到达时，那双沾满血迹的鞋被脱下了，放在一旁。

如果迈克尔进门发现凯瑟琳摔下楼梯，躺在地上，还有呼吸，对待她的身体应该非常小心翼翼。

这一脚显示，要不他对待尸体极度没有感情，要不当时他处于非常慌乱的状态。

而后他脱掉鞋子，应当是为了在屋子里走来走去处理各种痕迹，而不留下足迹。

双性恋?

当知道他是“双性恋”，再结合别人口中他和凯瑟琳的感情如此“完美”，我就很难再相信迈克尔了。

迈克尔如果出轨女性，或许有人可以这么理解:迈克尔只是逢场作戏，对凯瑟琳是真爱。

但迈克尔在第二次婚姻中出轨的都是男性，那不禁让人怀疑，他究竟是个没有出柜、欺骗女性的同性恋，还是一个对男女都有欲望的双性恋？

我一直对大部分所谓的“双性恋”表示怀疑。

2005 年时在美国大约有 1.8％的男人自称是同性恋，0.4％自称是双性恋。但当年美国西北大学刊登在《纽约时报》的一项实验（见 *Straight, Gay or Lying? Bisexuality Revisited*）却证明，一些男性嘴上说是“双性恋”，身体却是诚实的“同性恋”。

该实验让双性恋们看不同性别的性感图片，观测记录他们的生理反应（勃起），参与实验的心理学家们发现，参与实验的男性双性恋者全部只对一个特定性别的色情图片起生理反应，而非对两个性别都有反应。其中，绝大多数是只对男性有生理反应。也就是说，这些号称双性恋的男人很可能是因为无法接受自己是同性恋，而谎称自己是双性恋。

2011 年西北大学重复了同样的实验，这次发现一些自称双性恋的参考者确实会对两个性别有生理反应。毫无疑问，世界上有真正的双性恋，只是比例问题。随着社会对各种性取向越来越包容，相信越来越多的人会正视自己的性取向，而不用说谎掩饰。

如果“双性恋”是和“异性恋”“同性恋”处于同一个层面，定义为在完全自由的意志下，生理上持续地被哪个性别/性别特质吸引的性取向，那么，双性恋男性的比例很可能比自称的比例要低。

那么，迈克尔究竟是极少数的真正的双性恋，还是自称双性恋的 gay 呢？迈克尔在纪录片的结尾对自己的性向作了一些解释。他提及，自己在 1940 年代出生，成长于美国十分保守的时代。虽然美国社会现在对各种性取向都很包容，但哪怕在 1980 年代，一个看起来像 gay 的男孩都会在学校遭到霸凌。现在美国参军时对性取向实行“我们不问，你可以不说”的原则，但在迈克尔参军那个年代，官方对同性恋的态度就是：“不能”。

迈克尔在大学里作为一个颇受欢迎的白人男青年，是兄弟会主席、运动健将，如果被人知道自己的性取向，一切都坍塌了。而他早早结婚生子，也是在极力维护当时社会所推崇的白人精英直男的形象。

一辈子藏着关于自我身份的最大秘密成长起来会如何？

一方面他被训练出如何说谎和戴着面具生活，如何展示给别人自己希望别人看到的那一面。所以他是个演戏高手，纪录片中每次开庭其他证人提到凯瑟琳的死时，他都能一秒落泪，眼泪哗哗流。所以哪怕已被揭露出轨，他还哭着说凯瑟琳是他的挚爱。

另一方面，如果迈克尔是gay，而非双性恋，恐怕他也早已在成长的道路中学会了伪装，以及如何在自我麻痹/诱导下，和女性发生性爱与共同生活，甚至自我暗示为爱情。

当今网上的gay们讨论如何应付同妻的攻略太多了，比如闭眼关灯，把她想象成男的，用男男的姿势……通常都是“忍忍就好了”。

能接受和女的做爱，就算双性恋了吗？显然不是。

如果迈克尔是同性恋，他对凯瑟琳的感情，充其量是“亲情、友情和对她付出的感恩之心”。

迈克尔声称凯瑟琳一早就知道并接受自己是双性恋，并且接受自己肉体出轨，这是谎言。凯瑟琳在上一段婚姻中，被前夫出轨伤害极深，她真的可以接受并享受这样的婚姻吗？

因此，检方认为迈克尔通过极为精湛、长期磨炼的演技，成功地扮演了一个爱妻子的好丈夫，让凯瑟琳信以为真，沉浸在幸福的幻觉中，直到案发当晚，凯瑟琳在使用电脑时发现了他的秘密。

迈克尔习惯了周围女人对他产生好感，并利用这种好感达到自己的目的。

纪录片剪辑师从2002年跟拍时就和他“坠入情网”，甚至在知道他是所谓

“双性恋”的情况下，和他保持了十几年的恋爱关系。

如果迈克尔是gay的话，这一切对他来说，何乐而不为呢？他2003年就坐牢了，不用履行亲热责任，只需要在信件中甜言蜜语一番，就可以利用她对他的感情，剪辑出一部完全有利于他的纪录片来。

周边人都嫉妒迈克尔和凯瑟琳拥有如此“理想”的爱情。哪怕只从他出轨男妓来看，这也是极其讽刺的。

这或许也提醒我们，男女的生理心理诉求、思维方式本身存在巨大差异，在长期的相处中，小隔阂、小冲突、小缺陷、小失望在所难免。

当一段关系过于完美，当你遇到的人简直挑不出一点毛病时，你很可能遇到了一个演员/骗子。

那些骗财骗色的剧本不都这么写的吗？

案发当晚

迈克尔1987年回到美国后，为了进入主流社会，为了维护自己的白人直男形象，为了照顾2个女儿，他需要一个妻子。

这时，凯瑟琳出现了。她是最佳人选。她是女强人，忙于事业，自然不像那些敏感、撒娇、脆弱、索取的小女人。她高智商、高能力，却低爱商，他的甜言蜜语把她迷得晕头转向。而凯瑟琳能带给他的，还有社会地位和奢侈的生活。

他从心理上说服自己，只需要精心维系完美爱情的假象，就可以拥有这样的生活。

伊丽莎白1985年的死亡或许与他无关，但她摔下楼梯的这个意外给了他启发，这在他的经验中是可行的。

他或许想象过，如果某天凯瑟琳也这么摔下楼梯，“意外”死了，那该有多好。他可以既拥有财务自由，又拥有心灵自由。

但他却不曾想到，现在是2001年，而不是各方面刑侦手段都落后的1985

年。而且伊丽莎白是血友病患者，才会血流不止，大量出血，但凯瑟琳并不是。

我不认为12月8日深夜的那次杀人是有预谋的。如果那一天是长期预谋后选择的日子，他在许多地方可以做得更好，比如说服她喝更多的酒，让她真的醉酒；有更好的不在场证明；更早打报警电话……

那晚对于他来说，事发突然。

那阵子他们遭遇财务危机，凯瑟琳心事重重，两人交流没以往那么融洽。迈克尔更加放任真实的自己，计划招妓，排遣压力。

2001年12月8日23点多，当凯瑟琳挂断同事的电话，顺手翻看迈克尔的电脑文件时，发现了迈克尔最黑暗的秘密。

对于经历过一次背叛，一直以为被丈夫深爱的凯瑟琳来说，那一刻或许如同世界末日。她彻底崩溃了。

隐藏了近60年的秘密暴露后，迈克尔也慌了。他害怕她告诉朋友、子女，害怕离婚后失去一切，于是杀死了她，并用2个小时伪装成摔下楼梯的意外，确定她死亡及收拾现场后才报警。

以上是根据媒体公开的材料所作出的推测之一，不代表现实中的定论。

作家总是有倾诉欲。

我怀有希望，迈克尔可能会在离世之前写下真相，向世人坦白，那一晚究竟发生了什么。

天使脸意大利杀人案

天使脸，蛇蝎心？Meredith Kercher 谋杀案

这起案子可以跻身我曾花最多时间研究的前 5 名。

本案的 2 名被告是一对昔日的情侣，他们在 7 年间曾经历 4 次审判，2 次被判有罪，2 次无罪。

第二次判决时，法院门外聚集了成千上万的人和从世界各地赶来的媒体。

当法官宣告他俩无罪时，法院外的围观人群中哭声和抗议声一片。甚至有人高声演讲，安慰众人，还有最高法院呢，我们一定会把她定罪的！

这个她，就是本案的女主人公阿曼达·诺克斯（Amanda Knox）。她来自美国，貌美、聪慧，案发时年仅 20 岁，是一个大二学生。

案发经过

被告和意大利警方对于究竟发生了什么的陈述有很大出入，所以我先说

阿曼达·诺克斯(Amanda Knox)

一个较为中立的版本。

本案发生在2007年,意大利的一座位于山顶的小城佩鲁贾。虽然佩鲁贾只有15万人口,但一点都不冷清,因为大学多,超过四分之一的人口是学生,而且有不少是外国留学生。

整个城市里酒吧等场所鳞次栉比,一到夜间就灯红酒绿,年轻人彻夜喝酒作乐。

整个城市虽然纵情声色,但在本案发生以前,已经20年没有命案发生了。

案发现场位于Via della Pergola路7号的一栋小楼内。

它的一楼是一个四居室的公寓,住了22岁的来自伦敦的女留学生梅瑞迪思·克尔彻(Meredith Kercher),20岁的来自美国的女交换生阿曼达,和2个20多岁的意大利女律师菲洛梅娜·罗马内利(Filomena Romanelli)和劳拉·梅泽蒂(Laura Mezzetti)。

它的地下室里住了4个意大利男孩,他们和梅瑞迪思与阿曼达的关系很好,经常在一起玩。

案发现场,Via della Pergola 路 7 号的小楼

2007 年 11 月 1 日是意大利的公众假期,所以住 Via della Pergola 路 7 号的意大利室友全都出城了,包括楼下的 4 个男生,留在城里的只有阿曼达和梅瑞迪思。

那晚,梅瑞迪思与 3 位英国女性朋友在他人家共进晚餐。

她在 20:45 左右,与朋友在距离 Via della Pergola 路 7 号约 400 多米远的地方告别,独自回家。

之后发生了什么,再无定论。

23 点左右,一个街对面的租客声称听到从 Via della Pergola 路 7 号里传出一声尖叫。

此后，租客听到不止一个人的脚步声匆匆忙忙从那个房子里奔出来，沿街朝不同方向逃走。

第二天

11 月 2 日中午，有人在离 Via della Pergola 路 7 号不远的公园里捡到一部手机，交给了警方。

警方查到，手机属于菲洛梅娜（上文提到的意大利女室友），于是派了 2 个通讯警，去她所住的 Via della Pergola 路 7 号看看情况。

当他们到达时（对于几点到达有争议），他们看见阿曼达和她的男友索莱克（Sollecito）站在房子门口，神色有点奇怪。这对小情侣声称自己刚打电话报警，没想到这么快来了 2 个通讯警（通讯警和警察不同）。

他们为什么报警呢？他们说了第一个版本。

昨晚（11 月 1 日），阿曼达在男友索莱克家住了一晚。第二天早上 10 点多，阿曼达回到 Via della Pergola 路 7 号洗澡、换衣服。

她在事后接受采访时声称，因为嫌索莱克家的淋浴房太小，所以才回家洗澡。

她在进家门时就发现有点不对劲，大门竟然敞开着，她喊了几声，无人应答。

随后当她走进浴室时，发现与梅瑞迪思共用的浴室水槽和水龙头上有几滴血迹。她觉得可能是梅瑞迪思弄的，并未太在意。

刷完牙，冲完澡后，阿曼达走出淋浴房，才发现地毯上有一大块血迹（后被证实是一个赤足血脚印）。但她认为可能是有人割伤自己了，还是未太在意。

随后她来到菲洛梅娜和劳拉共用的浴室（面积比较大）吹头发，发现在马桶里竟然有没被冲掉的粪便。她这才有了一种毛骨悚然的感觉。

此后，阿曼达回到了索莱克的家，告诉他这些奇怪的事，又和他一起回到了 Via della Pergola 路 7 号。

索莱克后来对警方说，他经过菲洛梅娜的卧室（房门敞开）时一眼发现，里面一片狼藉，有一扇玻璃窗被人打破了。

通讯警听到这些情况，进入公寓查看。

不多久，菲洛梅娜的男友，以及菲洛梅娜本人接到阿曼达的电话后，也先后来到了房子里。

菲洛梅娜一听说丢手机的事，就有了不祥的感觉。因为在公园找到的那个手机，虽然是注册在自己名下，但其实是梅瑞迪思在用。而梅瑞迪思为了和她在英国的妈妈保持联系，手机从不离身。

当她又听说梅瑞迪思的房门是锁着的时候，立刻表示担忧，希望警察能撞开。

通讯警不愿撞门，而这时菲洛梅娜男友的友人出马，用力一脚把门踹开了。

接着，大家看到了恐怖的一幕。

房间里到处是鲜血，墙上留有一个血手印，地上有多个血脚印和一条厚厚的被子，揭开被子，梅瑞迪思半裸的尸体就躺在地板的血泊中。

经法医检测，梅瑞迪思的尸体上有 16 处瘀青和 7 处刀伤。她的脖子一侧是瘀伤，另一侧是一个很深的刀伤切断了动脉。也就是说，她是在失血的痛苦中慢慢死去的。

位于她的鼻子、嘴巴和下颚的瘀伤，似乎证明曾有一只手牢牢地按在她的嘴鼻处。

她的下巴处有一些细微的伤口，好像有人抓住她的两条胳膊控制住了她，然后故意用刀尖挑逗她、折磨她。

佩鲁贾法医科学研究所的3名法医认为，梅瑞迪思身上所受的伤害，包括她生殖器区域的伤口，表明有人对她进行过性虐待。

最早有一名英国记者从法医那里得到此说法后，把本案和性游戏联系起来，写了条头版新闻，而后这个说法广为传播。

成为嫌疑人

警方很快对阿曼达和她23岁的男友索莱克产生怀疑，但当时也仅仅是怀疑而已。怀疑主要基于几点：

一、伪造的闯入现场

勘查现场的侦探表示，他一到现场，就觉得菲洛梅娜房间的碎玻璃窗，是有人故意伪造的。

为什么呢？

首先，房间被翻得很乱，菲洛梅娜的衣服被人从衣柜里拖出来，散落在地。而有些玻璃碎片却是在衣服上方发现的。

这证明是先有人在室内弄乱房间，才砸碎了窗玻璃。

其次，虽然房间翻得很乱，但房间里的笔记本电脑、钱包等等全都没有丢失。

再者，这扇窗户离地很高，大约有两层楼高，又是朝向马路的，谁会选择这扇窗户入室偷窃呢？爬墙时岂不很容易被路人看见？况且，墙上没有任何脚印或者痕迹能证明有人爬过墙。

但是谁会花心思故意造假呢？

本案的另一个重要人物检察官米格尼尼认为，凶手这么做只有一个目的：为了撇清和这个房子的关系。如果是内部人作案，很可能为了转移视线，故意制造外来盗贼闯入的假象。此外，他想不出还有其他什么目的。

二、不在场证明

根据阿曼达的说法，她11月1日一整个晚上都和男友索莱克在一起，从未出门。

索莱克是意大利人，佩鲁贾大学计算机系学生，当年23岁，长相俊美，家境优渥，开了辆奥迪车。据后来纪录片中的记者回忆，索莱克比较腼腆，性经历较少，阿曼达可能是他的第二个女人。

11月1日，他和阿曼达仅仅认识5天。

10月25日，阿曼达和梅瑞迪思参加一次古典音乐会时，遇见了索莱克坐在前排。阿曼达后来接受CNN采访时说，她第一眼觉得索莱克很像哈利·波特。而索莱克则表示，当他回头时，不敢想象这个美丽的女孩竟在对自己微笑。

当晚两人打了个招呼，就出去玩耍了……此后5天，两人整天黏在一起。

阿曼达在一家名为Le Chic的酒吧打工当女招待，本来案发当晚她要去上班的。但傍晚时，她接到酒吧老板(刚果人)帕特里克发来的消息，说当晚不需要她过去了。

她很开心，继续留了下来。案发当晚，他们像过去几天一样，看电影、做饭、抽大麻、喝酒、做爱。

但毕竟，两人的不在场证明，只有互相作证，而没有第三人可以证明。而且索莱克的公寓距离Via della Pergola路7号很近，走路只需5分钟。

三、发现尸体时的表现

一些在场者提出阿曼达的可疑之处。

当菲洛梅娜的友人准备强行撞开门时，其他人都站在旁边焦急地围观，而阿曼达和她的男友索莱克却待在客厅没过来。

而后来警方发现，阿曼达曾在发现尸体前十几分钟，给她在美国的母亲打了个越洋电话。当时是美国的凌晨。她为什么要在此刻吵醒母亲？

阿曼达一直未向警方交代这个电话的事情，当警方查到手机通讯记录问起时，她说自己忘记了。

而警方后来发现，阿曼达在通讯警到达前，曾打过几次梅瑞迪思的手机，而索莱克也曾 2 次试图破门而入未果。阿曼达表示这么做是因为担忧梅瑞迪思。

可当通讯警过来后，问起这个锁住的房门时，旁人却听到阿曼达说：“不用担心，她整天都锁着门，就连在对面卫生间洗个澡都要锁房门。”菲洛梅娜回来后则说了相反的话：梅瑞迪思从来不锁门。这才有了后来撞门一事。

那么，阿曼达为什么要这么说？是本能地害怕面对暴露，想拖延警方发现尸体吗？阿曼达后来解释，是自己的意大利语太差了，造成了误解。

阿曼达的律师则辩称，如果阿曼达知道梅瑞迪思死了，也不会打她电话，并且试图破门而入啊。

但警方却说，打电话是因为要确认她的电话是不是真的丢了；破门是因为有罪证忘记在房间了，想要拿出来，却没法弄开门。

总之这些细节也是争论不清了。

四、两人表现

一个记者碰巧拍到阿曼达和索莱克在等待警方办案时，站在公寓外连续亲吻 3 次，安慰对方，显得神色凝重。这个画面也在西方各大媒体上被反复播出。

对于这个表现，自然可以有截然相反的解读。

也有警察说，曾一度看到他俩躲在公寓外哈哈大笑和做鬼脸。

案发后第二天，有个店主声称发现两人一起替阿曼达选购过内衣，两人在店里连连亲吻，还说晚上要热辣地做爱。

案发后第三天，警方把阿曼达叫回来，让她到厨房看看抽屉里的刀具有没有少，因为里面的七八把刀中没一把符合凶器的特征。而那时，阿曼达突然变得歇斯底里，不停用手掌拍击自己的耳朵。

检察官米格尼尼认为，阿曼达如此反应，是因为她看到刀，联想到了案发时受害人的尖叫声，才捂住自己的耳朵。而阿曼达则说，她是从刀想象到闺蜜遇害，有些情绪失控。

其他还有一些检察官个人主观的理由：比如他认为只有女性凶手才会想到用一条厚被子盖住女受害人，男凶手不会想到做这种事。

两个女孩的背景

受害人梅瑞迪思，1985 年 12 月 28 日出生于英国伦敦南部的小城市，案发时 21 岁。她有 2 个哥哥和 1 个姐姐。她的父亲是一名自由撰稿人，她的母亲是家庭主妇。

梅瑞迪思本来在利兹大学学习欧洲政治和意大利语，同时她还打很多份工，譬如做酒吧女招待、导游和销售之类的。2004 年，她在克里斯蒂安·莱昂迪奥(Kristian Leontiou)的歌曲 *Some Say* 的 MTV 中露了个脸。她立志于毕业后为欧盟工作或成为记者。

2007 年 10 月，她进入佩鲁贾大学，开始了现代史、政治理论和电影史的课程。同学们称赞她充满爱心、聪明、机智、人缘好。

而阿曼达则于 1987 年 7 月 9 日出生在美国的西雅图，她有 3 个妹妹。她的母亲埃达·梅拉斯(Edda Mellas)是个数学老师，和她的父亲——当地梅西百货的财务副总裁柯特·诺克斯(Curt Knox),在阿曼达几岁时便离婚了。她的继父克里斯·梅拉斯(Chris Mellas)是一个技术顾问。

阿曼达 15 岁时首次和家人前往意大利度假,他们游览了罗马、比萨、阿马尔菲海岸和庞贝城遗址,她的母亲曾送给她一本《在托斯卡纳的太阳下》(大体讲了一个 30 多岁的女人离婚后去意大利寻找自由和自我的故事),这本书增加了她对意大利的兴趣。

阿曼达于 2005 年进入华盛顿大学学习语言学。那会儿她想要去意大利学习一年,可父母不能负担这笔费用。于是为了攒钱,她同时打好几份工,过得极为节俭,最终攒下 7000 多美元。

在亲戚们眼中,19 岁的阿曼达性格外向,没什么警惕心。她的继父曾不太希望她去意大利交换一年,觉得她年纪小,太天真了。

2007 年 9 月 10 日,伦敦女孩梅瑞迪思搬进了 Via della Pergola 路 7 号。10 天后,阿曼达住了进来,这是两人第一次相遇。

两人经常在一起玩,虽然到案发时仅过了一个多月,但两人已经成为好友。

但梅瑞迪思的英国女性朋友很少见到阿曼达,因为阿曼达大部分时间还是喜欢和意大利人混在一起。梅瑞迪思的英国朋友说,如果有一个女孩和阿曼达截然相反,那一定是梅瑞迪思,暗指阿曼达会把男孩带回来过夜,但梅瑞迪思不会。

审讯和招供

媒体的关注让警方背负压力,希望尽快破案。

11 月 5 日,他们以询问证人的理由再次找到索莱克,阿曼达自愿陪同他去了,等在走廊里。有警察看到她在走廊里做作业,还做了空手翻和劈腿动作。意大利警察看在眼里，觉得她就是个神经病，而她表示只想拉伸下筋骨而已。

索莱克后来在纪录片中回忆，警方当时对他非常粗暴，说阿曼达是个荡妇、婊子，欺骗了他，现在已经把他供出来了。

而后索莱克对警方说："至今为止，我说了很多的谎，是她让我这么说的。那晚我确实在家，但阿曼达没有和我在一起，她一直到凌晨 1 点才回来。"

后来他又改了 3 次证词，一会儿说他抽了太多印度大麻不记得阿曼达到底是不是和他在一起了，一会儿说阿曼达当晚出去打工了。

4 年后他被释放，出了一本回忆录，说他当晚是和阿曼达一起在家里，但是不确定她是否出去过。

听到这个说法，警方立刻找到了等在走廊上的阿曼达，对她也进行审讯。审讯一直持续到 11 月 6 日早上。

他们拿到了阿曼达的手机，发现她当晚曾和她打工的酒吧的老板帕特里克发过消息。阿曼达给帕特里克回复的一条短信称："晚些见。"但帕特里克发来的短信却被删了。阿曼达显得很茫然，说帕特里克那晚叫自己不用去酒吧打工，但自己不记得曾删过帕特里克的短信。

从意大利语看，"晚些见"是她在约帕特里克当晚晚一点时间见面。可阿曼达却解释，自己回的意思相当于英语里的"改天见"，只不过自己的意大利语不过关，没体会出其中的细微差别，造成了警方的误解。

不管如何，在那次审讯中，阿曼达首次承认，梅瑞迪思死时，其实自己正在公寓里。而杀死梅瑞迪思的是她打工的酒吧老板帕特里克。

她说，当晚她叫帕特里克来公寓，给他开了门。后来，她看见帕特里克走进了梅瑞迪思的房间，随后她听到了一声尖叫。她"想象"门背后帕特里克正在杀死梅瑞迪思。

警方当时的意见分为两派，一派建议立刻批捕阿曼达、索莱克和帕特里克这 3 个人，另一派建议暗中监视他们，搜集更多证据。

最后，第一派获胜，他们迫不及待地于 11 月 6 日中午正式逮捕阿曼达并以谋杀罪起诉这 3 人，随后还开了个新闻发布会，宣告案子已破。

根据警方的新闻发布会，这 3 人当晚磕了药、喝了酒，想要梅瑞迪思一起参加他们疯狂的 4P 性爱游戏，但梅瑞迪思不愿意，极力反抗，最后被 3 人杀害。

如此劲爆的内容一发布，美国、英国、意大利及欧洲他国的媒体全都铺天盖地地在报道本案。他们用了“受害人认识凶手”“一个女人已经承认自己的罪行”“性游戏玩过火了”之类的标题。

由于阿曼达是美国人，是美女，又被认为是主谋，自然吸引了媒体的全部关注。

意大利媒体跑到她老家西雅图挖掘她的个人历史，还把她的网络空间都翻了个底朝天。他们发现她曾经坐在一把大型机关枪旁疯狂大笑，还配文：“内心是个纳粹。”

他们发现索莱克这个斯斯文文的男孩在一张照片里，居然曾裹得像个木乃伊，手上还拿了个劈骨刀。

于是媒体大做文章：瞧瞧这一对疯狂的情侣。

他们发现阿曼达还在网上给自己取了绰号：Foxy Knox（狐狸精/狡猾的/性感的阿曼达）。

但阿曼达的母亲后来接受 CNN 采访时说，这只是阿曼达小时候在女足队踢足球时，小孩子为了好玩互相取的绰号，并没有什么特别的含义。

这是一场媒体的集体狂欢。

他们共同塑造了阿曼达的形象：一个放荡、疯狂、沉迷于性、对友情冷漠、喜欢暴力、无政府主义的蛇蝎女人。

证伪

意大利警方的愚蠢在于听到阿曼达的证词后甚至都没去好好核实一下，就开了新闻发布会。

3 周后，他们就不得不释放帕特里克，因为他有 11 月 1 日当晚毫无缝隙的不在场证明。

原来，11 月 1 日当晚至凌晨，他的酒吧都是开张的，由于他没用女招待，所以都是他自己在酒吧招待客人，当晚进进出出的客人都可以作证。

那么阿曼达知道帕特里克当晚在酒吧上班吗？她为什么要诬陷他？

1. 帕特里克说阿曼达指控自己，只因自己是个黑人。他还指责阿曼达说谎。阿曼达此前曾告诉其他室友，帕特里克不付她工钱，而帕特里克说没有这样的事，他一直正常付她工资。

2. 阿曼达在后来一次开庭时，曾突然当着法官和媒体控诉警方逼供和诱供。

她说一个女警从背后扇她的脑袋，不给她吃喝，不让她去厕所，不让她睡觉。英语翻译不断诱导她，譬如："你一定是看到了什么，但是创伤太深不记得了。你可以想起来的。"警察呵斥她："你究竟在保护谁?!"她表示自己被逼无奈，必须要给个故事才能脱身。

但她坚持自己的证词 3 周没变，让帕特里克被拘留 3 周，蒙受不白之冤，名誉损坏，酒吧也不得不停业。后来帕特里克告阿曼达侵犯自己名誉权，罪名成立，阿曼达曾被判 3 年。

3. 意大利警方则表示，他们完全没有打阿曼达，厕所可以去，甚至还为她提供热的饮料。不给她吃的，那是因为当时是半夜，这两人是在朋友家吃过晚饭来的,还要提供什么吃的?如果真有人打她了,她为什么第二天见美国大使馆工作人员时不说呢?为什么给自己的律师写 email 时只字不提呢?

他们表示,阿曼达在最后一次审讯的 2 个小时后就主动交代了帕特里克,而不是 40 个小时后。米格尼尼认为,阿曼达抬出帕特里克,纯粹是为了转移警方对她的注意。

究竟是警察流氓,还是嫌犯狡猾?总有一方在说谎。

但不得不承认阿曼达在说谎上可能有一点天赋,至少她让警方坚信不疑她说的版本是一个 20 岁女孩在崩溃后终于吐露的实话。阿曼达演得太过逼真,以至于他们沾沾自喜,没有一丝怀疑,就开了新闻发布会。

事实如何呢?接下来却发现了更多的证据……

新证据

一个月后,案件有了新线索。

1. 一个叫安东尼奥(Antonio)的流浪汉突然出来作证:他曾在案发当晚,在案发公寓旁的小广场上见过阿曼达和索莱克这对情侣。他说一次是 21:30 到 22:00 之间,一次是 23:00 到 23:30 之间。他还看到索莱克站在栏杆上向下望去。等索莱克走后,他也望了下,下面什么都没有,除了那栋房子(案发公寓)。

如果流浪汉的证词属实,阿曼达最早说两人整晚都待在房间里就是在说谎。

2. 几周后,警方在索莱克的公寓厨房里搜到了一把刀,刀型刚好符合杀死梅瑞迪思的凶器。更关键的是,刀柄上验出了阿曼达的 DNA,刀刃上有受害人梅瑞迪思的 DNA。这是极为关键的证据了。

3. 浴室里有 5 处梅瑞迪思的血迹中混合了阿曼达的 DNA,分别在棉签盒上，在门上，在水槽中……根据 DNA 数据分析，应当是两人的血液混在了一起，而不是阿曼达碰了梅瑞迪思的血迹留下的 DNA。

但在水龙头上的那滴血液，则完全是阿曼达自己的。

4. 在那个锁着的房间里(案发现场)，也找到了不同人的 DNA，只不过没有阿曼达的。

警方在梅瑞迪思的胸罩钩子上，发现了索莱克的 DNA。这也是很致命的证据。当时梅瑞迪思的胸罩被人剪碎了，带子断了，其中带钩子的那一片织物掉在了被封锁的现场的地毯上，过了几十天才被警方发现。

索莱克的律师提出质疑，这个胸罩带子都被扯烂了，怎么可能索莱克的 DNA 只出现在金属钩子上，而胸罩布料上却完全没有？他如果没碰到那个胸罩带子，又怎么解钩子？

警方确实在胸罩布料上发现了男性 DNA，只不过它属于另一个有案底的罪犯：鲁迪·盖德(Rudy Guede)。

鲁迪的 DNA 被发现到处都是，在梅瑞迪思的包上，在她的内衣上，在墙上的血手印上，在她的阴道里，甚至在擦过的马桶手纸上……

鲁迪在 11 月 3 日逃到了德国，最后被德国警方在乡间抓到，并遣送回意大利。那么，鲁迪究竟是谁？

新的嫌疑人

鲁迪是个本地的渣滓无疑。

他在 1986 年出生，案发时 20 岁。他自从 5 岁开始就住在佩鲁贾。他爸妈从小不管他，都是牧师一类的人把他养大的。

2004 至 2005 年间他曾在当地的青少年篮球队打篮球。2003 年，他 17 岁时被当地一个有钱的家庭收养，但在 2007 年，那户人家把他扫地出门。

鲁迪因为入室偷窃被抓到过好几次，留有案底，这也是警方能通过 DNA 锁定他的原因。

尽管抓到了鲁迪，但米格尼尼还是没有修改他的版本，只不过这次他把酒吧老板的角色换成了鲁迪。他认为是这 3 个人在吸毒喝醉后，陷入疯狂状态，想要玩性游戏，最后失控把梅瑞迪思杀了。

他这次所说的版本更为细致：当晚阿曼达和鲁迪、索莱克 3 人在家中作乐。梅瑞迪思不喜欢这样，上前责备了几句，激起了阿曼达的恨意，后来就场面失控了……

此后鲁迪逃跑，阿曼达和索莱克则回到案发现场，进行了清理和打扫工作。他们故意没有清理掉鲁迪的痕迹，之后又伪造了入室偷盗的现场。

那么鲁迪和阿曼达、梅瑞迪思，以及索莱克之前有交集吗？

鲁迪和阿曼达、梅瑞迪思 3 人确实是相识的。

阿曼达和梅瑞迪思的楼下住了 4 个男生，其中之一是贾科莫。由于贾科莫和这 2 个女孩一样爱好音乐，经常会上一楼的女生公寓玩。

10 月中旬的一个晚上，阿曼达、梅瑞迪思、贾科莫和另一个地下室租客，玩到凌晨 2 点，在回家的路上遇到了鲁迪。鲁迪在篮球场上打篮球时，认识了住在案发公寓地下室的那几个男孩，于是当晚被邀请一起玩。

鲁迪很快和他们混在一起，并向人打听阿曼达（可能是对她有兴趣）。

这 2 个意大利男生邀请鲁迪一起回地下室玩，后来阿曼达和梅瑞迪思也下来加入他们。玩到凌晨 4:30，梅瑞迪思表示要睡觉了，便离开了，而阿曼达也跟她出去了。鲁迪一直在地下室待到第二天早上。

同样在 10 月中旬，梅瑞迪思和阿曼达参加了 Eurochocolate 音乐节。

10 月 20 日，一小群人去酒吧时，梅瑞迪思和贾科莫之间擦出火花，有了浪漫关系。那一次，鲁迪当天晚些时候也曾去地下室玩过。

但阿曼达表示，女生们从未邀请鲁迪进入一楼的女生公寓。

她说，她和鲁迪此外还见过几次，一次是他出现在她打工的酒吧，一次是看见他和地下室里的男生一起打篮球……但她连他的名字都不知道。

10月25日，梅瑞迪思和阿曼达参加了一场古典音乐会，阿曼达遇到了23岁的意大利学生索莱克。两人相识仅5天后，就发生了凶杀案。

但鲁迪却又说了另一番故事。

鲁迪的版本

案发前3天，10月27日，鲁迪还因为闯入米兰的一个幼儿园而被捕，当时警方在他身上搜到了一把从学校厨房里偷来的28厘米长的刀。

这把刀肯定是被警方拿走了，不是作案凶器。可能因为他那次没偷什么值钱的东西，所以警方没有逮捕他。

11月1日，他已经回到了佩鲁贾。

当天他的行踪不明，但23:30，他先出现在一个朋友家。随后他去了一个酒吧，一直待到4:30。

第二天上午，他又和3个刚在酒吧认识的女学生去了昨晚那家酒吧。接着，他就逃去了德国。毫无疑问，他和案子有直接关系。

住在地下室的男孩作证，有一次鲁迪在他们家玩时，竟然在厕所马桶上睡着了，而马桶里的粪便还没被冲走，满是臭味。而留在犯罪现场的，也有未被冲走的粪便……

案发当晚究竟发生了什么？

警方在抓到鲁迪前，曾让他的朋友在Skype上套他的话，偷偷录音……

鲁迪在不知情的情况下说了这么一个故事：

10月31日，他在某个酒吧里遇见了此前就相识的梅瑞迪思。他们约好了第二天在家里约会，所以 11 月 1 日晚上他就去公寓赴约了（10 月 31 日晚上，鲁迪其实是一直和 2 个外国女子一起在酒吧玩的，她们告诉警方，她们看到那晚唯一和鲁迪说过话的女孩，留着一头金色长发，不是梅瑞迪思）。

鲁迪说他在 11 月 1 日 21 点左右到达公寓，梅瑞迪思给他开门，让他进了公寓。

鲁迪说他和梅瑞迪思亲吻并互相抚摸对方，但没有做爱，因为他们当时没有避孕套。

他随后肚子疼，便穿过公寓走廊，走到另一侧的（属于另 2 位室友的）洗手间去上厕所。

他说，他在蹲马桶的时候听到了梅瑞迪思的尖叫。当他穿上裤子赶过去的时候，看到一个影子离开了。由于天太黑，他没看清楚对方的脸。而梅瑞迪思躺在他的怀中流血，他惊慌失措，逃离了现场。

他还刻意补充了一句："噢对了，阿曼达和这个案子没有关系。她不在那里。"

显然他没对这个朋友说实话，他完全不承认自己杀了人，而是将凶手归结为某个陌生人。

被抓后，在审问中，他又在这个版本上多加了点细节，譬如他说听到这名杀人的男子用地道的意大利语说了一句："发现了个黑人当替罪羊。我们走吧！"

他的叙述版本明显与法医提供的证据不符。譬如，他说他走时梅瑞迪思的尸体穿着完整，那又是谁脱了梅瑞迪思的衣服？譬如，尸检发现死者生殖器上有他的 DNA，可他却说当晚没发生关系。

他也无法解释为什么在梅瑞迪思尸体下面的一个枕头上，发现了一个属于他的沾有梅瑞迪思血迹的掌印。

鲁迪最初说阿曼达并没有在公寓里，但他后来修改了自己的故事，说梅瑞迪思死时阿曼达也在公寓里。

他声称，他曾听到阿曼达和梅瑞迪思争吵，而当他从窗户望出去，看到了阿曼达的背影，暗示阿曼达一人杀死了梅瑞迪思。

这个版本当然完全不可信。由于他坚持自己没杀人，所以再怎么加入阿曼达的角色，也不可能是真实的版本。

2008年10月，鲁迪的谋杀和性侵犯罪名成立，被判30年监禁。

但当时的米歇尔法官宣判"偷窃"罪名不成立。这其实代表了法官的态度，他们依然相信强行入室偷窃的碎玻璃窗是伪造的，也代表相信还有其他同伙。

而后有法医接受纪录片采访时表示，他认为凶手不止一人。为什么呢？因为尸体上几乎没有防御伤。大家都知道，如果是拿刀杀人，对方本能地会用胳膊和手去挡，从而留下伤口。该法医表示自己不能想象梅瑞迪思一个大活人会任人用刀刺着玩，而不反抗。所以只可能是一到两个人控制住了她，另一个人实施了伤害。

第一次审判

第一次审判中，DNA证据确实有很多漏洞。但是检方也找到了很多证人。

除了此前说过的流浪汉外，还有一个小卖部的店主声称，11月2日早上7点多，一个长相和阿曼达一样的女孩站在店门口等他开门。而后女孩去了洗厕所的消毒液的货架（但此人第一次告诉别人此事是在案发一年后的2008年，且是对一个记者说的，所以可信度不高）。

替索莱克打扫卫生的某个女佣表示，索莱克那里突然多了几瓶消毒液和

阿曼达出席第一次审判的现场照片

洗洁精,是她以前没见过的。

虽然索莱克声称,两人当晚一直在家里,而他一直在用电脑,但他的电脑显示,自从18点多开始播放《天使爱美丽》后,电脑上就再也没有人为活动。电影在21:10结束,不清楚当时他们在不在观看。

他们一直表示睡到第二天的10:30,但电脑显示5:30时,有人试图在电脑上播放音乐,最后在iTunes放了大概半小时的音乐。

11月2日早上6点多,索莱克打开他的手机(当然睡不着醒来过一会儿再睡也很正常,不代表就起床了)。

反正都是一些不能直接证明他们杀人,但似乎能证明他们说谎的证据……

2009年的第一次审判中,米格尼尼作为控方,重建了案发现场:

阿曼达在梅瑞迪思的卧室里袭击了梅瑞迪思,多次将她的头撞在墙上,强行抓住她的脸,并试图掐死她。鲁迪、阿曼达和索莱克合力脱掉了梅瑞迪思的牛仔裤,阿曼达和索莱克将梅瑞迪思的手和膝盖抱住,让鲁迪对她进行性侵和性虐。

阿曼达用刀子在梅瑞迪思身上割了好几处,然后在脖子上造成致命的刺伤。之后他们假装入室盗窃。

由于梅瑞迪思当时在钱包里的2张信用卡、300欧元现金和2只手机都不见了,因此控方把这个也算在阿曼达和索莱克的头上(而不是鲁迪),多加一个盗窃罪。

尽管阿曼达和索莱克的律师坚持本案只是鲁迪一人所为,并提出了一系列有力的质疑,但最终法庭宣判2个被告多项罪名成立:伪造现场、性暴力、谋杀。阿曼达被判入狱26年,索莱克则被判25年。

阿曼达当庭震惊痛哭。

2010年,意大利警方还起诉阿曼达损害警方声誉,污蔑警方对她有扇脑袋等行为……

庭外,阿曼达的家人极为愤怒,表示一定会上诉。

意大利人普遍认为,证据摆在那里,司法伸张了正义,而不少美国人则认为这体现了意大利司法究竟有多黑。

继续上诉

2010年11月,阿曼达和索莱克上诉案开庭。这一次的法官认为,证据不能充分表明他们犯了罪,也缺乏充足的证据证明这3人之间有联系,从而宣判阿曼达和索莱克无罪释放。

阿曼达哭着瘫倒在律师的怀中,她随后就跟家人回了西雅图。

话说,她的家人真的足够支持她。由于她的继父是做IT工作的,工作地点比较自由,因此他当年尊重家人意愿,只身搬到了意大利,就是为了不让阿曼达一个人在意大利坐牢。

那次审判的庭外，意大利人纷纷痛哭和咒骂司法不公。他们互相安慰，不是还有最高法院吗？

2013年3月，最高法院要求重审此案，认为此前的判决缺乏系统性的证据支持。阿曼达既然没有遭到警方殴打，为何要诬陷帕特里克？为什么阿曼达自己在警局写的纸条上，承认她和索莱克案发时身处公寓？是谁伪造了入室盗窃(鲁迪肯定是没动机的)？又是谁在案发后进行了打扫工作(基本不认为鲁迪会干这事)？

基于这些，2014年1月，意大利最高法院宣判阿曼达和索莱克的谋杀罪名成立。

此时，阿曼达人在美国，她当然是不会回意大利了，她说如果他们来抓她，她会尖叫撒泼，坚决不回。

2015年3月，阿曼达和索莱克继续上诉至最高法院，而这次法院认为判两人有罪的证据基础不存在，于是再次宣判无罪。

最高法院表示这是最终审判。

当时阿曼达和家人在西雅图的家中看新闻直播，看到判决后他们十分激动。

她当时就给远在意大利的索莱克打了个电话，她在电话里兴奋地大叫："我们自由了！"以及"我爱你……"

近况

经历了4年的牢狱之灾，正常的生活轨迹完全被打断后，两人重获自由。阿曼达在2014年终于把自己的本科学位修完，她当时已经27岁了。随后她成了西雅图当地一个报社的记者，现在也投身于为冤假错案发声的工作。

但她认为生活不可能回到过去，她变得有些内向和孤僻。

阿曼达近照

意大利警方在牢里骗她感染了 HIV。她在牢里写日记时，在绝望的心情中，一一回忆和自己发生过关系的男性，哪个做了保护措施，哪个没有。可这份日记却被流传出去，被媒体刊登。于是全世界都知道她在 20 岁时和哪 7 个男人做过爱。

走在路上经常有人能认出她，并说“我认识你”，可她说，他们并不了解她。

她的家人为了支持她打官司，负债累累。阿曼达后来出版了一本畅销书，讲述自己的经历。书的版税终于让她偿还了欠下的惊人律师费。

索莱克后来自己创业，现在成了一家 IT 公司的老板。

他在狱中时曾给阿曼达写信，说他对她还有感觉，但阿曼达却回信拒绝，说她的感觉已经不在了……

至于鲁迪，在阿曼达和索莱克最终被宣判无罪后，他的刑期也减到 16 年。梅瑞迪思远在英国的家人曾抗议过这么大的减刑，但无济于事。

尾声

虽然法律上已盖棺定论，但对本案的争议却从未结束。

至今人们都对她持有两种截然相反的意见，一种把她看作遭受磨难的天使，一种则把她看作爱说谎的恶魔。

网上更是建立了两个针锋相对的独立网站，一个列出证据为阿曼达辩护，一个则列出她有罪的证据。

在 YouTube 上的采访视频下面，评论意见也分成两派。有的人认为她是女版辛普森，全天下都知道她做了，只是法律没有。有的人分析她接受采访时的微表情，说她显而易见在说谎。有的人说她的灰色眼睛，看起来像是个疯子。

但也有很多人同情她的遭遇，相信她是无辜的，受到了意大利司法的迫害。

本案中的一个关键人物是经手此案的检察官米格尼尼。他也曾接受 CNN、ABC 等多家媒体的采访。

他始终坚信阿曼达有罪。

当 CNN 记者问他，阿曼达说谎了吗。他肯定地回答：绝对的！

他说一部分怀疑是来自于他多年来办案的“直觉”，这也为人诟病。

米格尼尼是个非常影视化的角色，喜欢福尔摩斯，喜欢看侦探小说，疾恶如仇，对破案带有天然的热情。

他就像一条猎犬，对自己坚信的罪犯紧咬不放，紧追不舍，不达目的不罢休。

在电影里，这样的角色总是正确的，却又很悲情。但这毕竟是现实……

而本案中最引人深思的是狗仔队。

他们把一起悲剧变成了狂欢，嗅着气味，追着美女、性暴力、3P 等等赚流量的关键词不放……

在法庭尚未审判时，媒体似乎就已经盖棺定论，把阿曼达当成了罪犯，他们抓住毫无意义的小细节，塑造了大众眼中阿曼达的疯狂、荡妇形象……

我用了很多时间研究那两个列出关键证据的网站，会在下一篇中分析案情，告诉你们我的观点。

天使杀人案分析篇：证据交锋才是本案的精彩之处

我大约在2010年左右看到这个案子，当年的维基百科内容和现在很不一样，主要是偏向于认为她是凶手的，所以当年给我留下的印象就是阿曼达是凶手。

那个“狐狸阿曼达”的绰号也深入我心。

大概在2017年，我突然看到一条新闻，阿曼达成为记者、主持人。我当时有点困惑，这么快就坐牢出来了？

一查才知道，原来本案后来又审了3次，最终她被判无罪。

接着我看了最新一部 *Amanda Knox*（2016年），这部时长一小时的纪录片对案情其实没提供什么新内容，只是拍得比较有美感，对人物内心探索比较多。但关于案件本身的信息量，还不及当年CNN做的一个节目（CNN那个节目指出，该检察官在其他案子中也犯了“滥用职权”的错误）。

看完这个纪录片，以及美国做的这几个节目，相信大部分人都会认为，阿曼达是被冤枉的。这是一个偏执的检察官以及落后的司法系统共同导致的冤案。

但是把案件如此简单化，反而令我困惑，难道意大利司法真的如此黑暗？难道一个检察官仅凭直觉产生怀疑，就可以得到那么多警方的证据支持，且让一半法官都判了这对情侣有罪？

我相信他们肯定有强有力的理由怀疑阿曼达。随后我就找到了那2个针锋相对的网站，真的是宝藏。

http://themurderofmeredithkercher.com/，此网站偏向认为阿曼达是凶手。

http://www.amandaknoxcase.com/则是为阿曼达洗刷罪名的。

虽然不知道是谁建立的网站，但是很显然，它们不是由普通案件关注者建的，因为它们获得了极为翔实和精确的关于案件的信息，包括照片、录音、录像、法庭记录、口供、精确时间、专家证词……

我花了很多时间一一对照这2个网站的信息，现在和大家分享一下。

两种观点

控方（以检察官米格尼尼为代表）的观点是：案件发生在11月1日22:00到23:00之间，凶手为阿曼达、其男友索莱克和鲁迪。当晚阿曼达为索莱克和鲁迪开门，让他们进入。在三人纵乐，遭到受害人反对后，阿曼达变得愤怒。阿曼达和索莱克控制住受害人，而鲁迪则脱去她的衣物，对她进行性侵。随后阿曼达用刀杀害了受害人。鲁迪穿上沾血的鞋子，直接从前门离开，之后把2部手机扔到了900米外的一个花园。

而阿曼达和索莱克当夜或者第二天早上清理现场，他们只清理了自己留下的脚印、指纹和DNA，但留下了鲁迪的脚印、指纹、DNA、大便。他们伪造了入室盗窃。

鲁迪自始至终不承认自己作案，他开始为了不让警方怀疑自己的同伙，还特意强调阿曼达也不是凶手，把凶手说成是某个他没看清楚长相的意大利男性。可是当他得知案发现场只留下了自己的痕迹时（同伙未帮他清理），便改变口供，说阿曼达和受害人为钱财发生冲突，杀害了受害人（他改了好几次口供，2011年最后一次说是阿曼达和索莱克两人干的，他那会儿刚巧在房子里大便）。

辩方的观点:案件发生在 11 月 1 日 21 点左右,凶手为鲁迪一人。鲁迪在受害人回家以前,已经打碎窗户,闯入室内,在室内喝饮料、大便。而受害人突然回来,没发现他。他随后对受害人发起突然袭击,并在她奄奄一息时性侵了她。之后,他去阿曼达的浴室洗了自己的脚,并且去地下室男生宿舍换了自己带血的衣服。随后他带着偷窃的手机、信用卡、钥匙离开了房子,并把手机丢在了一个花园里。

他开始看到新闻,知道阿曼达因此案受牵连,出于良心顺带为她澄清了一下。但后来他发现,如果自己能把责任推给阿曼达和索莱克,说不定自己可以脱罪,所以他又改口了。

下面让我们看看证据究竟符合哪一种推论。

DNA 证据

1

控方:刀锋上一个细小的凹槽里留有受害人的 DNA,刀柄上有阿曼达的 DNA。刀上没有测出血迹,因为这把刀被人细心擦拭过。

当警方告诉索莱克,在他的厨刀上发现了受害人的 DNA 时,他没有对检测结果提出质疑,而是立刻解释说,受害人曾去他家一起做饭,做饭时自己不小心割破了受害人的手。可后来证明,受害人从未去过他的公寓。他为什么说谎?

辩方:第二次检测时,没在疑似凶器上检测出 DNA,本证据作废。而且完全把血迹擦拭掉，能不起鲁米诺反应[①]，却留下了可以检测出的微弱 DNA，是很罕见的。所以 DNA 是实验室污染造成的。

2

控方：受害人房间里虽然没有阿曼达的 DNA，但是她男友索莱克的 DNA 却留在了断裂的文胸搭扣上。

辩方：为什么鲁迪的 DNA 满房间都是，而阿曼达和她男友的却完全没留下？要在一片混战之后选择性地擦掉 2 个人的 DNA，只留下其中一个人的，是几乎不可能的。

而且胸罩带子上只有鲁迪的 DNA，索莱克不太可能不碰胸罩而直接触碰到那一个小钩子。所以索莱克的 DNA 可能也是实验室污染导致的。取证现场照片上那个手套就脏兮兮的，如果工作人员在捡钩子前刚好触摸过门把手，而索莱克此前也摸过门把手，那不就是把他的 DNA 带过去了吗？

3

控方：小卫生间里有 3 处阿曼达的 DNA 和受害人的 DNA 混在一起，分别位于水槽上、一个装棉签的塑料盒子上以及坐浴盆上。一处只有阿曼达 DNA 的血迹在龙头上。

辩方：根据 DNA 的具体数据可见，是两个人的血液混在了一起（而非阿曼达触摸了受害人的血）。可是，阿曼达身上并未发现有伤口。

---

① 在凶案现场只要有血液溅出并沾到任何物体上，不管事后经过何种方式的清除，哪怕是过了很长一段时间，只要是用鲁米诺试剂喷洒在其上并在暗环境下观察的话，在原沾有血迹的地方就会有因发生荧光反应而呈蓝紫色的荧光。即使犯罪现场的血迹已经被擦过或消除过，调查者依旧可以使用鲁米诺找到它们的位置。

她自称唯一的伤口，是刚打的耳洞发炎流血，可能滴在了龙头上。

在采集血样时，工作人员没有更换手套，可能某个手指蹭到了她耳洞的血，并带到了其他几个采集的地方。否则，怎么会这么巧，2个人的血刚好在3处滴在一起。

没药花园：我认为实验污染的可能性很高。首先，以控方对当晚描述的版本，难以解释为什么会有阿曼达单独DNA的一滴血，以及这滴血和其他混合DNA又有什么关系。但如果以辩方的版本，就可以解释了，因为阿曼达耳洞出过血。如果存在较高污染可能性的话，DNA的证据就难以令人信服。也是基于这个原因，阿曼达和索莱克2次被判无罪。

房间内的其他证据

1. 房间里有人从被害人的包里拿走了她的钱包和信用卡以及大门和房间钥匙。

2. 受害人的台灯和阿曼达的台灯都在受害人的房间地板上，靠近床脚。其中阿曼达的台灯是她自己房里唯一的光源。

没药花园：这个其实有利于控方，因为如果是鲁迪突然发起袭击，他不太可能会跑去自己不熟悉的隔壁房间拿一个台灯过来。所以控方认为是阿曼达从自己房间拿过来的。

3. **控方**：鲁迪的血鞋印（根据鲁米诺反应）显示他离开房间，经过过道、餐厅区域后离开出门，但没脚印显示他曾转身锁住房门（通讯警到达时房门是锁住的）。要拿钥匙在外面锁门，必然要转身，不可能鞋尖朝外。

辩方：专家认为鲁米诺显示的不是鞋印，或者画面有造假嫌疑。

4. 受害人房间地板上有5张纸和明信片，上面显示有至少两种不同的脚印，但是和受害人所有的鞋子都不符合。

5. 在阿曼达的房间里和在走道上曾经有过5个赤足血脚印，但被清除掉了。这些血脚印和鲁迪的不符合。

6. **控方**：在浴室的垫子上，有一个血脚印（赤足），符合索莱克的脚。

辩方：并不符合，短了3厘米（由于血脚印是残缺的，因此到底符不符合，也取决于测量方法）。

7. **控方**：只在餐厅的一个玻璃杯上发现了阿曼达的指纹，但她自己的房间和房子其他地方都完全没有她的指纹。她在这里生活，这不合常理，显然有人擦拭过。

控方认为，鲁迪的血脚印（穿鞋）显示他直接出门离开，并不是他清理的，那么就是同伙清理的。而同伙只挑阿曼达和索莱克的痕迹清理，故意留下鲁迪的，显然只有阿曼达和索莱克才会这么做。而辩方则认为血脚印不对，鲁迪并没有离开。

没药花园：一方面我确实觉得鲁迪不太可能会清理现场。哪怕清理的话，他会留着自己在案发现场的血手印和血脚印不管，而去清理阿曼达房间更隐蔽的指纹？

另一方面，我认为要在混乱的现场只挑2个人的痕迹清理，也不太可能实现。如果只是清理其中2个人的脚印，那或许容易些，如果是清理3个人中2个人的指纹，也或许能侥幸实现。但要把混乱的案发现场，清理得完全没有这2个人的DNA（除了搭钩），似乎不太可能。

但话说回来，万一他们走狗屎运，刚好都清理掉了，或者剩下一些DNA未被检测到呢？

光凭这些，我没法下结论。另外，可疑的一点是，阿曼达房间里唯一的光源（台灯）为什么会在受害人的房间里？若没有这个灯，阿曼达的房间是漆黑的。

1. 按照控方的说法，是阿曼达从自己房间拿了灯，为清理工作做照明，最后却把灯忘在了房间里。而后索莱克试图踢门闯入，也是为了拿回这个灯。

2. 阿曼达则当庭表示，并不知道这个灯怎么会跑去受害人房间的。

3. 网上看到的一种提法我认为比较合理。台灯有可能是最早查看房间的通讯警留下的。他不敢触碰电源开关和房间里本来的灯，怕在开关上留下指纹，但又想照明，便从隔壁房间拿了这个灯，插入插座，却忘在了现场。当警察来时，这灯还在这里，被拍进了现场照片。

正因为是警方自己犯的错，所以警方都没把它当证物保存，没有验上面的指纹。

如果阿曼达真要自保，为了推翻控方的说法，她完全可以在法庭上说是自己前晚把灯借给受害人的。可她却没有这么说。

入室抢劫是伪造还是真实

1

控方：房间被翻得很乱，室友菲洛梅娜的衣服被人从衣柜里拖出来，散落在地。而玻璃碎片是在衣服、电脑上方，而非下方发现的。这证明是先有人在室内弄乱房间，才用大石头砸碎了窗玻璃。

辩方：错了，也有玻璃是在衣服下方的，且没在照片上看到玻璃在上面。况且当时菲洛梅娜和其他人到处翻找有没有丢东西，破坏了现场。

2

控方：鲁迪是个入室盗窃惯犯，而且他清楚知道楼上住的是 2 个外国女性，楼下是 4 个意大利男人。那天是假期，意大利人通常都回老家团聚，而外国女性会留下。他如果最初的动机是偷窃，他应该选择肯定空了的地下室，而不是一楼。

辩方：会不会我们高估了鲁迪的智商？

3

控方：假设辩方的内容属实，这么大声音的砸窗没有惊到受害人，那么他应该是在受害人回家前就闯入了，躲在房子里喝果汁、戴了耳机听音乐、大便，直到受害人回来……而受害人是 21:00 左右回家的，那么他在 21:00 以前就强行闯入了。

可 21:00 以前，那条马路车来车往，为什么没人目击？他为什么不从正面（大门关不严）或者其他隐蔽的窗进去，而要选择这一扇朝向马路且关了木百叶的高窗？

辩方：如果真的不可能有人从这个窗户闯入，为何事后屋主装了防盗窗？他 21:00 以前闯入，可能刚好没人看到。

4

控方：他身高 178 厘米，这扇窗离地 2 米多，他爬不上去。哪怕他能爬上去，要先打开木百叶窗，再下来捡石头，再砸碎玻璃，再爬上去开窗，钻进去，钻进去后还不能被插在窗框上的碎玻璃碰到，这也忒麻烦了……

辩方：英国一个节目找了个攀岩高手做试验，踩着地下室的小铁窗，是可以爬上去的。

没药花园：我看了那个节目，攀岩高手爬起来其实也够呛，只能抓到一小点边缘，完全靠臂力把自己提上去。我感觉普通人是爬不上去的。我很好奇，节目组为什么不找个普通人做试验，而要找个攀爬专家。但话说回来，鲁迪是个篮球运动员，也不算普通人。

5

控方：墙上没留下攀爬痕迹。

辩方：警方没有去勘验脚印。

6

控方：他扔了一块8斤重、20厘米长的大石头去砸一扇小窗，谁会选这么大的石头啊？

辩方：他以前作案时也曾选过这么大的石头。

没药花园：鲁迪是篮球运动员，擅长投篮。

7

控方：他进屋后没有立刻拿走显眼的电脑、相机和名牌包包，反而是开始把衣柜里的衣服全倒腾到地上……

没药花园：他可能以为当晚公寓不会有人回来，故不慌不忙在衣柜里翻找值钱的东西，突然想大便了，便去厕所，而在厕所期间，受害人回家了……杀人后，他仓促逃跑，忘记拿走另一个房间的电脑、名牌包。

8

报警时间在通讯警到达前还是后？

控方：通讯警是在12:40多到达。当他们盘问2个被告时，被告看似有点慌张，声称自己已经就这个情况打电话报警了，在等警察。其实他们当时并未报警。后来为了圆谎，才在12:51和12:54补打了电话。

辩方:通讯警在13点以后才到达。索莱克是最早打电话报警的人,证明他们并不想拖延发现尸体的时间。他们不是慌张,而是意外,因为刚刚打电话报警,没想到立刻来了2个通讯警。

没药花园:双方就通讯警几点到达有过一番争论,控方认为12:40多就到了,主要是通过通讯警自己的证词以及后来一系列人的到达时间推断的,比如A说B大概比自己早10分钟,B说C大概比自己早3分钟。辩方认为是13点多才到,附近有个摄像头显示先后有2个人的脚经过,但只有模糊的双脚,辩方认为它们是通讯警的。

阿曼达在打电话时还有几番谎言。这些谎言或许无关紧要,或许很重要。

比如她在接室友菲洛梅娜的第二通电话时,说她已经和索莱克回到了房子里,检查了房门,做了各种菲洛梅娜交代的事……但事实证明,她接电话时手机接入的信号是在索莱克家中。也就是说,她夸口说自己做了一些其实并没有做的事。

控方认为她说谎,是因为她知道现场是自己伪造的,知道人已经死了,自然没有必要去做各种检查,只是电话里敷衍一下菲洛梅娜。但也有可能,她就是沉迷于和索莱克缠绵,懒得动,但又要表现出自己已经关心过室友和他们共同的居所,就随意撒谎罢了。

9

为何说谎?

控方:在室友菲洛梅娜回来以前,阿曼达曾对菲洛梅娜的男友和通讯警说,受害人经常会锁房门,就连去洗澡都会锁,所以不用担心。通讯警因此没有破门。但菲洛梅娜回来后却说,受害人几乎没锁过门,这很反常,强烈要求开门。而且既然阿曼达和索莱克之前都已经试图撞开门了(门上有一道裂缝由索莱克早先踹门造成)，说明他们也是关心过这个问题的，为何此时又不让开门?

辩方:阿曼达说她意大利语不够好，造成误解。

10

几点作案?

A

控方:控方最有力的证人，一个长居案发公寓附近广场的流浪汉。他在警方找他调查时就声称曾在 21:30 到 23:00 之间看见这对情侣出现过三四次。他说看见他们有时激动地交谈，有时候站在栏杆边，俯瞰车子抛锚(见 C)的地方。而广场周边的 2 个小店店主也证明流浪汉当晚以及平时确实都在广场。控方认为，这证明阿曼达和索莱克说自己在家，是在说谎。

辩方:此人常年吸食海洛因，且证词自相矛盾。

没药花园:此人的证词中，一方面说看见阿曼达时，周围人穿万圣节衣服，有大巴，证明是 10 月 31 日;一方面又说看见她时，当晚没有下雨，第二天看见警察，证明是 11 月 1 日。而阿曼达 10 月 31 日晚上在酒吧打工，肯定没出现在广场，那么似乎只可能是 11 月 1 日? 总之由于自相矛盾的证词，最后一次开庭时他的话没被采纳。而此流浪汉在最后一次作证后没多久，就因病去世。

B

控方:有个证人自称见到过阿曼达、鲁迪和索莱克拿着刀，在公寓门口。鲁迪想花钱租他的车。

辩方:此人有案底，品质不佳，而且说得太离奇，很可能在说谎。

没药花园:不可信。后来控方也没坚持采信此人的证词。

C

一辆小车当晚22:20在公寓前的马路上抛锚，一直持续到23:15才离开。车上共有4个人，他们还站在车外面等拖车。他们以及后来的拖车司机都没在这期间听见尖叫或可疑的声音，或看见有人爬墙。

没药花园：由于多人作证，且均为普通市民，这个证词最为可信。他们对时间点也很确定。这说明杀人要么发生在22:20之前，要么在23:15之后。控方和辩方都调整了自己的推断，为了能和这个证词对应得上。

D

控方：22:00到22:30之间，一对情侣从这条马路经过，看见了前面提到的抛锚汽车，同时一个深色皮肤的人急匆匆经过，差点撞上情侣中的男生。

没药花园：如果这人是鲁迪的话，符合C，即是在22:20之前作案已经完成。但与下面的E、F、G中的证词矛盾。

E

住在公寓对面的女子在22:00上床睡觉，后被一男一女的喊叫吵醒，随后听到了一个女子的尖叫。她估计时间在23:00。

没药花园：如果是23:00前发生的，就和前面的C相矛盾。23:00前，她能听见这些声音，站在马路上等修车的4个人更会听见，但他们没有。所以要么她撒了谎，要么记错了时间。哪怕她只是记错了时间，这一男一女的声音也可能是鲁迪和受害人，无法说明阿曼达和男友索莱克的参与。

F

控方：23:00到23:30之间，另一个住在公寓对面的女子起来上厕所，听见了一声女子的尖叫。她朝窗外看，什么人都没有。过了一会儿，她听到一个脚步声从停车场沿着铁台阶跑上人行道，另一个脚步声则沿着行车道逃跑。证明至少有两人作了案。

辩方：不太可能在有双层玻璃的房间里，听到马路对面的一个石头房子里传出的一声尖叫。而此妇女在2011年出庭作证时深受耳聋和身体及精神的疾病之苦。因此辩方认为她幻听了。

G

控方：公寓的第三个邻居在已经上床后，听到急促的脚步声从停车场沿着铁台阶跑上人行道，证实E中提到的脚步声。她认为时间在23:30。

没药花园：E、F、G是一致的，再结合肯定为真的C，尖叫和跑步发生在23:15到23:30之间。如果尖叫声是受害人的，那么从杀死到逃跑，中间就15分钟时间。伪造入室抢劫，极为精细地清理现场，几乎不太可能。所以要么证明并非伪造，要么是阿曼达和男友索莱克此后回去清理了案发现场。但这个推理与D相矛盾。

控方其实是采信了A、C、E、F、G这几个证词，从而得出凶案发生在23:15—23:30，因为尖叫声发生在这个时间段(尽管尖叫声可能是刚控制她时发生的，也可能是刺杀时发生的)。而这几个证词中，被辩方辩驳后没那么可信的是A和F，那么只剩下C、F、G。但C其实是中立的，而F和G都是在房间里听见声音，没看见画面，可能是和案件无关的尖叫。

而辩方其实是采信了C和D，从而得出凶案发生在22:20之前。再加上辩方坚持，鲁迪是打碎玻璃闯入，受害人不可能听不见，那么就认为他是在21:00(受害人到家时间)前闯入，在22:20以前已离开。

总体而言，我认为辩方的时间线更可信。

11

控方：在2009年的法庭上，一个小店店主声称，11月2日早上7点多，一个长相和阿曼达一样的女孩站在店门口等他开门。女孩戴了帽子，神色疲惫。

而后女孩去了厕所消毒液、洗洁精的货架，但不记得她买了没。他清晰描述了女孩的外表，和视频中阿曼达案发第二天穿的一样。

此证词和后来的一些证词相印证。11 月 11 日，警方在索莱克家的厨房柜子里搜出了 2 瓶消毒洗洁液。替他打扫卫生的女佣说，索莱克以前很不喜欢消毒液的味道，她也没见过家里有这东西。于是控方认为这是他们用来清洗案发现场的。

辩方：尽管警方案发后就找这一圈店调查过，但此店主第一次告诉别人阿曼达来买清洁剂是在案发一年后（2008 年），而且首先是对一个记者说的。过了一年，他还能清晰记得阿曼达当时的穿着打扮，这不太可能。

而后来索莱克的前任女佣在法庭上说，那 2 瓶消毒剂是她买的。

但控方则认为，此女佣是被索莱克的家人收买了。因为她最初对警方说，她不知道这 2 瓶消毒剂的由来，她在和索莱克的律师交谈后才改变说辞。

没药花园：我对店主的记忆和做法表示怀疑。而如果这 2 瓶消毒剂是他的前任女佣买的，这其实和第二任女佣的证词不矛盾。可能就是因为索莱克不喜欢这味道，所以她没继续用，把它们留在了柜子里，所以第二任女佣没发现过。

12

电话记录显示犯罪？

控方：当晚 20:18，阿曼达收到老板帕特里克的短信，叫她不用去工作了。20:35，阿曼达回复了消息。但是老板的短信被删了，只在发件箱里找到阿曼达回复的意大利语短信：“你好，晚些见。晚上好。”阿曼达开始说自己没收到消息。后来警方发现，她是回复后又删了。阿曼达看了短信，说自己的意思是：改天见，相当于 see you later。但在意大利语中的意思是“今天晚点见”。

没药花园：也正是被删的短信引起了警方的怀疑，导致他们不断追问阿曼达和帕特里克的关系，最后阿曼达顺了警方的意愿，指控帕特里克。但事实证明，短信内容没什么异常。所以阿曼达其实也没必要删短信和谎称没收到。

我认为删短信一事只能证明她11月1日确实意识模糊，在收到短信后下意识地回复，删除，然后又把此事忘记。

这种记忆模糊可以说明，她当晚确实服用了超过自己能力的酒精加大麻（或其他毒品）。那么记忆模糊的她，会不会由于同样原因，意识和情绪反常而杀人呢？

她诬陷黑人老板作案，并且保持谎言3周，说明她是个擅长说谎的人。说谎动机不明。可以是被警方逼急了，随便咬一个。但我认为，不太可能是通过陷害来掩盖自己作案。

试想一下，假如她和索莱克在清理现场时，只顾着擦他们自己的指纹，连鲁迪的大便都没冲掉，也没擦掉他的血手印和脚印，可见她是故意要留下线索指向鲁迪的。那么，她为何不在此时顺水推舟，直接引向鲁迪？为什么要找一个很快就会被她留下的痕迹证伪的人？

所以她这么说，只能解释为，她真的被警方逼急了，想要走出警局，便随便咬了一个。

13

控方：第二天的12:07和12:11，阿曼达虽然确实打过电话给受害人的2部手机，但都只打了几秒就挂了。第一通12秒，第二通4秒，都还没进入语音留言箱。如果她真的是在焦急地找受害人，她应当让电话多响一会儿吧？她应该像室友菲洛梅娜一样给电话留言吧？她打这么短时间，因为她知道受害人已死，不可能接电话。

辩方:阿曼达确实担心受害人,想告诉她这事,阿曼达在 12:08 还打给室友菲洛梅娜了。如果她真的知道受害人死了,她连打的必要都没有。

控方:阿曼达只是想确认手机是不是真的丢弃妥当,并且做做样子,假装找人。

14

控方:阿曼达在第二天(11 月 2 日)12:47 打电话给她在西雅图的母亲,电话持续一分半。这是美国的凌晨 3:00。她这是觉得罪案要被揭发前、有大事要发生,才这么紧张。如果她只是个旁观者,还不知道受害人出事,为什么要在凌晨吵醒她妈妈?她后来却在法庭上说不记得自己打过了。

辩方:她只是纯粹对发生在房子里的事很担忧,想和她妈妈聊聊。

15

控方:索莱克在 12:40 和 12:50(打报警电话前)分别打电话给他的爸爸和姐姐。他为何在当时也这么焦虑?

没药花园:说实话,C 和 D 的这 2 通电话确实挺可疑的。但我们也需要结合更多的上下文来判断,比如阿曼达是不是以前也这么自我,不顾时差,半夜给美国家人打电话?比如索莱克是不是因为公共假期没能回家,本来就要给爸爸和姐姐打电话问候?

16

控方:阿曼达在案发前后都曾给毒贩发过消息。

没药花园:如果本案有 3 个凶手,最让我困惑的一点也是:为什么没有证据显示阿曼达/索莱克曾和鲁迪发过消息和打过电话?他们当晚是怎么联系他的呢？事发后也没联系吗？是街上随机遇上的吗？

17

为什么要偷2个手机？

控方：2个手机被人从受害人的房间拿走，随后丢在900多米外的园子里。00:10，受害人家属给她打电话时，信号接入的已经是园子那里的范围。也就是说，至少00:10以前，凶手（之一）已经拿了手机，离开了案发现场。

为什么凶手要拿走手机？显然不是为了变卖换钱，因为室友菲洛梅娜的房间里有贵重得多的物品都没拿。所以只有一种可能，凶手不希望这2个手机在受害人的房间里响起来。反锁门是伪装成她不在家。万一没拿走，有人打电话来，电话响了，公寓里其他室友会觉得奇怪，从而提前发现尸体。

辩方：鲁迪偷窃了手机和信用卡，他后来觉得手机没用就扔了。

没药花园：我认为控方听起来有点道理，但又不是特别合理。如果阿曼达和索莱克不希望手机响，直接把它们关机就可以了吧？把它们丢到人家居民的花园里，反而会被人捡走交给警方，提前吸引警察到来。

但对鲁迪而言，放着菲洛梅娜的名牌包、电脑、相机不偷，而只拿走受害人的廉价手机又扔了也很奇怪。

相对而言，我只能倾向于认为这是鲁迪匆忙之中的不过脑行为。

18

电脑活动记录

辩方：索莱克说自己一直在家，而他在家时就一直在用电脑。可他的电脑显示，自从18点多开始播放《天使爱美丽》后，电脑上就再也没有人为活动。

电影在21:10播放完毕，不清楚当时他们在不在观看。

他们一直表示睡到第二天早上10:30,但电脑显示凌晨5:30时,有人试图在电脑上播放音乐,最后在iTunes放了大概半小时音乐。

11月2日早上6点多,索莱克打开他的手机。

辩方:电脑上是有活动的。21:26还有人在电脑上打开了一个文件:“Naruto ep 101.avi”(动画片)。

19

一个还是多个攻击者?

控方:受害人练过跆拳道,也比较强壮,不会束手就擒,但是她身上几乎没有防御伤。她身上有很多虐待伤口,证明是在活着遭到攻击时产生的,不是死后。邻居只听到一声喊叫,说明其他时间被害人被捂住了嘴。既要捂嘴,又要控制身体,又要强行脱她的衣服,一个人不可能完成。

辩方:她的双手上其实有少量防御伤。她是被人从背后突然攻击,来不及反应,被杀害后才被放到枕头上性侵的。

没药花园:双方都找了不同的专家。但注意了,控方说只听到了一声喊叫,是基于前面3个邻居这么描述。其中1个邻居的可信度已被削弱。

20

其他对于“性格”的偏见

关于证据的争论还有很多,限于时间,我不可能全都列出来。虽然目录简单,但信息量特别大。

由于很难从证据上有定论,所以后来很多讨论偏移,变成讨论阿曼达到底是什么样的人。

其中有一群和受害人或熟悉或有点头之交的女生出来作证,说受害人不喜欢阿曼达，阿曼达表现得冷漠，她的私生活混乱。

但辩方认为，当时媒体事先释放了阿曼达那种形象的信号，于是那些受害人的朋友接收到信号后，开始向媒体附和这种信息，这种心理叫做 confirmation bias（确认偏差）。但后来到了法庭上，她们却又持相反态度，认为确实没听说过阿曼达和受害人之间有矛盾。

我读了米格尼尼在法庭上盘问鲁迪的记录。他的问题不断引导鲁迪，见到阿曼达时她是不是和其他男生在一起，抽大麻时她有没有和楼下的男生暧昧……但鲁迪的回答让他失望，他表示每次遇见阿曼达，她都是独自一人。

在媒体的狂轰滥炸中，阿曼达的形象已经固定：这是个轻浮的女生，女性朋友很少，与她交往的大部分都是男性朋友，花很多现金（一般用于非法购买才用现金），和毒贩有联系，曾因为在派对上发出噪音和扔石头收到过罚单，写过关于强奸和暴力的小说。可是尽管用放大镜审视她，也只能找到这些周边的负面信息。

那么听听和她住一起的菲洛梅娜怎么说？菲洛梅娜认为阿曼达就是个兴趣广泛的女孩，整天比较开心，不太容易发怒，只是有时候有点奇奇怪怪，比如说着话突然做起瑜伽来了，看着电视突然开始弹吉他了。

而同时，索莱克也被媒体解剖，比如认为他迷恋刀，身边总是带着一把刀。他经常吸大麻，喜欢看暴力黄片，小学时曾经用剪刀刺伤过一个女同学。

但人是复杂的、多维度的，媒体却没有刊登那些与预设相反的信息。比如，索莱克被一些同学评论为比较温文尔雅、腼腆害羞；而阿曼达被一些人评论为善良，对小动物都很有爱心。

当我们每个人站在聚光灯下，接受这样的道德强光直射时，有几个人能完美？用放大镜看一个人的 20 年、30 年，怎么都能挑出一打的错。

我经常用性格来分析一个人有没有可能做某些行为，因为我认为性格是连贯的。阿曼达的那些表现，在我看来体现了她无拘无束、没心没肺、放荡不羁的性格，不代表这是品质、良心上的瑕疵，且距离性虐、杀害好友这种残酷罪行，还有十万八千里的距离。

没药花园相信的版本

我这篇写得特别慢，因为在过去半年中，我被双方的证据都说服过。而本案中这些证据的可信度，也并非完全可靠。比如说，鲁米诺测试显示的到底是不是血脚印？就连这个至今都有争议。

目前来说，我相信的是辩方的版本，也就是阿曼达和索莱克无罪，本案为鲁迪一人所为。

为什么呢？

主要是时间线。控方要圆自己的版本，要证明阿曼达和索莱克参与了，依据的是三点：(1) 他们说谎了。(2) 刀上有 DNA。(3) 几个证人听到不止一个凶手。DNA 证据在第二次检测中已经被排除了，说谎也都是一些非关键情节的内容，所以他们主要依赖几个邻居的证词。而这几个证词都指向案件发生在 23:15—23:30，所以他们只能把作案时间定在这期间。而辩方则认为案件发生在21:00—22:20。

受害人被丢弃的英国手机，显示她当晚(2007 年 12 月 2 日)有 4 次活动。在 20:56 她曾拨打英国自家的电话，但没接通；21:58 拨打语音留言信箱；22:00 拨打一家英国银行电话，未接通；22:13 突然上网 9 秒。

现在已知死者在 20:45 在距离家 400 多米处和朋友告别。她当时告诉朋友，昨晚万圣节自己玩了一整夜，今天又玩了一天，要早点回家休息。她走回家大概在 21 点左右。也就是说，她应当是在独自走回家的路上，或者刚进门不久的时候，拨打了英国家里的电话。

受害人的手机在 21:58 时拨打了家里的语音信箱，没接通就立刻挂了，还即刻锁住，这证明是一次误操作，或者被突然打断。22:00 曾拨打一家英国银行的号码，但没输入英国区号，不可能接通，晚上银行也不可能开门。而这家以 A 打头的银行位于按字母排序的通讯录的第一个，因此很显然，这也是受害人或凶手不小心碰到的。

我同意辩方的，在 20:58 这个试图拨打英国家中的电话后，剩下的手机活动不是她本人，而更像是凶手的误操作。

22:13 她的手机突然连接 GPRS 9 秒，这是因为收到了一条彩信。辩方根据 GPRS 接入的是 B 信号塔，认为当时手机已经不在房子里了。因为在家里时是 A 信号塔的信号最强，而在那个园子时，是 B 信号塔的信号最强，因而大概率，手机在22:13时已经位于 900 米外的花园周围。

如果信号的依据是准确的，那么 22:13 前，鲁迪已经作案完成逃离现场。在 22:13 突然按错上网后，鲁迪出于害怕或者烦躁等原因，把手机扔在了路边的花园。

这与之前抛锚等拖车的 4 个目击证人的证词是一致的。他们 22:20 到达该路段，一直到 23:15 离开，未发现任何异样。但和 E、F、G 这 3 个 23 点多听到尖叫的证词都矛盾。

那为什么，我要信这个时间段呢？

(1) 控方认为受害人当时在玩手机，所以 2 次不小心按到。但我认为这不太可能。玩手机时眼睛肯定一直在盯着屏幕，发现按错，会立刻关掉，不太会由它响了几秒。而且误操作挂掉后，玩手机的受害人自然会继续玩手机，不会立刻锁屏幕。受害人 20:58 拨打英国电话没接通，按理说会过一会儿再打个试试(室友表示她和家里保持着密切联系)，但是她此后再没打过，很可能是在这个电话之后不久，手机就不在她手上了。

(2) 现在已经知道,牛仔裤和外出的衣服都是凶手强行脱下的,因为牛仔裤裤脚管没翻过来,里面有血迹。这点双方没异议。

已知她 21:00 左右回到家。她对一起吃晚饭的朋友说,她想早点睡觉。如果案发时间在 23:30,她有没有可能回家 2 个多小时,却一直没脱衣服?她不脱衣服坐在房间里干嘛呢?

(3) 鲁迪说他在 19:30 前往公寓去和受害人约会(虽然他不承认自己杀害了受害人),而 20:00 以前的监控摄像头就拍到他在公寓外面,说明他当时已经到达了。那么他会不会此时到了去找阿曼达开门玩呢?不会。因为 20:40 时,索莱克的邻居曾去敲索莱克的门,看见阿曼达当时还在索莱克家看电脑。那么比较符合辩方的推论是,鲁迪当时独自在公寓附近,可能正在找闯入的地方。

有人可能会说,既然有监控,为什么不看看阿曼达和索莱克当晚出现没有。我想那个监控不是正对公寓大门的,只朝向路的一边,只有那个方向来的人能被看到。

我认为时间线是这样的:

鲁迪在 20 点多已经进入室内,在房子里乱翻菲洛梅娜的东西、喝果汁……他以前入室盗窃也这么做,就像在自己家里似的。

到了 21:00,受害人可能一边给英国家里拨电话,一边走进家门,没有留意到鲁迪早已闯入。

鲁迪在大便的时候,发现受害人突然回家了。他急忙提起裤子,站起来。他没有冲走粪便,是怕发出声响被受害人发现。

随后他尾随受害人到房间,从背后突然袭击,捂住她的嘴。两人可能有过一番搏斗,在发现难以控制住受害人,或受害人发出几声呼喊后,他拔刀刺向了受害人。随后他脱掉了她的衣服,对奄奄一息的受害人进行性侵。

鲁迪可能在22:00左右离开家门。21:58、22:00、22:13这3次都是他在拿着手机、匆忙逃跑过程中误按到了键。

辩方认为凶案可能发生在21:44到21:52之间。因为他们拿到了附近路段的监控，发现那会儿，不断有经过的路人停下脚步，朝公寓的方向张望，似乎听到了一些奇怪的声音。可警方并没有找这些路人来问话(当然，视频中路人张望的内容也可能与此案无关)。

为什么我无法接受控方的版本？

主要有几点：

(1) 为何没有这3个人的通讯记录，譬如电话、短信等等？他们是如何联系上一起纵乐的，难道是那天在街头偶遇？

(2) 如果是街头或者酒吧偶遇后一时兴起，为何没有目击证人看见他们仨(除了一个明显在说谎、连控方都不信的证人)？

(3) 阿曼达和索莱克是如何做到能在案发现场，既没有留下脚印、指纹，也没留下DNA的？

(4) 如果说是伪造现场，那是怎么伪造的，窗玻璃是怎么打碎的？是索莱克跑到马路上搬一块巨石远距离扔过来的吗？如果是从室内打碎的，为什么碎片没有掉落在窗外的地上？

(5) 既然把信用卡、钱包、手机、钥匙都扔了，为何不把消毒剂什么的也扔掉，而是放回索莱克的橱柜？清洗血迹的消毒剂瓶子没准会沾上受害人的DNA……

以上是我的判断。

但这个案子还是有一些让我动摇的地方，主要在于阿曼达和索莱克的一些无法让人理解的谎言(如果控方内容为真的话)。

(1) 阿曼达为什么要对通讯警说谎，说受害人经常外出时锁房间门，哪怕洗个澡的时候也会锁？她说是自己意大利语不好，造成了误解(以英语为母语的人会把正反搞错吗？而且，假设她说的是反过来的意思，又怎么会提到“哪怕洗澡的时候”?)。

(2) 尸体被发现时躺在房间中央，盖着被子。后来警方才发现，尸体先是在衣柜旁边被杀害，随后被人挪到房间中央，放在枕头上进行性侵。但阿曼达在警方发现尸体被挪动过以前，就曾对受害人的英国朋友说过一句话：“受害人是在衣柜旁被杀害的。”她是怎么知道的呢？后来在法庭上，她没否认她说过这话，她说是索莱克告诉她的。但索莱克拒绝为此作证。

(3) 而当警方告诉索莱克，在他的厨刀上发现了受害人的 DNA 时，他没有对检测结果提出质疑，而是立刻解释说，受害人曾去他家一起做过饭，做饭时自己不小心割破过受害人的手，但受害人说小伤没什么。可后来证明受害人从未去过他的公寓。他如果不是心虚，为何有如此反应呢？

(4) 索莱克在 11 月 5 日作为证人被带去审问时，很快对警方说，他之前说的一切都是谎言，是阿曼达教唆的，她其实晚上出去过，没和他在一起。他后来翻供说，当时警方对他又吼又叫：阿曼达是个婊子，欺骗他(考虑到两人当时只认识 10 来天，他对她不够了解，在警方的离间计下动摇、改变证词也是可能的。但他为何在出狱后写的自传中还加了一句，当晚阿曼达是否出去过他不确定？是因为当晚真的喝嗨了，记忆有断片?)。

2011 年第二次开庭。当时两人已经在 2009 年被判刑 20 多年。阿曼达突然回过头，对坐在被告席另一头的索莱克挤了挤眼睛。这一幕刚好被摄像头拍下。

美国一些吃瓜群众坚持认为阿曼达是有罪的人，把她视作“女版辛普森”，巧合的是，阿曼达和辛普森刚好同一天出生，都是 7 月 9 日，巨蟹座。

本案无论是时间线还是证据，都指向鲁迪一人作案。

读者更被控方的版本吸引，从传播学上也是可以理解的。

如果是鲁迪一人作案，那就是一起非常普通的入室盗窃、强奸杀人案。这样的案件在每个社会都不新鲜。它没有离奇的动机，没有曲折的情节，没有形象突出的人物，也没有复杂的人物关系。从新闻的角度来说，它有些“平淡无奇”。

而如果本案的凶手是阿曼达——一个天使容貌、蛇蝎心肠的美国女孩，故事则完全不同了，它堪比一部精彩的犯罪小说。

在看了那么多证据后，我认为鲁迪独自作案更说得通，三人作案有更多不合理之处，无法解释。

2019 年 6 月，阿曼达和她的丈夫一起回到了她曾在狱中度过 7 年的意大利。这是她获释后第一次回意大利。

她说她看过 Netflix 的纪录片后才知道，当年她很害怕的检察官米格尼尼并不是坏人，而是出于对正义的偏执。她说希望自己能鼓起勇气去见米格尼尼，“有一天我希望能和真正的米格尼尼博士会面，我希望他能来，他也会看到我不是一个怪物，我只是阿曼达。”

美国选美小皇后被杀案

真凶是谁？破解 6 岁选美小皇后密室死亡之谜

本案发生在 1996 年，尚未被侦破，却几乎被美国所有媒体报道过。《名利场》杂志在 1997 年做了篇极长的深度报道。一个参与办案的警察说过，虽然法律没有结论，但是美国人心中已经有了答案。2016 年是琼贝尼·拉姆西(JonBenet Ramsey)遇害 20 周年，当时又掀起一番讨论。2017 年 Netflix 放映了一部 2 小时的电影还原案件，该电影由演员演绎。

琼贝尼于 1990 年出生在美国科罗拉多州，她长相非常甜美，有一个比她大 3 岁的哥哥伯克(Burke)，出生于 1987 年。

琼贝尼的母亲帕特茜(Patsy)本身也是一个选美皇后，案发时患有卵巢癌，案发 10 年后死于此病。

琼贝尼的父亲约翰·拉姆西(John Ramsey)是一家科技公司的创始人和 CEO，全家人住在高档社区的豪宅里，有私人飞机和游艇。

琼贝尼·拉姆西(JonBenet Ramsey)

琼贝尼与她的妈妈和哥哥

本案如此轰动也因为帕特茜从小就让女儿参加一系列儿童选美比赛,琼贝尼所向披靡,是当之无愧的"选美小皇后",这也使得她为许多人熟知。

如果琼贝尼不死或者晚出生10年,以她如此完美的容貌,大概会成为Instagram上粉丝几百万的网红吧?

案件经过

先说一个拉姆西夫妇叙述的案件经过的版本。1996 年 12 月 25 日，圣诞节，琼贝尼一家人在朋友家吃饭，22:00 回到家，回来路上琼贝尼已经睡着了。回到家后，帕特茜替女儿换上睡衣，让她上床睡觉。

第二天早上 5 点多帕特茜醒来，走下旋转楼梯时，发现在楼梯的木台阶上有 3 张排开的纸。她觉得很奇怪，拿起来一读，发现这是一封两页半长的勒索信。

信总共两页半长，大意为：我们是个国外组织，你女儿在我们手上，付 11.8 万美元的赎金，我们会释放她，8:00—10:00 等进一步指示。帕特茜急忙回到楼上，叫醒了丈夫。他们推开女儿的房间门，发现她不在房间，便于凌晨 5:52 报警（这通电话的录音很重要，下面会提到）。

7 分钟以内，两个警察到达现场。他们先搜索房子，并没有发现门窗有强行闯入的痕迹。当时警察弗朗茨（French）走到地下室门口，看到门关着，还闩上了，于是犯了一个严重错误，他没有去开那扇门（弗朗茨说他觉得奇怪的地方是，帕特茜虽然在哭，但一直透过指缝在偷偷观察他）。

8:10 女侦探琳达（Linda）（此人是重要见证人，两年后接受过 ABC 采访）来到家中监听绑匪的电话。她是当天大部分时间里唯一在场的侦探。由于怀疑琼贝尼被绑架走了，她只保护了女孩的房间这一个现场。

帕特茜在 6:00 前又打电话将这件事通知了 4 个朋友，其中有律师、牧师，以及昨夜一起过圣诞的白先生（石油大亨）等，他们都赶来支持，无心破坏了现场。那封勒索信也一直在大家手中传阅。

约翰去银行准备赎金，但其实一直没把钱取出来。大家都在焦急地等待绑匪的进一步指示，但直到 10:00 也没有接到电话。等待期间，帕特茜和约翰大部分时间都分别待在各自的房间，没有交流。约翰中途还去取了邮件。

12月26日13:00，琳达再次提出让约翰和他的好友白先生从上到下搜索家里，并特别提醒不要摸任何地方。听完琳达的指示，约翰立刻带白先生走向地下室。白先生看到一扇碎裂的窗户，约翰说是自己去年打碎的（2016年约翰再接受采访时回忆，玻璃碎了是没错，但窗户却莫名被人打开，而且窗户下面还有一只不应该在那里的行李箱。暗示有人踩着行李箱，爬出了窗户）。

白先生还在对着窗户发呆时，约翰已经走到其他房间，发出了一声惊叫，地下室很大，要先穿过2个房间才能到达约翰当时所在的酒窖。白先生跑过去一看，在角落的一间酒窖里，地上躺着琼贝尼。

白先生说，如果不仔细看，可能都不会发现地上的尸体，因为上面盖了块白毯。琼贝尼身边是她最喜欢的一样东西：选美皇后的皇冠。

琼贝尼嘴巴上贴着胶带，手腕和脖子上松松地缠着一根尼龙绳。约翰二话不说，就揭去胶带，以竖抱的姿势抱着女儿上楼，放到楼上地毯上（琳达后来回忆这一幕，说她当时脑子爆炸了，觉得一个早上的怀疑突然说得通了）。

约翰后来在采访中说，他发现尸体后的第一反应是放心了，终于找到了。但随后马上意识到女儿已经死了，才开始哭泣。

琳达让约翰把尸体放下，去其他房间报警，同时她开始数自己枪里有几颗子弹。那个访谈节目的主持人问她："你为什么这么做？是觉得凶手还在这房子里吗？"她想了想回答："我就知道是。"

约翰未经许可把一条毯子盖在尸体上，也被人批评再次污染了DNA。

此后，琳达听到一声哀号，来自帕特茜。其他客人也走了进来。帕特茜扑在尸体上，把脸贴着女儿的脸哭起来。

琼贝尼死时穿着白色连裤袜和裙子。帕特茜说女儿身上的衣服不是她上床睡觉时穿的，而她上床睡觉穿的那身睡衣在琼贝尼自己的卫生间的水槽里。

琼贝尼

琼贝尼生前头部曾遭到重击，头骨有一道8.5英寸的裂缝，死因是颅脑损伤和窒息。此外，她脖子上还缠绕着一根尼龙绳。尼龙绳的一端用一支画笔杆子的三分之一绑着，这支杆子的另外三分之一出现在帕特茜的颜料盒（帕特茜擅长画画）里，还有三分之一不见了。

法医在琼贝尼胃中发现了菠萝残余，说明她死前吃过菠萝。父母说不记得喂她吃过菠萝，但当天拍的现场照片，显示厨房桌子上确实有碗菠萝。菠萝碗上只有哥哥伯克的指纹。

拉姆西的家形成密室，地窖的窗户有一块玻璃碎裂，如果把窗打开，理论上是可以钻进人来的。但据勘查现场的警察说，窗户角落里有个未破的蜘蛛网。如果有成年人钻进来，应当会弄破蜘蛛网。

本案证据

我把英文报道翻了个遍，包括网上对警察、FBI，琼贝尼的父母、哥哥的几十个采访视频。我想看看他们自己是怎么说的，以及他们接受采访时的声音、姿态、动作等。

为什么要看那么多呢？

1. 当你只看一个立场的报道时，很容易产生带有偏见的结论。如果一伙人说A是凶手，我会非常渴望听听A怎么辩解。等我看到针对所有疑点的双方阐述后，才会略微放心下结论。

2. 需要甄别不同的专家意见。比如在本案中同样是阴道损伤，A法医这么解释，而B却是另一种观点。

3. 也是最重要的一点，我想从更多信息中了解这些当事人的性格。

警方破案时间线

1996年，案发，警方找琼贝尼的家人包括哥哥有过几次谈话。那些谈话录像近年才被公布。

1998年，在琼贝尼的内衣上发现了一小点DNA痕迹，排除了母亲、父亲和9岁哥哥的嫌疑。

1999年，大陪审团建议起诉父母疏忽，把女儿置于危险的境地，但检察官认为没有证据这么起诉。

2002年，继任检察官认为是外来闯入者干的。

2003年，警方用新技术分析，认为DNA属于未知男性。

2008年，检察官曾给家人写信道歉，认为他们彻底洗清了嫌疑。

2009年，警方从检察官那里接回案子，重启调查。

2016年，警方发现当年找到的DNA样本中含有除了死者的DNA外，还有另外2个（有说6个）男性的基因，所以DNA样本很可能已经被毯子、现场那么多访客等给污染了。

三个重要线索

线索一:911 电话

帕特茜打电话报警的录音我听了好几遍,听上去确实非常焦虑。她说了自己的名字,没说自己女儿的名字,只提到 6 岁,金发,被绑架,留下了勒索信。

但奇怪的是,这通报警电话结束得很突然。她嘴里一直念叨着:"快点,快点,快点……"接线员还试图问她其他问题时,帕特茜却突然不回答了,又过了十几秒后挂断了(我认为她是在打电话时看见了什么,很惊讶,一时顾不上报警电话,仓促收线)。

2016 年接线员接受采访时说,她觉得帕特茜当时的报警像在完成任务,所以多留了个心,没有立刻挂断电话。而另一头的帕特茜也没立刻挂好电话,录音刚好录下了对话戛然而止后十几秒的声音。

我也去听了那十几秒的录音,但说实话,那个录音太嘈杂,我听到的全是噪音。网上有好多人试图用科技手段还原那几个对话。有网友声称听到一个声音在问:"警察会抓我吗?"未经证实。

2016 年的节目 *The case of JonBenet Ramsey*,在专家进行技术增强后,3 个主持人听到这样一段对话:

约翰(语气僵硬):我们不是在和你说话。

帕特茜(语气慌张):你做了什么啊? 老天啊,帮帮我,帮帮我。

伯克:你(们)发现什么了?

录音非常嘈杂,而且说话的人距离未挂好的电话很远,哪怕经过技术手段处理,也不是完全清晰。但既然 3 个主持人都听出了这个内容,我就采信。这至少证明一点,拉姆西夫妇说自己儿子从头到尾都在睡觉,警察来了才醒,是谎言。报警时伯克也醒着,而且他突然出现或者做了什么举动,惊到了帕特茜，帕特茜也顾不上报警了，急忙挂了电话。

线索二：勒索信

勒索信全文如下：

拉姆西先生，

仔细听好！我们这群人代表一个外国小团体。我们尊重你的生意，但你服务的国家却不值得尊重。现在你女儿在我们手上。她平安无恙，如果你想让她活到1997年，你必须按照我们信中的指示做。

你要从你的账户中提取11.8万美元。10万美元全部是100美元的钞票，剩下的1.8万美元是20美元的钞票。去银行时要带上一个足够大的包，等你回到家要把钱装进一个棕色的纸袋里。我会在明天上午8:00—11:00给你打电话，告诉你怎么送钱。送钱会累坏你的，所以我建议你休息一下。如果我们监控到你提前取到了钱，我们可能会早点给你打电话，安排早点交钱，你也可以早点接回你女儿。

任何违背指示的举动都会导致你女儿立刻被杀死。你也无法取回她的遗骸来举办体面的葬礼。看着你女儿的两位绅士并不特别喜欢你，所以我劝你不要挑衅他们。和任何人谈论你的处境，比如警察、FBI等等，都会导致你的女儿被砍头。如果我们发现你即使告诉了一只流浪狗，她就死定了。如果你通知银行或当局，她就死定了。如果钱上有任何标记或改动，她就死定了。你会被电子设备扫描，如果发现任何痕迹，她就死定了。你可以试着欺骗我们，但我要警告你，我们对警方那一套手段和策略很熟悉。如果你想和我们斗智，你有99%的机会害死你的女儿。按照我们的指示行事，你有100%的机会让她回来。你和你的家人将受到严格的监视，别想动别的脑筋，约翰。你不是周围唯一的有钱人，所以不要认为杀人有什么困难的。不要低估我们，约翰。好好利用你的南方常识。现在就看你的了,约翰!

必胜!

S.B.T.C.

读完整封勒索信,我的脑海闪过两个字:蠢货。这难道是在拍犯罪轻喜剧?绑匪甚至贴心地说:“交赎金很累的,你先好好休息下。”

专家做了个试验,发现光抄写一遍这封长信,就需要22分钟。更不要说还要构思和打草稿。

要求11.8万美元的赎金,这正好是约翰圣诞节的奖金数目。专家认为,通常赎金都是整数,且按照琼贝尼家的财富水平,绑匪好不容易抓到女孩,应该至少要100万美元。

在警方要求笔迹鉴定时,约翰爽快地提供了自己的笔记本和妻子记家务的记事本。有意思的是,警方发现帕特茜的记事本上面是她平时写的东西,但中间却被人撕去了7页。现场勒索信的3页正是从这本记事本上撕下来的,但另外4页却一直没找到。被撕掉7页后的那页上留下了印迹:Mr and Mrs这个开头。由此,警方认为绑匪当时是打了草稿的。另外消失的4页就是草稿。

而用来写勒索信的笔也被证明是帕特茜放在电话机下面的那支。

在怀疑勒索信是琼贝尼的父母伪造的之后,警方进行了笔迹鉴定。但鉴定结果无法达成一致,有专家说信中的一个词和帕特茜的真迹十分相像,有专家说无法确认。我最近看到一位笔迹专家说,她花了3周研究这封信,认为有200处和帕特茜的真迹相似,相信是帕特茜写的。

勒索信所呈现出的各种细节符合帕特茜的身份及心理,比如一些用词属于30岁以上的女性、是位母亲、和约翰关系亲密等。

2016年，电视节目*The case of JonBenet Ramsey*里有一个专家提出，勒索信中有好几句台词都和几部绑架题材电影里的台词相似。而琼贝尼家放了好多这类电影的海报。

对于这封信，有三种可能。

A：入侵者在地下室杀人后回到厨房，写了这封信。我认为可能性几乎为0。

首先，琼贝尼已死，且尸体就在家中未移走，很容易于第二天被家人或警方发现。再说，他也没有打电话来给出任何交赎金的指示。

其次，琼贝尼的父母在楼上睡觉，慌乱中凶手是如何找到笔和纸，打了多页草稿，并花了至少半小时，洋洋洒洒写了两页半的废话？他刚杀完人，理应尽快离开现场，又为何留下可能导致自己被抓的线索？

B：入侵者在他们聚会回家以前就在房子里了，有充裕时间写信和打草稿，并带走了失踪的4页纸。他最初可能要策划绑架，最后却不小心弄死了琼贝尼，便只好逃跑了。

这个乍听起来有一定道理，但考虑到其他证据，可能性也是0。

房子周围都是积雪，但没有可疑脚印，没有入侵痕迹，除非是有钥匙的熟人作案（警方一度怀疑女佣和亲友）。

如果目的是绑架，为何要在现场杀人？是琼贝尼醒过来，挣扎反抗了，不得已杀人？可房间和客厅里并没有挣扎的痕迹，家人没听到声音。

绑架和性侵是两个目的，操作方式完全不同。如果一开始作案的目的是为了钱，为什么要在现场性侵琼贝尼？绑架带离现场后不是有足够的时间和机会去做这事？

C：家庭成员杀了琼贝尼。为了引导警方相信A或者B理论，帕特茜在自己的记事本上写了勒索信的开头，最后把草稿和成品从记事本上撕下来，把草稿烧了或冲入了马桶。

其实排除前两种，也就剩下这一种了。我认为勒索信是帕特茜一人所写。1.笔和纸是她的。2.有充足的时间。3.她想增加一点线索，更确保把嫌疑引导到入侵者身上。那约翰有没有参与呢？我想他不至于那么蠢，会允许老婆把信写成这样。

线索三：性侵

尸检发现阴道有擦伤，有用布擦拭清理过的痕迹，内裤上有一点点尿液和血迹。

法医 Richard Krugman 说，阴道有擦伤，说明受过伤，但不一定就代表遭受过性侵犯。

法医 Dr. Cyril Wecht 说：这女孩被猥亵了。阴道的开口是普通 6 岁女孩的 2 倍大，肯定有插入，但很可能不是阴茎，至少证明这女孩在案发当晚或以前被猥亵过。

虽然有点小分歧，但至少专家一致同意：不一定证明传统的性侵存在，但能证明隐私部位受到过伤害。

我特意去搜索了法医是否能判断性侵犯是在死前还是死后发生的。

一种是受害人生前被强奸，在反抗时被杀害；一种是凶手在控制受害人时导致其死亡，然后再强奸。两者都存在反抗、挣扎、搏斗留下的痕迹，都存在阴道损伤。二者确实很难鉴别先后，鉴别的意义也不大。

但对于这个案子，意义却很大。首先，本案法医的结论都没有否认一点：阴道损伤可能是琼贝尼死后造成的。其次，注意，死者身上没有反抗、挣扎留下的淤青、抓痕、衣服破损等。

因此，琼贝尼应当是在因颅脑损伤而死后，有人用物体（非阴茎）插入她的阴道，产生了血迹和尿液，随后又进行擦拭。那这么做的目的又是什么？

嫌疑人

琼贝尼全家照

办理此案的人换了好几波。据说检察官和琼贝尼一家人的私交很好，他们相信是外来入侵者作案，他们认为琼贝尼参加选美大赛吸引了很多儿童色情狂的注意。他们所居住的区一年有100起入室抢劫案，附近有38个注册在案的性侵犯。

而警察则相信是琼贝尼的家人干的，只是错失了破案的良机。其实此案也可以看出钱和权力，在哪个社会都管用。小地方的警察遇见这个富有、有地位、受过良好教育的白人家庭，从心理上败下阵来，一再让步，也不敢阻止他们做什么。

后来有个警长接受采访时说，琼贝尼一家如果是低收入的墨西哥移民，女儿的尸体在自家地下室里被发现，他们肯定会立刻被逮捕，不出3天就认罪了，然后被判一级谋杀。

尽管检察官怀疑过一个扮演圣诞老人的邻居、家里的女佣以及当地在案发后不久自杀的男人，但DNA都对不上。还有个碰瓷的恋童癖约翰·马克卡尔在 2006 年自首说是他杀的，但后来发现他那时候根本不在美国。2019 年，另一个极度迷恋琼贝尼的恋童癖 Gary Oliva 在狱中给同学写信，声称是自己不小心杀害了琼贝尼，但当地警方并未采信。

鉴于我相信勒索信就是帕特茜写的，就等于排除了外来入侵者作案的可能性。那么，帕特茜写信的目的是什么？她是在包庇她自己、她老公还是她儿子？当晚又发生了什么？

琼贝尼家人在案发后表现出防备的架势，不愿意接受警方问话，一切问题都要书面交给律师。甚至当警方要去找约翰前妻问话时，他立刻给前妻也找了个律师。但同时他们却接受了 CNN 的访谈直播，此后也多次接受电视台的采访，不断出现在屏幕上。如果有哪个朋友和警方、记者对此事发表言论，他们就和那个朋友绝交。谁说他们是凶手他们就告谁，他们雇了一个专门处理诽谤的律师，告了好多家媒体。2016 年，CBS 那个节目暗示伯克是凶手，伯克深得父亲真传，要 CBS 赔偿 7.5 亿美元。2019 年，伯克和 CBS 达成和解。

嫌疑人一：父亲约翰

一种理论相信：约翰是个性变态，长期猥亵女儿，案发当晚，他在猥亵琼贝尼时意外地导致女儿死亡，后和妻子一起掩盖真相。

让我们先看看约翰是个什么样的人。他和第一任妻子生了 3 个子女，其中一个女儿在 22 岁时出车祸身亡。1978 年约翰因出轨同事而离婚，离婚时净身出户，但之后几年又很快积累了财富。

1980 年约翰娶了当时 23 岁的选美皇后、学新闻的本科毕业生帕特茜。两人相差 14 岁。在约翰的公司一度快破产时，帕特茜让自己的父亲经济援助过丈夫。

一个在《名利场》杂志工作、与这对夫妻很亲近的朋友说，哪怕在热恋期，也从没看到过约翰拥抱、亲吻或者以任何方式和妻子有身体接触。唯一一次看到他们牵手还是案发后在电视上。

约翰性格内向、沉稳、不太爱说话。有人唯一一次见到约翰发怒，是因为帕特茜花钱如流水。约翰怒摔信用卡："她想把我挣的每一分钱都花了！"也有朋友见过他因为钱和下属发脾气。

在帕特茜于 2006 年去世后，约翰于 2011 年娶了第三任妻子。

女警琳达 2 年后在接受 ABC 采访时说，她（觉得自己）知道凶手是谁，但她不能说出名字，而且凶手也不可能伏法了。尽管琳达没说，但整个采访给我的感觉是，她暗示约翰对女儿实施了性侵及谋杀。

要注意，琳达当天没保护好现场，让约翰碰触过尸体，后来她还把机密的笔迹鉴定报告提供给了约翰，这点一直遭到各方批评。

我认为约翰杀死女儿的可能性为 0。

约翰留给我的印象是一个内敛、理智、拘谨的商人，情感不外露，不太放得开，在商业上很精明、实际，注重利益。他一向很容易得到女人的青睐，身边不缺女性，也没有显示出对幼女的癖好。他此前的婚姻中也有 2 个女儿。

从全球范围来说，生父性侵女儿的新闻很多，如果上某些海外中文网站，隔三岔五就能看到。父/母讨厌子女不服管教，打死年幼子女的新闻也有。但生父性侵演变成谋杀女儿，我从未见到过。原因简单而又复杂，性侵代表一种欲望和感情，而杀死通常是因为利益矛盾/性格冲突。无论如何，约翰哪怕真的遭到一个 6 岁儿童的拒绝，也不可能走到暴力谋杀这一步，因为琼贝尼给他的任何挑战，他作为一个成人都可以轻易化解。此外，琼贝尼生前没有反抗挣扎的伤痕。

帕特茜是全职太太，几乎全部时间都陪同在子女身边，还要带女儿去参加各种选美比赛。相对而言，约翰是个忙碌、经常出差的商人，和女儿接触的机会较少。如果约翰长期猥亵女儿,而妻子完全不知情几乎是不可能的。园丁在2016年的采访中提到,琼贝尼说起她很想念她出差的父亲,说明她此前并不害怕或者抗拒父亲。如果约翰当晚是第一次猥亵琼贝尼,这也不合理,他作为父亲可以制造很多和女儿独处的机会,需要在圣诞节晚上,全家人都在家、妻子在旁边睡觉时,去做这件事吗?

琼贝尼的父母

嫌疑人二:母亲帕特茜

约翰是个性变态,当晚猥亵女儿时被帕特茜发现,帕特茜想拿东西砸约翰,却不小心砸到女儿?帕特茜出于嫉妒,砸死了女儿?帕特茜因为女儿尿床,出于愤怒,打死女儿?

经周围人证实,帕特茜这人特别要面子。比如女儿习惯性尿床,她唯一会亲手做的家务就是每天清晨起床,赶在女佣上班之前就把床单洗了。她怕此事被女佣发现、传出去,毕竟琼贝尼也算个小名人,她不想尿床一事影响女儿的名声。

帕特茜爱出风头,有竞争意识。她非常自豪于自己的选美经历,会在床上摆上自己当年获奖时的礼服,怀念自己的辉煌一刻。当了全职太太后,她总是想营造模范家庭的氛围,想成为全职太太群体中的佼佼者。当然,她也很爱美，据说她每天都穿着考究的套装，且绝对不会两天穿同一件衣服。

帕特茜好客，爱社交，朋友多。她在圣诞节期间，会在每个房间放一棵圣诞树，和子女拍圣诞祝福视频发给朋友，也经常举办宴会，招待宾客。

帕特茜本科毕业于新闻系，当过记者，在那个年代应该说是受过良好教育的女性。虽然一直是家庭主妇，但可能她做事反而比丈夫有魄力、心狠手辣。

从她和约翰一起接受采访的状态来看，她说话得体，但很强势，家庭地位不低。

也有认识她的人批评她铺张浪费，品味奢侈。她喜欢收藏各种昂贵艺术品。当她买了50万美元的房子后，花了70万美元重新装修。她曾经搞一次午餐会花了3万多美元，而据约翰的秘书说一般的午餐会用5000美元就搞定了。

此外，帕特茜还迎合男权思想。当然这也有她成长的那个时代的局限性，她从小被母亲教育要嫁得好，从选美到学画画到考大学，都是为了找个金龟婿而准备的。她生完孩子后不工作，但却积极参与各种学校活动、社区活动，扮演一个完美主妇、成功男人身后的女人形象。

有人说帕特茜的母亲极为刻薄恶毒，爱攀比，说话难听，她一直激励3个女儿去选美。不管帕特茜有没有继承母亲的性格，至少她也和自己的母亲一样，让女儿4岁时就开始参加各种选美比赛。有次旁人看到琼贝尼穿着裙子跑向母亲说她很冷，能不能把外套穿上。帕特茜说："不行，亲爱的，别人还在看着你呢。"通过这些细节可见她对名誉的在意胜过对女儿真正感受的关心。

而我看了琼贝尼参加选美的视频后，也有一种不太舒服的感觉。她经常要穿成人化的衣服包括泳装走秀，姿势动作也很成人化。尽管观众大多是妈妈们，但这些服装和动作难免透露出对女性（一个小女孩）的色情化和物化的意味。谁也无法保证没有恋童癖或色情狂在电视镜头前意淫孩子。

帕特茜的关键词是虚荣。我认为她杀女儿的可能性为0。

约翰性侵琼贝尼的情节已经被我否定了，但帕特茜会不会因为嫉妒再加上琼贝尼的小过失（譬如她有尿床习惯）而杀人？我也认为不太可能。帕特茜的最大特点是爱面子、好攀比，但她不是一个恶魔。

她受过教育，谈吐良好，善社交，也从未听到有人说她情绪失控。没人见过她冲动发怒，她总是一副优雅的模样。嫉妒的母亲会贬低、打压女儿，把她藏起来，绝对不可能费尽心思打扮她，让世人见识她的美貌。她把女儿推向前台，看着女儿得到比自己更多的桂冠，心中更多的是骄傲，而不是嫉妒和毁灭欲。

但是其他证据都指向了她：

1. 很可能是帕特茜写了勒索信。

2. 贴在嘴上的胶带上，有一些纤维，来自帕特茜当晚穿的黑白大衣。

3. 勒死她的尼龙绳上还绑了一个画笔杆子，似乎是为了绞杀时更好拿，那个杆子的前三分之一在帕特茜的油画盒中。

4. 琼贝尼睡觉时穿的衣服被换了下来，丢在水槽中，这很像是一个母亲随手的动作。

嫌疑人三：哥哥伯克

这个理论认为，伯克因为妹妹偷吃了他的菠萝，迁怒于她，于是用手电筒打破了她的头盖骨。

1. 2016年，CBS做了个节目*The Case of JonBenet Ramsey*，找了包括李昌钰在内的许多专家来破案。911那个挂电话后的对话就是在这节目里被揭露的。父母说儿子从头到尾都在睡觉，是警方来了几个小时后才醒的。但从电话录音来看并非如此。

琼贝尼与哥哥

2. 其中一个专家认为是伯克用手电筒(现场照片显示厨房确实有个放3节电池的大号手电筒)打了妹妹的头,致她昏迷。后来他们做了个试验,找了个9岁男孩用同样的手电筒击打一个和琼贝尼一样个头的模型,造成的头骨碎裂痕迹几乎一样!

3. 伯克在案发一年前曾用高尔夫球棒打过妹妹的脸,留下过疤痕。

4. 当晚伯克给自己盛了一碗菠萝牛奶吃,因为碗上只有他一个人的指纹。可后来当侦探问他碗里是什么时,他拒绝说出"菠萝"这个词,只说"something",这被认为是一种因心虚而回避关键之物的本能反应。

5. 2016年,CBS的节目中引用了一个女佣的话,她说她曾在琼贝尼的床单上发现一颗葡萄那么大的粪便。她说警方封锁琼贝尼的房间后,专家曾搜索房间,发现在琼贝尼收到的圣诞礼物(一盒糖果)上也有粪便。她暗示这两次粪便都是伯克搞的鬼。

6. 警方至少问询了他3次,他坚持自己一直在睡觉或者不记得了。但是我看了他9岁时接受问询的视频,有一种毛骨悚然的感觉。当警方问他发生了什么时，他说可能有坏人把妹妹带到地下室，然后用刀刺了她。说这句时，他站起来举手做了一个极为夸张的用刀刺的动作。随后他说，也可能是用棒子打的，又站起来做了一个打的动作。

他对妹妹的死亡显得并不害怕、伤心，反而感到兴奋。我看了好几个视频，他都在椅子上动来动去。他后来在和一个女警员一起做游戏时，又回答："我什么都不记得了，我觉得我是不会告诉你的。"恐怕后半句才是真话。但警方在1998到1999年期间都声称从未怀疑过伯克，还夸他表现得很有爱心、坦率和诚实。

7. 2017年，伯克终于上节目接受采访。他全程带着奇怪的笑容，显得较为轻松(也有人认为他那尴尬的笑容是因为紧张而导致的)。

当主持人问他案发前一年为何用高尔夫球棒打妹妹时，他说他那次是无心的，在他挥舞球杆时妹妹刚好站在身后。

当主持人问他当晚是否吃了菠萝时，他说不记得了。

当主持人问他是否杀了妹妹时，他回答："你们不会找到任何证据的，因为这没发生过。"

真相推理

结合3个人的性格，我来试着还原下当晚发生了什么。我的观点和 *The Case of JonBenet Ramsey* 中提出的观点相似，但可能不完全一致。

帕特茜是个有完美强迫症、爱出风头、爱慕虚荣的母亲，但同时她非常宠爱自己的儿子，给了他全部的爱和最好的物质条件。伯克3岁时，帕特茜又生下了琼贝尼。根据新闻报道，看到刚出生的小琼贝尼如此美丽后，帕特茜姐妹们已经在商量让她早日去参加选美比赛了。自然，此后帕特茜把她的爱分给了女儿许多。并且琼贝尼的容貌也是伯克的升级版，走到哪儿都会吸引周围人的赞美和喜爱，这让一直受到纵容和溺爱并以自我为中心的伯克感觉受到了冷落，从而嫉妒妹妹。

琼贝尼在4岁开始全职参加选美，差不多同时期帕特茜被诊断出卵巢癌，她几乎把所有的希望和时间都放在了女儿身上。伯克也开始表现得格外顽皮，并具有攻击性。这其实是孩子变相吸引母亲关注的方式之一。在琼贝尼5岁时，伯克用高尔夫球棒打她的脸，在琼贝尼的脸上留下了伤痕，并且他在妹妹的床上和她最喜欢的圣诞礼物上放自己的粪便，这些都可以看出他对妹妹的排斥和厌恶。可惜约翰和帕特茜在发现问题后，也未对伯克的性格加以重视。

圣诞节前几天，琼贝尼刚赢得一个桂冠，圣诞节的饭桌上，或许大家的话题也更多地是围绕小美女展开的，这让当晚的伯克感到嫉妒而又愤怒。回到家后，帕特茜带琼贝尼上楼洗漱换睡衣，而伯克自己在厨房里弄了一碗菠萝牛奶吃。帕特茜此后可能自己去洗漱了，而琼贝尼从床上溜下来，跑到厨房，看见了伯克的菠萝，于是用手从碗里偷吃了一块。伯克警告她，可她想继续拿，这时积攒了一个圣诞节怒火的伯克拿起桌上的手电筒朝她的脑袋抡去。

琼贝尼倒地昏迷。她的头骨几乎一分为二，颅脑严重损伤，发生脑死亡。而这时帕特茜到楼下，发现了倒地的琼贝尼，发出了尖叫（有邻居听到）。当她问伯克是怎么回事时，伯克由于上一次打妹妹受过父母的惩罚，狡辩称自己只是轻轻打了她一下（他肯定没交代是用手电筒，如果交代了，父母会把餐桌上的凶器处理掉）。帕特茜考虑过送女儿去医院，但当她发现女儿已经没有自主呼吸时，认为她已死。

没人比母亲更了解自己的儿子，帕特茜知道一定是伯克干了很可怕的事，虽然伯克抵赖。但警方如果发现真相，一切后果对帕特茜来说太可怕了。首先，一旦报警，伯克就会被带走，她很可能在失去女儿后，又失去对儿子的监护权。伯克可能会被少年法庭起诉，被监禁，还要一生背上杀死妹妹的污名。而她患有卵巢癌，或许不能再生育。她不能忍受再失去唯一的孩子。其次，这一系列事件会在当地引起轰动，儿子杀死女儿的丑闻会让她一直营造的模范家庭、完美主妇的形象崩塌，会被其他女人议论和耻笑教子无方。我此前说过，爱面子是她的关键词。作为当地名人，家族和个人蒙羞相当于天塌下来了。那时候她唯一的选择是扮演受害者，至少可以躲避指责，赢得同情。

于是她不顾约翰的反对（可能与约翰有过歇斯底里的争吵），开始设计一个绑匪性侵并杀死女儿的假案。而约翰也不再理她，而是强迫伯克回自己房间。

琼贝尼与母亲

让我感觉最可怕的一点是，帕特西可能为了掩盖女儿死亡的真相，竟然设计了性侵和勒死的情节。她在维护个人面子和家族声誉时是如此心狠手辣。她把自己的画笔折断，做了个绞杀的绳索，在女儿脖子上勒出了痕迹，而那时或许尚未死去的琼贝尼却因此真的窒息而亡。帕特西知道女儿如此貌美必定会吸引许多男人的关注，于是为了让外人有合理的作案动机，也为了让绑架杀人更逼真，她伪造了性侵。她用某物体捅了女儿的下体，造成了阴道擦伤。她怕阴部留下那个物体的痕迹，又用衣服擦拭了女儿的下体。然后她回到楼上拿了衣服，给她换上一身干净的，又随手把脏的衣服扔进了水槽，后来却忘记清洗。

这时约翰下楼，帕特茜让他把女儿的尸体藏起来。约翰想到自己在地下室曾经打碎过一扇窗户，不如制造绑匪从那个窗户闯入的情节，便把女儿的尸体藏到了地下室最里面的一间。

愚蠢的帕特茜没有犯罪经验，凭她从电影中得到的印象，拿出自己的记事本和笔洋洋洒洒地写勒索信。花了一个小时写完后，她销毁了那4张草稿纸，把自己的记事本和笔放回原处。

然后她开始打911。在她打电话时，伯克听到她在报警又从楼上下来了，可能问了一句话。帕特茜发现儿子又下楼了，很慌张，急忙挂断电话，却没挂好。于是有了随后的对话：

约翰（语气僵硬）：我们不是在和你说话。

帕特茜（语气慌张）：你做了什么啊？老天啊，帮帮我！帮帮我！

伯克：你（们）发现什么了？（What did you find?）

接着，伯克又被带回房间，约翰叮嘱他必须对他人坚称自己一直在睡觉，什么都不知道。帕特茜又给朋友打了电话。接着警察来了。他们本来以为警察会搜索房子，很快发现尸体，可没想到弗朗茨却没打开那扇门，没发现。

于是这闹剧有点演不下去了，约翰一定在内心责怪帕特茜搞这一出，而帕特茜还在处于被识破、名誉损坏的忧虑中。在女儿被绑架的情况下，一般夫妻都会拥抱、互相安慰，可他们却不敢有任何交流。“说好”早上打电话的绑匪，直到下午也没打电话来，而约翰因为知道是假的，也没有真的去取赎金。当琳达让他再搜索房间时，约翰已经受够了，只想快点结束这一切。他径直走向地下室，从里面抱出了女儿。他的哭泣或许也是真心的。因为他知道女儿已经死了，所以他抱到一楼后直接把她放在走道的地毯上（而不是沙发上、床上或桌上）。

此后夫妇俩骑虎难下。如果此前只是为了替儿子掩盖罪行，到后面他们也是为了自己而战。毕竟伪造犯罪现场和做假证可不止是对子女失职那么简单，他们可能会坐牢，事业和生活尽毁。

而伯克达到了目的，消灭了生活中的敌人，霸占了父母的爱，却没有受到任何惩罚，一直处于狂喜之中。

有人说他不是凶手，因为此后他一直没有任何暴力记录，他和女朋友生活幸福，和他父亲感情很好。

伯克不一定就有暴力倾向，他当时的两次暴力都是针对妹妹，他只是想独占父母以及亲朋好友的时间、爱和关注，他的目的达到了。此后他必定得到了更多管束、关注和引导，当他更懂事后，也必定会意识到自己行为的严重后果，从而有所收敛。至于他有没有乱抹排泄物等其他怪癖，我们就不知道了。2006 年帕特西去世时，想必留下的遗言或许是让丈夫继续维护两人唯一孩子的前途和名誉。

以上是根据媒体公开的材料所作出的推测，不代表现实中的定论。

博蒙特三姐弟失踪案

澳大利亚国庆日的阴影：三姐弟究竟去了哪里？

前几天看新闻，看到美国犹他州通过了第 SB65 号法案，也被称之为“野放教养法案”，将在 5 月 8 日于犹他州生效。

在美国许多州都有儿童疏忽法，譬如 19 个州的法律规定将儿童留在汽车里面无人照料是违法的，5 个州的法律规定了儿童可以单独在家的年龄，如果留不到规定年龄的孩子独自在家，也是违法的。

而这个犹他州的“野放教养法案”颁布后，孩子们在没有大人陪伴下可以独自走路上学，或者在外玩耍，家长都不会再面临刑责。

这让我想起了于 1966 年发生在澳大利亚的博蒙特姐弟失踪案 (Beaumont children disappearance)。在这个案子发生前，澳洲治安整体较好，大人们放心让孩子自己出门独自玩耍，也是遵行野放教养。但这个案件震动了整个澳大利亚社会，改变了这一观念，案发之日也因此被称作“澳大利亚失去纯真的一天”。

博蒙特三姐弟

这起失踪案引发澳大利亚历史上最大规模的警察调查行动，但始终未能破获，成为澳大利亚最著名的悬案之一。

失踪姐弟三人生活在南澳大利亚州的阿德莱德。

1966年1月26日是个炎热的夏日，又是澳大利亚国庆日（当天一般人是要工作的）。三姐弟搭乘公共汽车从家前往著名的格莱内尔格海滩，车程只需5分钟。

大姐简（Jane Beaumont，1956年9月10日出生），当时已经9周岁了，平日里已经能担负起照顾7岁妹妹阿娜（Arnna Beaumont，1958年11月11日出生）和4岁弟弟格兰特（Grant Beaumont，1961年7月12日出生）的职责。

他们在早上10:00时离开家门。博蒙特夫妇也各自出门会见客户和朋友。孩子们本应搭乘中午的一班公车回到家中，博蒙特夫人提早赶到车站等候。但车来了，她却发现孩子们并不在这班车上。

下一班车是14:00，孩子们却依然没有回来。博蒙特夫人心中开始忐忑不安起来，想出门找孩子，但她担心孩子在回来的路上，与她错过，于是只能在家等待，不敢轻易出门寻找。到15:00，三姐弟依然没有回家。在海滩上可以清楚地看到一座钟塔，因而孩子们也不太可能是忘记了时间。

博蒙特先生此时刚好回到家中，从妻子口中得知情况后立即前往海滩找孩子，但没能发现他们的踪影。夫妇两人寻找无果后，便于19:30报了警。当晚博蒙特先生在海滩上彻夜寻找，依然没有结果。

案发次日早晨，博蒙特三姐弟正式宣告失踪。人们认为3个孩子在一起同时迷路的可能性并不大，因而此时只有2种解释：一是发生了溺水等意外，二是有人诱拐了他们。

警方在海滩及周边地区展开大规模的搜索，但是活不见人，死不见尸，就连孩子的衣物和随身带的书、毛巾等也全无踪影。警方组织了大规模海上及水底搜索，也未能找到3个孩子的尸体。这使得“意外”这一可能性大大降低，而“诱拐”成为唯一合理的解释。

这时，目击证人的证词几乎坐实了这是一起诱拐案。数名证人称，曾在海滩附近见到3个孩子和一名高个子的金发男子在一起。这名男子脸消瘦，运动员体格，被太阳晒得黝黑，穿游泳短裤，年龄约在35岁。人们还见到他帮助姐妹仨在泳衣外套上短裤。

虽然对长相的描述可以采信，但证人对年龄的估计却不一定准确。这可能是导致后来警方无法确定嫌疑人的原因之一。

多名证人看见，3个孩子和这名男子一同玩耍，看起来很开心、很放松。随后证人看到该男子和三姐弟一同离开了海滩，警方估计离开的时间应该在12:15左右。

此后，一家烘焙店的店主称在大约同一时间，简来店中买馅饼和肉饼，用的是澳大利亚镑的1镑纸币。当时她觉得很奇怪，主要因为2点：一、三姐弟以前来买过多次馅饼，但他们不爱吃肉饼，所以从不买。这肉饼可能是替那个男子买的。二、孩子的母亲平时给孩子的钱最多只有几先令，仅够3人的车费和饭钱（案发当天只给了他们8先令6便士）。那么是谁给了他们1镑纸币呢？

值得注意的一点是，澳大利亚镑是1910年至1966年2月之间流通的法定货币。也就是案发2周后，这种钱就不再流通了。这种1镑面值的纸币在1960年代是相当大的面值。当年一个工人一周也挣不到10镑。1镑等于20先令，等于240便士。当时1便士能买一个鸡蛋，1000镑可以买座房子。许多成人都不会随身携带一张那么大面值的钱，更别说给小孩。由此可见罪犯经济条件较优渥。

博蒙特夫妇称3个孩子（尤其是简）都十分害羞，所以三姐弟不太可能会和陌生人一起玩耍。调查人员由此推断3个孩子之前可能不止一次见过这个高个金发男子，并且已经对他产生足够的信任。

博蒙特夫妇回忆起来，7岁的二女儿阿娜曾偶然告诉母亲："简在海滩认识了个男朋友。"博蒙特夫人认为这是玩笑话，并未引起注意，然而这句话此时却印证了这个推断。

可能是同一个凶手所为的案件

1973年8月，也就是7年多后，2名女童——11岁的乔安妮·拉特克利夫(Joanne Ratcliffe)和4岁的科斯蒂·戈登(Kirsty Gordon)——在阿德莱德椭圆球场的一场球赛期间失踪。

当时2个女孩要上厕所，乔安妮的父母和科斯蒂的祖母便允许她们自己去洗手间。在她们离开球场的90分钟内，曾多次被目击证人看到。有证人看见，一个陌生男子牵着科斯蒂，而乔安妮则神情低落，无奈地跟在后面。之后3个人都不见了踪影，也没有证人再看到他们。警方根据证人的证词重建了男子的肖像，发现该男子的相貌和博蒙特一案中的男子肖像十分相似。

线索

博蒙特夫妇收到了大量线索，有些已经证实是假的，我就省略了。

几个月之后，一名女子称失踪案发当晚，一名男子带着2个女孩和1个男孩进入附近的一座空房。她还称在之后看到那个小男孩在一条小路上行走，而男子追上他并粗暴地把他抓回。第二天早上他们离开房子，之后她也没有再见到该名男子和3个孩子。警方并不能证实这个证词，也无法确定该女子为何在事发之后这么久才提供这一信息（这更像是她在几个月中接触大量该案报道后产生的记忆偏差或幻觉）。

2000年11月，事发地附近阿德莱德郊区的一位房地产经纪人在翻修房间时发现地毯下的一个暗门，打开之后发现有人类的遗骨。警方赶到后发现这是3名幼儿的尸骨，但随后根据遗骸的年龄判断并非博蒙特姐弟，与本案无关。

嫌疑人

本案的嫌疑人众多。有些由于年龄差距太大（比如1966年自己也才十几岁），或当时没有汽车，或穷困潦倒……等原因也不太可能作案。所以我留下几个可能性较高的嫌疑人。

1. 哈利·菲普斯（Harry Phipps）（2004年去世）

2013年，2个作者在经过详细的调查后，写了一本书《缎面男人——解开博蒙特三姐弟失踪之谜》，提到一个人可能与此案有关。书中虽然给这男子用了化名，但给出了许多具体信息，譬如是个工厂主，喜欢穿缎面衣服，是个恋童癖。在书出版后，一名男子找到警方表示，书中的男子就是他父亲哈利。他声称自己曾在案发当天在自家的后院见过这3个孩子，其中大的那个还背了一个包（简失踪那天确实背了一个包）。他说当天晚些时候，他父亲开车离开家，那3个孩子也不见了。

哈利住在离那个海滩只有180米的地方，长相符合画像，案发时应该40来岁。他从表面看是个成功的企业家，富有魅力，注重健身，爱打高尔夫，但家人和小圈子都知道他有恋童癖和性怪癖。他痴迷缎面的东西，只要是缎面的材料，都能让他性兴奋，无法自抑。他有一个小木屋不让任何人靠近，家人个个都很怕他。哈利的儿子甚至声称自己从小就被父亲性侵和虐待，直到自己13岁。

在上面提到的书出版后，一对已经60多岁的兄弟回忆起一件往事。在案发3天后，他们曾遇到一个男人花钱雇他们在阿德莱德郊区的一家工厂后面挖了一个坟墓大小的洞穴，但并未告诉他们洞穴的用途。他们挖完后也收到了1镑纸币，而这个雇他们挖坑的男人就是哈利。

哈利在1950—1960年代相当有钱，曾有不少人声称收到过他分发的1镑纸币。

2017年，一位老年女性告诉警方，自己在少女时期曾被哈利带到工厂对面性虐。专家认为她没说谎。

2013年，根据雷达提示，工厂背后有一块一米见方的地方被人挖过，于是警方挖掘了那个地方，但并未见尸体。

2018年，在电视台的赞助下，警方又来到工厂，进行了更深更大范围的挖掘，花了整整8小时，可只找到一些动物的尸骨。

我把哈利排在第一个，因为对我来说，他从各方面看是嫌疑最大的人。他生活在附近，时间自由，有车，可能与孩子们早就相识。他的身上随时有1镑纸币。他的富有和事业成功迷惑了许多人，使他死前一直能躲过怀疑。专家看了其儿子的采访视频认为，他说的应当是实话，但可能也隐瞒了更多的真相。至于警方一直没有找到尸体，我认为哈利可能一开始确实如他儿子所说，把尸体埋在了工厂后，但此后本案影响太大，他担心被发现，转移过尸体。

2. 贝凡·斯宾塞·冯·埃纳姆(Bevan Spencer Von Enham)

冯·埃纳姆(1945年—　)，1966年案发时约21岁，职业是一名会计。

冯·埃纳姆在1983年绑架并残忍谋杀了15岁的理查德·凯尔文(Richard Kelvin),冯·埃纳姆后被定罪,被判终身监禁。他还涉嫌参与其他多起绑架并谋杀儿童和青少年的案件,但都因证据不足而未予起诉。

警方认为高度可信的一名证人在1990年另一起案件的庭审中称,冯·埃纳姆曾在一次谈话中声称他在数年前把博蒙特三姐弟从海滩带走。他说自己在他们身上实施了外科手术,把他们"连接到一起"。其中一个孩子在手术中死亡,所以他只得把其他2个孩子一并杀掉然后抛尸到阿德莱德南边的丛林中。

冯·埃纳姆在案发时确实身在阿德莱德,同时他也是恋童癖。这位证人还称冯·埃纳姆经常到格莱内尔格海滩更衣室附近偷窥,因而他对事发地也十分熟悉。"实施外科手术"的描述与冯·埃纳姆涉嫌参与的其他谋杀案手法相吻合。证人还表示冯·埃纳姆曾声称自己从阿德莱德椭圆球场的一次比赛中带走了2个女孩,然后杀害了她们,但是冯·埃纳姆并未说明具体的细节。冯·埃纳姆本人拒绝配合相关的调查。

也有人认为冯·埃纳姆与此案并无关联,因为冯·埃纳姆在案发时仅21岁,远小于目击证人描述的35岁。此外,他的谋杀受害者理查德以及其他可能涉嫌的受害者的身份有一定的共同特征,但博蒙特三姐弟以及阿德莱德椭圆球场失踪的2名女孩乔安妮和科斯蒂并不符合这些特征。

除了以上原因外,我还单独看了他在理查德一案中的作案细节,我倾向于认为冯·埃纳姆曾对某些人说他干了这2个著名案子,只是吹牛。

理查德因为戴了一条狗项圈走在路上,吸引了冯·埃纳姆的注意。冯·埃纳姆直接把他塞进汽车,从马路上掳走,随后下药、殴打、虐待、性侵理查德整整5周,导致理查德因为肛门失血过多死去。冯·埃纳姆并没有掩埋尸体,而是直接把他连带衣服丢弃郊外。

虽然我此前认为博蒙特三姐弟在死前可能遭受了相似的对待，但我认为本案中无论绑架方式，还是抛尸方式，都和博蒙特一案不符合。1966 年的案子中，凶手先铺垫几天、接近熟悉受害人，再进行诱拐，给简钱让她去买午餐，以及抛尸至今找不到，都可见他在当年就是个谨慎、圆滑、善于伪装，并想要极力保住自己正常生活轨迹的人。而从冯·埃纳姆在 1983 年(38 岁)的所作所为看，他是一个粗线条、冲动、自制力差的人。一个 38 岁时还鲁莽的人，不大可能在 21 岁这个青春冲动的年纪反而如此谨慎，这不符合个体性格的发展趋势。

3. 亚瑟·斯坦利·布朗(Arthur Stanley Brown)(死于 2002 年)

1998 年，另一位嫌疑人布朗(1912 年 5 月 20 日—2002 年 7 月 6 日)进入警方的视野。1998 年，布朗因涉嫌在昆士兰州汤斯维尔绑架并谋杀朱迪斯·麦凯(Judith Mackay，7 岁)和苏珊·麦凯(Susan Mackay，5 岁)姐妹而被逮捕，被捕时 86 岁。

麦凯姐妹二人于 1970 年 8 月 26 日在上学路上失踪，2 天之后，二人的尸体在汤斯维尔的一条干枯的河床上被人发现。2 个女孩都是被勒死的。布朗是姐妹二人学校的木匠，于 1998 年被捕并起诉，而审判则因故推迟至 2001 年。但他随后被诊断出患有失智症及阿尔茨海默症，审判尚未完成即于 2002 年逝世。

布朗和冯·埃纳姆一起被列为博蒙特一案的最主要嫌疑人，他的面貌与此案及乔安妮与科斯蒂失踪案中警方重建的嫌疑人相貌惊人地相似。他也同样是恋童癖，并且与 2 起案件中证人对嫌疑人的描述也都相吻合。

证人的证词和其他证据证实布朗和乔安妮与科斯蒂失踪案有一定联系。正因为两案中的画像很相似，这也成为警方认定他与博蒙特一案可能有关联的关键因素。但没有直接证据证明布朗 1966 年身在阿德莱德。而布朗在案发时年逾 50 岁，年龄也并不符合此案中证人对嫌疑人“30 多岁”的描述。

但我认为警方在博蒙特一案中还原出的嫌疑人肖像效果并不佳，2 张画像相似可能纯属巧合，其实是 2 个不一样的人。所以如果布朗是阿德莱德椭圆球场失踪案凶手，他未必是博蒙特案凶手。

4. 安东尼·蒙罗（Anthony Munro）（1944 年— ）

2017 年南澳警方把安东尼列为新嫌疑人。此人生活在南澳，是个富翁，有一家酒吧，早年是阿德莱德童子军领队。案发时 22 岁。因为在 1965 到 1983 年间对 2 个男孩持续性侵而被判刑 5 年。据说他也曾被柬埔寨通缉，因为他在那里犯下了同样的罪行。他的一个受害人认为，安东尼和博蒙特姐弟三人失踪有关。

因为这是最新的嫌疑人，所以我列上去了，但目前来看，他主要是对男童进行性侵，没有证据表明他曾杀害女孩和男孩。

后续影响和纪念

博蒙特夫妇在案发后在原住处继续生活了数年，希望 3 个子女能侥幸逃脱回到家中，但最终他们还是搬出了原来的住所，卖掉所有物品之后离婚分居，逐渐淡出公众的视野。

2009 年，阿德莱德作家史蒂芬·奥尔（Stephen Orr）根据案件的经过以及所造成的相关影响创作了小说《时光的漫长废墟》（*Time's Long Ruin*），小说中对原案件中的人名和具体信息全部作了改动。

1966 年博蒙特三姐弟失踪案不仅给他们父母，也给整个社会都造成了巨大伤痛。

连环杀手系列

反社会人格案例：白天是房产商，晚上是杀人恶魔

在我写过的众多案子后面，每次必然有人留言："某某某是反社会人格。"我并不全都认同。

反社会人格在人群中的比例很高，据说每4—5个人中间就有一个。具有反社会人格的很多人从未犯下暴力罪行，反而看似家庭美满，或在各自的行业事业成功。但犯下谋杀罪的人群中也有很多人，并不是反社会人格。

我总结了各种对反社会人格的定义，如果满足以下4条以上，就可能是反社会人格：

不尊重社会规则和法律（内心藐视，但行为并不一定违反）。

经常性、习惯性说谎。

缺乏共情能力，无法对他人的感受引起共鸣。

从不反省，觉得自己永远没错；对于伤害他人从不感到悔恨。

对个人、家庭、社会都缺乏责任感，小至闯红灯，大至玩忽职守。

性格冲动，很容易被激怒。

擅长操控身边的人，来达到自己的目的。

具有流于表面的魅力，刚认识的人容易对其产生好感。

比反社会人格更进一步的是 psychopath（精神病态）。这样的人绝大部分已经犯罪，并引起司法系统的关注。他们比起反社会人格来，更加自恋、六亲不认，喜欢操控他人。

有部老电影 *American Psycho*（《美国精神病人》）是根据 1991 年的一部同名小说改编的，它讲述了一个华尔街精英，白天西装革履，和投行的同行们谈笑风生，晚上则随机杀害街头的流浪汉、应召女、老妇人，或名片印得比他好而让他心生嫉妒的同行……

先不说这片名加了 American，有了一些嘲讽和隐喻，我们只谈谈这个角色。

一方面，男主角的智力和理性可以使其妥善处理自己的生活和事业，在世俗社会中混得风生水起，具有某些肤浅的魅力；另一方面，他具有人格障碍、心理扭曲，难以克制自己杀人的冲动，并会付诸行动。

这样的人现实中有吗？有。

今天写的案子，与之类似。托德是个连环杀手，完全符合上述对反社会人格的定义，而我们从他的家庭中或许可以窥见这种人格的成因。

1

在美国南卡罗来纳州的一个只有几百人的小镇上，2003 年时发生过一起骇人的谋杀案。

某天，一个顾客走进当地一家著名的摩托车店购车，发现店内的 4 个店员全都遇害了。他们集体遭到行刑式枪决，头部被打爆。

通常商家店员集体遇害，都是因为抢劫。但本案中的财物并未遭受损失，现场也没有打斗痕迹。

警方调查了4个受害人的生活圈，也未发现他们有任何仇家。

这起恐怖的谋杀案打破了当地社区的平静，令市民们感到愤怒和震惊。更令所有人困惑不解的是本案的作案动机。如果不是为财的话，谁会怀有这么大的仇恨，以至于在光天化日之下走进店里，开枪屠杀4人？

此案十几年没有被侦破，一度成为南卡州历史上最著名的冷案之一。

转眼到了2016年，在南卡州的另一个小镇上，一对情侣离奇失踪了。

2016年8月31日，32岁的查理(Charlie)和小他2岁的女友卡拉(Kala)在某个时间点一起出了家门。他们约了和朋友一起吃晚饭，却没有赴约。朋友打两人的手机，都是关机。

接到报案后，警方去这对情侣的家里看了看，发现他们是驾车外出的。房门没锁，里面的隐形眼镜和眼镜、每日服用的药物都没带走。卡拉对她的博美狗像对待自己的孩子一般，可现在狗留在家中，却没有留下水和食物。

这对情侣看起来并不像有长期出行的计划，但他们却迟迟没有回家。

几天后，查理的Facebook突然更新了，发出了一条令其好友们震惊的消息，他宣布和卡拉结婚了。对于家人朋友的连番追问，他并没有回答。

又过了一个礼拜，他又发了一条消息，说他和卡拉两人一切都好。

查理以前不太用Facebook，但那阵子他的账号变得很活跃，不时会发一些暴力的图片和文字，以及转发其他失踪人口的消息。

10月1日，他第一次在Facebook上和朋友互动。他回复别人的评论，说："卡拉和她的丈夫查理在一起呢。"

"那她为什么不能和我们联系？"

查理回答："因为她不愿意。"

查理还给其他朋友的 Facebook 回复消息说："我俩很好。只有一个人知道我俩在哪儿，他对我和卡拉来说很重要。我们将永远这样下去了。"

朋友们了解卡拉，她循规蹈矩，不会无缘无故玩消失。他们要求查理发视频证实卡拉还活着。但是查理说那样会暴露自己的位置，而他不想被找到，所以拒绝了。

种种迹象似乎显示，查理这人的脑子出问题了，是他绑架了或者杀了卡拉。

但查理的母亲坚决不信是自己的儿子在用 Facebook，她认为可能有第三个人在操纵他的账户。而这个人，许多人怀疑是查理的前妻。因为卡拉曾告诉她朋友，她遭到过查理前妻的跟踪和骚扰。

警方找了查理前妻谈话，很快排除了她的嫌疑。他们更相信，这是 2 个成年人自己出走的，毕竟家里没有乱翻的迹象，也没有血迹或者打斗的痕迹。

Facebook 出于保护用户隐私，拒绝向警方提供用户的 IP。要想查出 Facebook 上的消息是谁发的，警方还得跟法院申请一张搜查令发给 Facebook 公司。我猜，小地方的警察很多都不愿意和 Facebook 这样的流程打交道，所以没有获得发消息的 IP。

在一些外人眼中，这案子盖棺定论了——就是脑子抽风的查理带走了卡拉。只有查理和卡拉的家人依然在网络上到处发寻人启事，寻找两人。

而警方通过手机定位，发现 8 月 31 日两人的手机信号曾出现在郊外某处，后来手机就关机了。

他们派了一架直升机在那片区域的空中搜索，想找到卡拉的那辆白色汽车，可依旧一无所获。后来警方才发现，卡拉的汽车居然被漆成了棕色，藏在茂密的树林中，从空中难以被发现。从这个细节看，凶手具有反侦查能力。

2

警方调查发现，手机信号最后出现的地方有一块占地 100 英亩的空地，这块地属于当地的一个房地产商托德·科尔赫普(Todd Kohlhepp)。

于是，他们试着调了托德在 8 月 31 日的手机信号范围，吃惊地发现在 8 月 31 日傍晚，其信号与这 2 个失踪者的手机信号曾完全重合。

凭着这一发现，警方立刻申请了搜查令。

托德是南卡罗来纳州的一个成功的房产商，案发时 45 岁。他有自己的房产中介公司，十几名房产中介挂在他的公司名下。

他曾被评为当地“年度最出色”的房产中介。客户都形容他极为专业，他性格外向，时常谈笑风生(具有肤浅的魅力，不熟悉的人容易对其产生好感)。

在做房产中介前，他曾在大学里拿到了计算机学位，后来又读了商学院，拿到了工商管理的学位(不是每个反社会人格或者精神变态者都有高智商，但他算是吧)。

托德住在一个高档小区，开着 BMW，同时还有飞行执照，并且单身。

他曾在 2014 年买下这块占地 100 英亩的空地，并花了 8 万美元在这片空地周围装了栅栏。

虽然他看似事业成功，但他也有让周围人不舒服的一面，比如同事发现他会在上班时间在电脑上看黄片；下属说他有时候很暴虐，对金钱很贪婪。他在带一些客户看房时，会唐突地讲一些黄段子，让女客户感到很不舒服、很尴尬(尽管努力伪装，但反社会人格者依然会蠢蠢欲动地试探他人对其越界行为的接受度，像恶作剧的小孩)。

而他的反社会特性会在某些他认为弱势(或者不会威胁其安全)的人面前表露更多。比如他特别喜欢去一家叫 Waffle House 的连锁餐厅吃饭，但他的一些举动让里面的女招待反感而且害怕。虽然不知道他具体做了什么，但一定是比较严重的。因为每次看到他去吃饭，所有女招待都躲了起来，不愿为他服务，只能由男厨师出面替他点单。

而这家餐厅的一个女招待梅根，曾在 2015 年 12 月和她的丈夫一起失踪，至今下落不明。

3

11 月 3 日，警方兵分三路，有的去托德家堵他，有的去他其他产业所在地，有的去搜索空地。这块 100 英亩的空地上有一栋建筑，但房子里并没有人。

他们在空地上发现了一个奇怪的用粗链条锁起来的集装箱，仔细听，箱子里面传来了敲击的声音。

他们用电锯切割开那个大锁，终于找到了卡拉。她的脖子上戴了一根数米长的铁链，被固定在箱子上，手脚被铐住。她已被囚禁在黑暗中两个多月。

和卡拉一起见到阳光的，还有托德的秘密。

8 月 31 日那天，托德开了一个优渥的价格，雇卡拉来这里帮自己打扫卫生，卡拉的男友查理陪她一起过来。当两人走进那栋建筑后，托德走出来迎接他们。毫无征兆地，他突然掏枪，迎面打死了站在卡拉身边的查理。

卡拉吓蒙了。托德把她的手脚、头部用链条锁起来，关进了集装箱。为了制造查理带着卡拉出走的假象，他把车子漆成了棕色，藏在树林里，又登录查理的 Facebook 账号发出各种信息混淆视听。

托德在每天 13 点到 15 点之间过来带卡拉去空地的建筑物里吃午饭，18 点到 20 点之间再带她吃晚饭。其他时间，托德就让她自己在集装箱里待着。

托德每次放卡拉出来时，都会让她配合各种性爱。如果她不愿意，他会说："我不会强奸你的，但你应该明白，为什么我还留你一命。如果你对我没用了，我就会杀死你（擅长操控人，手段之一：恐吓）。"

卡拉为了活命，只能一一配合。

或许是很自信卡拉不可能活着走出去，托德竟然向她坦白，这块土地里埋的不仅有查理，还有另外4具尸体。他甚至向卡拉承认，附近小镇上摩托车店里的那4个店员就是他杀的。

"没错，我是个连环杀手。"他笑道，并说自己杀的人现在只是两位数，他会继续杀人，直到数字增加到三位数（一方面体现了托德的极度自恋，另一方面他吹嘘自己杀人的经历，也加强了卡拉的恐惧感，以便更轻易地控制她，来满足自己的欲望）。

警方掘地三尺，找到了含查理在内的3具尸体，没有他自称的那么多。其中2具是梅根和她的丈夫。2015年12月的一天，当两人走在路上时，遇到了开车的托德。

托德问他们要不要到他这里帮他打扫卫生，会付他们一笔钱。他们同意了。他让他们上车，把他们带到了空地。一到这里，他立刻枪杀了梅根的老公，并把梅根关在集装箱，变成了自己的性奴。托德自称给梅根买了比萨、香烟和音乐CD，把她囚禁一周后，托德杀了她。

托德既然把自己的秘密都告诉了卡拉，应当从没打算让她活着离开。他虽然留了她2个月，但如果不是获救，等待卡拉的最终结局，应当和梅根一样。但卡拉却相信，托德没杀她，是因为迷恋上了她。

何以判断？她说，托德会夸她美丽、聪明，会说自己是故意挑选她的，她是他的财产。还说等自己老了、病了，无法照顾她时，会给她一笔钱，让她离开（这是操控者的另一手段：用谎言表达爱意，以及轻易许诺，因为他们从没打算去实现许诺。家暴者也经常如此。他们常常用花言巧语在事后合理化、美化自己的暴行)。

托德还按卡拉的心愿,买了DVD播放器、MP3,以及一些涂色彩的书。

这些行为并不能代表托德的善意,而是他在剥削受害者后施予的小恩小惠,以享受对受害者的心理操控。托德让受害人畏惧的同时,又偶然满足TA的小心愿,仿佛在扮演神的角色。而卡拉这样傻乎乎的女孩,真的以为他迷恋自己,所以表现得很服从、很讨好他,这刚好投合了他这类狂妄自恋之人的喜好,对他很奏效,因此活得久了一点。

托德在审讯期间,谈笑风生,甚至和警察开玩笑道,这下他的名气可以给他的房地产公司打广告了(缺乏共情能力,永远不会反省、悔恨)。

4

托德从小就是个问题少年。他的父母在他2岁时离异,他随母亲生活。后来母亲再婚,他和继父之间有很大的矛盾,他经常渴望去和生父一起生活,尽管他有整整8年未见到生父。

他在幼儿园时就经常攻击其他孩子。9岁时,因为经常暴怒以及迷恋黄色网站,他一度接受过心理辅导。出现于1960年代的一个"麦克唐纳三元素"的理论认为,有暴力倾向的反社会人格,尤其是那些发展成为连环杀手的人,一般在童年时期都有3个或至少2个特点:尿床、虐待动物和纵火。这个理论后来也遭到不少质疑,但托德至少符合其中一条——虐待动物。他在童年时曾用仿真枪枪击小狗,并用消毒液杀死金鱼。由于无法和其他孩子相处,他还曾被送去精神病医院住了3个半月。

托德的母亲在案发后怀疑,小托德可能是想永远占有她,让她不能和其他的男人结婚,所以故意在她的婚姻中捣乱。

12岁时,托德的母亲和继父分居,托德也被送到了亚利桑那州,和他的生父生活在一起。但他的生父忙于和不同的女人恋爱，两人的相处并不美好，于是托德想要回到母亲身边。可他母亲却一直找各种借口拖延，终于到了15岁时，托德在亚利桑那州惹了一个大祸。

他用枪绑架了一个14岁的女孩，把她带回家，绑起来强奸，并威胁她如果说出去，会杀死她全家。案发后，他坐了14年牢。根据法庭记录，他被诊断为“边缘型人格障碍”。他的智商为118，高于平均值，而他在狱中还通过自学拿到了亚利桑那州一所社区大学的计算机本科学位。

虽然他是注册在案的性侵犯，但他在申请房产经纪人的执照时说了谎，隐瞒了自己坐过牢。

他自称已经不清楚自己到底杀了多少人。他招供在亚利桑那州也杀过一个人，但没交代细节。

由于他在1983年至1986年，以及2001年，都在亚利桑那州生活过，警方翻了那些悬案，还没确定他说的是哪一件。

随着调查的深入，警方认为2003年在他杀死摩托车店4个人的半年后，曾发生过一起银行抢劫案，有3人被杀，也很像他所为。

他自己后来给一个杂志写信道，他还杀过其他不少人没说呢。

托德最后被判7个无期徒刑，外加60年刑期，且不得假释。而卡拉向他发起了民事诉讼，2018年，法院判决托德向卡拉支付630万美元，以赔偿她在被囚禁2个月中受到的精神和身体伤害。

5

奇妙的是，托德已经犯下了多起杀人罪，但当他发现自己被起诉的罪名中有一条强奸罪时，却暴怒了，吼道：“我没有强奸她们！”

“性行为需要双方同意才能进行。我是不会强奸卡拉的，违背女性意愿的性爱是我所反对的……”

托德重新“定义”了强奸。他在一个女子面前杀了她男友，把她的手脚绑住，威胁说如果不和自己做爱，就会把毫无用处的她处置了，然后再问她愿不愿意和自己做爱。她点头。他便说：“看，她不是自愿的吗？我可没强迫她。”

这个逻辑非常有趣。从中可以看出2点：

一、具有反社会人格的人通常都很自恋，他可能无法接受“强奸”所暗含的信息：女人讨厌他，厌恶和他做爱。

二、他并不能理解善恶、是非的核心。是他的智商不够不能理解吗？不是。邪恶而又自恋的人，会故意曲解善恶，混淆逻辑，追求流于表面的正义感，只为坚持一个核心原则：我！没！错！错的是别人。

托德们从不会反省自己的罪行，别人的痛苦不会触动他们的内心。他们反而会花大量力气推卸责任，为自己开脱。

正如托德对警察所说的：“我杀死的每个人都是罪有应得。”

那么，看看受害人是如何罪有应得的。

2003年，托德去摩托车店买了一辆摩托车，但他没法骑，于是认为是车出了问题，又回到店里找店员。据他所说，当时店员嘲笑他不懂怎么骑摩托又不愿意教他。他感觉自己没有受到礼貌的对待，于是后来一次去店里时，他开枪杀死了所有人。

遇害者的家人至今沉浸在悲痛中，他们怎么都无法理解，凶手竟是为这个原因而杀人。而至于店员是否真的“嘲笑”了他，也是他的片面之词，很可能只是他过于“敏感、易怒”。

托德对这4个受害人至今毫无悔意，还开玩笑：“我打高尔夫不怎么样，但我杀起人来还不错。”“我那次换弹夹的速度一流，哈哈！”

朋友眼中的查理很有爱心，乐于对朋友付出，口袋里的最后一块钱都会捐赠出去，这与贪婪的托德形成对比。那托德又是为何杀他呢？

托德说，因为查理这人很讨厌，油嘴滑舌，所以自己要杀他；由于卡拉没做错什么，所以没杀她。在他自己这一套逻辑里，他反倒很“公正”“正直”。

而等哪天他想杀卡拉的时候，卡拉做错的一件小事，说错的一句话，自然都可以成为“罪有应得”。

6

在连环杀手的案件中，当追溯杀手的童年时，会发现许多凶手的母亲脾气极为暴躁，不能给孩子疼爱和关心，当孩子长大后，和父母的关系冷漠。没有体会过母爱的孩子，自然不具备共情能力。但事实上，也存在相反的情况。比如在甘肃白银案中，高承勇就流露出对母爱的留恋。

而托德和母亲的亲密也引起了我的注意。他和警方谈条件，他愿意认罪，只要警方答应他做 2 件事：让他亲自和自己的母亲说话；以及给他母亲一张照片。

他见了他母亲，只为亲自向她解释整件事，并对老人家“保证”，自己只杀了 7 个人。

我看了媒体对他母亲的采访，可以看出他们母子情深。但我依然被她的话震惊到了。

她的第一句话是：“我们（她和儿子）也是受害人。”

她说：“我儿子是个好人，他不是坏人，更不是禽兽。他杀人不是为了享受，而是因为他被伤害了，很生气。”

当记者问，他为什么要把女孩拴起来时，她回答：“因为他那会儿也不知道该怎么办了。她会去报警的……他让她尽可能地舒服……他没伤害她，甚至我儿子还向我保证，他对她很好……”

记者问她，托德为什么要杀查理，她回答：“托德雇他干活，给他付很高的薪水，可他油嘴滑舌，老是生气，很龌龊，所以托德杀了他。”

记者问：“所以，你儿子就是为了发泄怒火？谁对他不好，他就杀了谁？”

母亲依然说：“他以前从来没有过。”

可她却忘记了，托德在 15 岁那年就曾绑架、强奸过一个 14 岁的女孩，2003 年就杀了 4 个人。

从对他母亲的采访中，或许可以看出托德部分性格的成因。

如果父母不问对错，只为孩子开脱，孩子将一直都无法学会反省，以及承担责任。有时候在生活中，孩子自己撞到了桌子，家长为了安抚孩子，就会“痛打”“责骂”桌子：都怪桌子不好！这虽然只是小事，但小事如果朝同一个方向积累，会让孩子错误地认为，成长道路上的挫折，永远是别人的错，甚至连一个静止的桌子也该为自己的疼痛负责，而自己可以随意对那个替罪羊撒气。

父母不明事理、无原则地溺爱孩子，与家庭氛围冷酷，父母不爱孩子，这两种截然相反的情况，却都可能教出缺少共情、反省能力的孩子。

当然，反社会人格的成因没有定论，每个连环杀手的家庭都不完全一样，遗传基因也被认为起重要作用。一个连环杀手的形成是多方面因素结合的结果。

颈环炸弹谜案

以性命为奖品的“寻宝游戏”后，是 40 年的绝望单恋

本案是一起发生在美国的真实案件。有时被称作“比萨炸弹谜团”或“颈环炸弹劫案”。

令我最感兴趣的是凶手的寄居蟹人格和一段被寄居蟹人格控制的绝望恋情。

本文结合了 Netflix 所拍摄的纪录片《邪恶的天才》、维基百科、受害人家属建的网站，以及各种英文媒体的报道。

一、炸弹人质

2003 年 8 月 23 日，位于美国宾州小城伊利的一家银行打电话报警，声称一个白人男子刚刚抢劫了银行。

他的身上套了一件白色汗衫，胸口写着几个粗体大字：“猜一猜”

(GUESS),手上拿着一把伪装成拐杖的手枪。他走到柜台前,一言不发,递上一张字条。

字条写道:柜员必须在 15 分钟内交给他 25 万没有记号、不带跟踪器的纸币。否则,他会在 15 分钟后炸掉银行。

经理去吃午饭未归,柜员没法打开保险柜,于是只能从抽屉里取出全部的 8000 多美元现金,装进袋子,交给劫匪。

劫匪离开前,从柜台上拿了一根免费的棒棒糖含在嘴里。

警察接到报案后,立刻追捕这名劫匪,很快在路边发现了他驾驶的车。

他们冲上前把劫匪团团围住,把他的双手铐在身后。

然后,这个案子才刚刚开始……

那名男子告诉警察,他只是个人质,身上被人绑了炸弹,抢劫银行是为了保命而不得不做。

"你们看看我的汗衫下面是什么。"

警察把他的汗衫剪开后,果真看到了一个炸弹。

炸弹由一个像手铐似的金属颈环铐在这名男子的脖子上。他们吓得立刻撤退,命令他坐在原地。

男子叫布莱恩·威尔斯(Brian Wells),46 岁,是一家小比萨店的默默无闻的外卖员。

布莱恩告诉警察,此前他去送比萨时,3 个陌生的黑人按住他,把铁环套在了他头上,并指使他抢劫银行。

他恳求警察按照他车上字条的指示,在规定的时间内拿到钥匙,帮他解开铁环,否则炸弹会在他的脖子上爆炸。

但警方什么都没做,只是用枪指着他。依经验而言,在劫匪携炸弹抢劫银行的案子中,往往只有 1%的炸弹是真的。

僵持了约25分钟后，炸弹突然发出“bibibibi”的声音，这下大家都慌了。布莱恩也变得情绪激动起来，向警察不断哀求：“为什么你们没有一个人帮我取掉这东西？不剩多少时间了。我没骗你们！”

可在拆弹部门还差3分钟赶到时，一声巨响，布莱恩的胸口被炸出一个拳头大小的窟窿，当场毙命。

这段绝望的视频在网上迅速流传，引起了轰动，国际媒体纷纷报道。

而更有争议的是，警方为了不破坏套在他脖子上的证物，擅自做了一个决定：把脑袋锯掉，卸下铁环。

可怜的布莱恩……

警察在布莱恩的车上找到6页纸，写满了密密麻麻的冗长的指示。有些是写给布莱恩的，有些是写给银行柜员的，有些是写给警察的。不仅文字啰唆，还手绘了很多标志，并且画了地图。

凶手警告他，他去抢劫的一路上都有人监视，如果他敢报警，炸弹就会被引爆。

而警察读完车上的条子才意识到，凶手在跟布莱恩玩一个寻宝游戏，输了的惩罚是布莱恩失去生命。

按照指示，布莱恩应该在规定的时间内前往4个点，在那里找到所有的线索，才能拼凑出一个打开颈环的密码并找到钥匙。

第一站是去银行附近的麦当劳。他要在花圃里的一块石头下，找到2页纸，上面有下一步的指示。

第二个点是在一条马路旁的草地中，一个玻璃罐里面装有字条。

第三个点是马路边的一个树丛。树上系了橙色的标志，写了“越南”。

第四个点则是在一个桥洞下。

但布莱恩刚刚找到麦当劳的那2张字条不久，就被警方截停了。

警方按照字条赶到第二个点时，果然在那里的草地里发现一个罐子，里面又有1页字条。

当他们赶到第三个点时，却发现那里的指示已经被人拿走了。而同时，一辆蓝色的面包车在发现警察后，掉头逃跑。

拆弹专家发现，布莱恩脖子上的炸弹一旦拔掉某个开关，就会开始大约55分钟的倒计时。

那么，布莱恩若没被警察截停，他在炸弹爆炸前，有没有可能抢劫完银行并走完这条线路呢？

警方在一周中同样的一天，同样的时间，按照字条的指示重走了这条路。

他们发现，凶手留给布莱恩的时间根本不够任何人走完整条线路！

因此有警方断言：或许根本不存在一个可以打开颈环的钥匙和密码。凶手的目的就是让布莱恩在找钥匙的途中，在某个点引爆炸弹身亡，杀人灭口。

如果凶手的目的是让布莱恩抢劫银行并把赃款转移以及逃脱，又为什么要设计这么复杂的寻宝游戏呢？最简单的做法难道不是让布莱恩抢劫完银行后换个车，直接上州际公路逃到另一个州的辖地？

他在城市里到处停留找字条，岂不增加被警方发现的风险？又怎么把钱交给绑匪？

所以一部分调查人员认为，这个案件的真正目的并不在于抢劫，而在于"寻宝游戏"本身。凶手似乎想通过设计复杂的谜团以炫耀自己的智力，故意把布莱恩和警察耍得团团转。

据说布莱恩本人也热衷于在业余时间玩报纸上的寻宝游戏。可惜这次他输了，且付出了生命的代价。

没药花园：新闻说劫匪共写了9页纸，而我在网上只搜集到7页。根据布莱恩最初拿到的4页，从麦当劳得到的2页，在玻璃瓶里得到的1页，那么也应当是7页。可能最后2页应当已经被凶手取走。

二、幕后黑手

布莱恩于1973年从中学辍学后，就开始送外卖，已经送了30年的比萨。而他似乎也没什么抱负，安于现状，一直没有结婚。大家评价他是个特别单纯、善良的人，脾气很好，会带家人去听免费音乐会，或陪妈妈一起看电影。

调查期间还发生了一件奇怪的事，布莱恩有个一起送外卖的同事叫罗伯特，在布莱恩死后，他的行为举止变得有些神经质。警方曾找过他谈话，他说他很忙，能不能推到第二天早上见面。

可第二天(8月31日)，当警察再去他家找他时，发现他在几个小时前死了。

死因是服用了过量毒品，混合了抗抑郁药和感冒药。

他究竟是因为知道内情而畏罪自杀，或这只是一个巧合，似乎永远都无法搞清楚了。

比萨店老板记得案发当天，他接到一个男性订比萨的电话，可听不懂电话那头说的地址，于是把电话交给了布莱恩。布莱恩记下了：送2个比萨和香肠到“桃街8631号”。

警方赶去那个地址一看，这是一个废弃的小电台信号塔所在地，位于一条尘土飞扬的偏僻的小道尽头，平时也没车会经过。

ATF(酒精、烟草、爆炸物管理局)、FBI(联邦调查局)介入破案，他们意识到制造炸弹的人性格极为谨慎、考虑周全。

首先，订比萨的电话是从一个壳牌加油站的公用电话亭打出来的。

其次，那2页纸是先打印出来，再用笔照着打印的字描的，所以既无法查找打印机的墨盒型号，也无法核对字迹。

再者，送比萨的地址是个偏僻隐蔽且早已被废弃的地址。

最后，无论炸弹上还是信纸上，都没有留下其他人的指纹和DNA。

更令人惊叹的是，那个家庭自制的炸弹所用的材料都是废物利用，没有新购买的零件。所以哪怕警察得到了炸弹，也无法通过其零部件追查出出售商铺及购买人。

炸弹上还故意弄了一些用于迷惑拆弹专家的假电线和塑料零件。

警方搜查了布莱恩的家，没有发现任何显示他参与案件的迹象。如果说布莱恩这人有什么不同于普通人的地方，那就是他经常招妓。

警察在布莱恩家里找到一个本子，上面记录了大量妓女的电话。他最喜欢一个叫杰西卡(Jessica)的20多岁的妓女，在过去5年中，他每个月都会去找她交易几次。平时他还会带她和她的家人去购物，像男朋友一样贴心。

除此以外，布莱恩的人际交往极为简单，没什么朋友。

那凶手究竟是怎么找到布莱恩的？他们不会随随便便打电话给一家比萨店找个外卖员来替他们抢劫银行吧？

警察只能从布莱恩的妓女通讯录入手。

果然，他们有了新发现。通讯录上的一个妓女秘密报告警察，称自己的男朋友是黑人，且早先在军队里做过和爆炸物有关的工作。

他们立刻把这个黑人带回来审问，但很快发现他和本案毫无关联。

警方公布了本案的各种证物，希望市民提供线索，但一无所获。

案件陷入了僵局。

三、死亡第三人

3周过去了。就在FBI和当地警方一筹莫展的时候，突然接到了一个市民的举报电话。

那个市民叫威廉·罗斯坦(William Rothstein),认识的人都叫他比尔,许多警察都认识他。他是个富二代,家族曾经营过当地著名的可乐工厂。朋友评价他有点古怪,但没坏心眼,乐于助人,慷慨,风趣幽默。他小时候因为是犹太人而经常遭到同学的霸凌。大学辍学后,他回来经营家族企业,但企业每况愈下,直到破产。

他会说法语和希伯来语,总觉得自己比别人聪明,可能事实也是如此吧。但他做什么事都没长心,所以他转眼到了59岁,依然一事无成,只能做做工匠活,住在父母遗留的房子里。

而巧合的是,他家离布莱恩被骗去送比萨的信号塔很近,他的后院几乎延伸到了信号塔的位置。在警方和记者去调查炸弹案时,比尔还曾被他们拖住当向导。

比尔说他车库的冰柜里有一具男性尸体。死者叫詹姆斯·罗登(James Roden),是被詹姆斯的同居女友玛乔丽·迪尔-阿姆斯特朗(Marjorie Diehl-Armstrong)杀死的。

“她是你什么人?”警察问。

“我帮她做了很多我不该做的事。她特别、特别、特别地聪明,会操控人心。没错!没错!”

尸体由于长期保存在极低温下,被冻僵了,他们不得不把整个冰柜倾倒才能把尸体倒出来,光解冻就用了四天时间。

比尔说,8月初的一天,玛乔丽突然跑到自己家中,往他家中的沙发上一坐,要求他帮忙处理詹姆斯的尸体。她自称两人为了金钱吵架,便在家中把詹姆斯杀了。

比尔觉得她可怜,就帮她把尸体装到了自己家,放进了冰柜里,又用焊枪把杀人用的猎枪给熔化了，散在各处。

令我印象深刻的是，当警方多次问到两人的关系时，比尔一直没有说出一个概括性的词语。他只含糊说两人在1960至1970年代约会过。

可那是30年前了啊。两人应该算朋友吧？可他似乎难以说出“朋友”二字。

此刻，比尔不愿意毁尸，但又被玛乔丽逼迫，觉得自己只有2个选择：一、自杀；二、向警方自首。

而他的手上确实有试图自杀留下的伤口。

而玛乔丽是谁呢？她是个54岁的女混混，被捕时正坐在比尔的床上，她看到警察后立刻发疯怒骂。

她却说，杀死詹姆斯的人是比尔。

她自称和詹姆斯在一起10年了，十分相爱。而比尔迷恋自己太多年，一直嫉妒詹姆斯，想取而代之。比尔发现杀人后依然不能得到自己，于是想毁了自己。比尔还曾去商店看过商业绞肉机（另一种说法是两人打算冰冻后用碎冰机毁尸）。

但比尔却说，自己假装去看绞肉机是迫于无奈，只是为了拖延报警时间。

两人各执一词。

四、从女神到恶魔

玛乔丽年轻时是女神般的存在。她家境颇好，独生女，瘦削美貌，成绩名列前茅，精通法律、文学、历史，又擅长乐器，被称为音乐奇才，周围的男人们愿意为她做任何事。

她昔日的女性朋友称赞她魅力四射，当她走进一群人的房间，好像房间都突然被点亮了。

她在高中毕业时作为学生代表上台发言，后来又在大学里拿了社会学本科学位，又读了教育学的硕士。她富有的父母曾给了她一大笔钱，她买了2套房子和1辆红色跑车。

可很快她发现自己无法和人建立亲密关系，无法保住任何工作。

在20多岁时，她开始看心理医生，被诊断为各种不同的心理疾病和人格障碍，开始自暴自弃，人生急剧下滑。

等到了50多岁，她没有家庭，无所事事，靠母亲当年的遗产和政府的残疾人救济金过活。

更蹊跷的是，和她同居过的男性中至少有5个非正常死亡。

1984年，35岁时，她朝在沙发上睡觉的男友的后背连发6枪，杀死了他。随后她在法庭上声称自己遭到男友的虐待，开枪是为了自卫。最后陪审团认定她无罪。

此后她有一次短暂的婚姻。但她丈夫有一天突然被送往医院，因颅内出血身亡。玛乔丽声称丈夫突然中风倒地，头部撞到了桌角。她事后甚至起诉医院玩忽职守，赢了官司，拿了17.5万美元的赔偿金。至于她丈夫的脑部究竟为何受伤，警方没调查过，也没验过尸。

玛乔丽因此一直沾沾自喜，说自己高智商，很会打官司，所以从不缺钱。

玛乔丽的第三名疑似受害人，也是她的男友之一，据称是在她搬走后上吊自杀的。

第四个疑似受害人，是她的另一名同居男友，他因为过度吸食毒品身亡（这在美国恐怕也是最难区分意外还是谋杀的死亡方式了）。

第五个受害人就是冰柜里的詹姆斯了。詹姆斯酗酒，且常年失业，靠玛乔丽生活。

所以玛乔丽很可能是一个连环杀人凶手。

玛乔丽没有能力维护自己的财产，她当年用父母的钱购买的两套房子早已因为她的囤积癖破落不堪。

当警方去逮捕玛乔丽时，发现她家中囤积了几百公斤腐烂的食物，满地粪便，散发着剧烈的臭味，据说比腐尸现场更难闻。

难以想象她和詹姆斯在此同居，每周通常只出门一次。

而她本人也浑身散发着强烈的酸臭味，把抓她的警察都熏晕了。

玛乔丽极富表演天赋，一直坚称是比尔杀死的詹姆斯，并对他各种咒骂、人身攻击和谴责。

一次，她甚至说："比尔应该为他杀死布莱恩而遭到起诉!"

这是她第一次把 2 个案子联系起来。但玛乔丽看上去疯疯癫癫，所以大家也没太把她的话当真。

警方与比尔达成了认罪协议，比尔为玛乔丽的谋杀罪名出庭作证，而警方仅起诉他虐待尸体的轻罪。

在玛乔丽开庭的最后阶段，她终于承认是自己杀死的詹姆斯，但她声称案发时自己精神不正常。

2005 年 1 月，玛乔丽的三级谋杀罪名成立，被判 20 年有期徒刑。如果她表现良好，7 年后就可以保释出狱。

但是，詹姆斯的死和比萨炸弹谜团有关系吗？他在炸弹案的前 3 周就被杀害了，如果有关系，又是怎样的关系？

五、比尔测谎

FBI 探员杰瑞(Jerry)也就炸弹案询问了比尔，毕竟比尔家和布莱恩送比萨的地点太接近了。

但每当问到布莱恩和詹姆斯之死的联系时，比尔要不回答"两者无关"，要不以“我不想讲”为由拒绝回答。

杰瑞记得，他踏入房间时比尔的第一句话便是：“让我告诉你吧，我是这个房间里最聪明的人。”

但警方还是发现了指向两者有关的一些蛛丝马迹。

一、比尔在报警供出玛乔丽的那个晚上，曾在试图自杀前写了一封遗书，交代自己没有杀死詹姆斯，但遗书的第一句话却是：这件事和布莱恩的死无关。

这不是此地无银三百两吗？

他把遗书给警察看时，还贴心地解释：这么写是怕警察在他死后以为两案有关，而浪费许多时间去调查，多走几年弯路（而事实正是他想让警察多走几年弯路）。

二、比尔的弟弟妹妹和他不合，因为比尔在父母死后就独占了老房子。他们希望比尔能把房子卖了，平分家产。比尔向他们谎称自己挂牌 9 万美元，其实呢，他挂的是 25 万美元，远远高于市场价，根本不可能卖掉。

而巧合的是，布莱恩抢劫银行的字条上要求的金额刚好也是 25 万美元。

三、警方此前做过一个对罪犯的人物侧写：

1. 此人很节俭

2. 此人经常囤积大量东西，特别是金属

3. 此人有机械知识

4. 此人隐藏了暴力天性

从前三点看，比尔是符合的，因为比尔和玛乔丽一样也是一个囤积狂。他家的车库里堆满了数不清的杂物。

警方没有其他证据，便找比尔测谎，可比尔顺利通过。

没药花园：FBI 没认可这个结果，他们相信以比尔的智力有办法糊弄测谎仪。而我看到一个细节是，比尔在回答测谎问题时差点睡着，所以我认为他可能在去做测试前吃了镇静剂、安眠药一类的东西，以降低自己的心率等。

但玛乔丽却告诉警方，比尔还有个叫弗洛伊德的室友。那个室友有案底，曾因强奸一个残疾少女被通缉在逃，而他在比萨炸弹案的第二天却突然消失了。

警方在另一个州找到了弗洛伊德，但他也声称自己对炸弹抢劫一无所知，并且也通过了测谎。

警方在这时只能解除对这位室友的怀疑。

而不久，比尔像变了人似的，变得郁郁寡欢、易怒、刻薄、具有攻击性，同时也体重骤降。

大家这才知道，他已是淋巴癌晚期。而比尔本人，或许很早就知道了自己的病。

2004 年 7 月，在炸弹案发生近一年后，FBI 探员杰瑞去医院探望比尔，并问："炸弹案是不是你做的？说出来吧，不要把秘密带去坟墓。"

比尔用手在空气中写了一个大大的 NO。

玛乔丽曾说："他离开我，也活不了几天了。"

一语成谶，在告发玛乔丽后不到一年，比尔就在病房里孤独去世。

六、同伙

2005 年 4 月，刚入狱 3 个月的玛乔丽主动联系 FBI，希望 FBI 帮她换一个监狱，作为交换，而她会把自己所知的炸弹案线索告诉他们。她十分狡猾且过于自信，以为自己可以把整个案子推给已病逝的比尔，让自己置身事外，又同时可以获得其他好处。但她这一步无异于玩火自焚。

自从她把自己和案子公开联系起来后，越来越多的线索指向她就是主犯。

FBI 重新翻找她家的东西，找到了一封投诉信，原来她和布莱恩抢劫的那家银行曾有过过节。

媒体也从市民中挖掘出一些间接线索。

一个教授回忆，他曾在炸弹案当天，看见一辆金色的车在高速上疯狂地逆向行驶，那个司机正是玛乔丽。他对她的脸印象深刻。

而另一个 UPS(United Parcel Service，美国的一家快递公司)司机声称在抢劫案当天，他看见玛乔丽和一个穿背带裤的大个子男人(比尔的标志性穿着)站在壳牌加油站打付费电话。玛乔丽和他四目相对，那个眼神他永远忘不掉。

而其实早在 2004 年等待审判期间，就有一些玛乔丽的狱友出来作证。她们纷纷说，玛乔丽在狱中吹嘘自己参与了炸弹案，而她杀死詹姆斯，正是因为詹姆斯要向警察告发他们的计划。

如此看来，比尔为什么要替玛乔丽隐藏尸体，也就更解释得通了。

但不知道是因为这些女狱友本身有前科，警察不信任她们，还是因为当地警察和 FBI 关系不和，总之这些告密内容，从没转达给 ATF 和 FBI。

同年秋天，玛乔丽的一个朋友肯尼斯·巴恩斯(Kenneth Barnes)被自己的亲戚揭发，他曾提过自己和炸弹案有关。而肯的交代给了玛乔丽致命一击。

肯以前是个修电视机的，自从染上毒瘾后开始贩毒。

他早年因为钓鱼认识了玛乔丽和詹姆斯。有一天，玛乔丽提出要雇他去杀自己的父亲。

原来，玛乔丽的父母自从女儿有了囤积癖后就开始疏远她，而当她 35 岁杀死第一个男友后，更是断绝了她的经济来源。玛乔丽的母亲在 2000 年去世后，虽然留给了女儿一笔遗产，但大部分遗产都留给了丈夫。玛乔丽听说这几年她父亲没事儿就给邻居送辆新车，给教会捐几万块，便十分气恼，认为他是在浪费本该属于自己的遗产。于是，她想让肯杀死自己的父亲，以便尽快继承父亲的遗产。肯无心杀人，随口说道："那可不便宜，得要 25 万美元。"而布莱恩抢劫银行，要的正是 25 万美元。

警方认为，这正是玛乔丽策划抢劫案的真正动机。同时，她还可以报复一下不久前怠慢她的银行。

但讽刺的是，玛乔丽的父亲后来向纪录片导演表示，其实自己的遗嘱中并没有玛乔丽，哪怕自己死了，她也得不到分文。

同时肯又通过经常向他购买毒品的妓女杰西卡认识了布莱恩。正是肯的存在，把玛乔丽和布莱恩这 2 个毫不相干的人联系了起来。

肯把自己的二楼租给一些妓女用作卖淫场所。而布莱恩不时会带杰西卡来这里，两人做完爱后，他向肯买毒品作为嫖资交给杰西卡。两人皆大欢喜。

令我惊讶的是，不仅比尔和玛乔丽有囤积癖，这个肯也是个囤积狂。他的家甚至比玛乔丽的更糟，狗屎和各种废物堆积成山。

所以我认为本案可以称为"3 个重度囤积癖患者的阴谋"。大约也只有这样难以割舍物件、无法分清楚主次和认识真正价值的人，才会写出 9 页长的密密麻麻的指示，才会刚好有那么多废物件制造炸弹、颈环和手枪，才会设计出这么曲折的寻宝游戏。

在 FBI 的多次审讯下，肯终于松口。他说，案件的主谋是玛乔丽，字条是她写的，炸弹是比尔做的。但他又说，被炸死的布莱恩也是同谋之一，因为比尔和玛乔丽许诺，事成后会给他几千块钱。

在案发前一天，他们曾在一起谋划抢劫案，当时在场的有肯、玛乔丽、比尔、弗洛伊德（比尔的室友）、布莱恩，以及罗伯特（布莱恩的同事）6 人。

第二天，比尔、玛乔丽和肯在信号塔等布莱恩送比萨来。布莱恩到了后，他们拿起比萨吃起来，而布莱恩则站在那里等待他们付比萨的钱。此时，比尔的室友弗洛伊德突然捧着炸弹出来了。布莱恩看到这一幕，意识到不对劲，立刻想逃跑。比尔朝天开了一枪。他们控制住布莱恩，把铁环戴在了他的脖子上。布莱恩在整个过程中一直叫着："我不要干这事！"玛乔丽告诉他，如果你被抓住了，就说是 3 个黑人干的，并给了他一把上了膛的拐杖枪。

肯表示，大家在计划时都认为炸弹是假的，只是吓唬人而已，没想到玛乔丽和比尔在最后一刻却拿出一个真的炸弹！

肯后来被判了 45 年。

比尔的室友弗洛伊德当时正在牢里为此前的强奸罪服刑。他在 2007 年和检方达成了认罪协议，出面指控玛乔丽，而不用被起诉。

面对 2 个同伙的指控，玛乔丽要求检方与自己签认罪协议：只有答应不起诉她，她才愿意说出实情。可此时已晚，检方已经有了足够的证据，可以上法庭一搏了，自然拒绝了她的提议。

由于玛乔丽此前是因为精神问题才在杀死詹姆斯一案中被轻判，所以直到 2010 年，她才被认为精神状况适合出庭接受审判。此时距离 2003 年布莱恩当街被炸死已经 7 年过去了。

玛乔丽自己站上了证人席，在 5 个多小时中，她滔滔不绝，口若悬河，她哭诉自己小时候遭到父亲虐待，而她母亲一直期望她成为完美的人，她被精神疾病困扰。她时而暴怒，时而哭泣，时而咒骂，但往往都能很好地掌握尺寸，在法官打断前就中止。但她依然被法官打断了 50 多次。但对于自己在本案中扮演什么角色，她却三缄其口，只为自己开脱。

2011 年，玛乔丽抢劫以及使用危险装置的罪名成立，被判无期徒刑加额外的 30 年刑期。

之后她几次上诉，最终在 2015 年都被驳回。

七、布莱恩是同谋?

抢劫案于2007年结案。布莱恩究竟是一个无辜的人质,还是一个抢劫案的同谋,一直是本案最大的争议之处。

警方最后的定论是:布莱恩从一开始就参与其中,只不过他一直以为自己戴的炸弹是假的,直到他们拿出个真炸弹的那一刻,他才知道自己上当了。而他口袋里的那2张纸不过是万一他被抓,用来给他开脱的。

为什么这么说呢?

1. 他被铐了炸弹被逼抢劫银行,但居然在临走时还从银行柜台拿了根免费棒棒糖吃。可见他心里并不害怕。

2. 肯、玛乔丽、弗洛伊德坚持布莱恩是同伙之一。

3. 比萨店老板接了订餐电话后听不懂对方说的话,把电话交给了布莱恩,而布莱恩却能听懂对方所说的地址。

4. 他在将死时也没说出真凶,而是说出3个黑人误导了警方。

5. 有人在案发前一天看见他从比尔的家里出来。

布莱恩的家人对于这种定论感到悲痛而且愤怒。他们为布莱恩建了一个网站,要求大家提供线索,证明布莱恩不是同伙。但在这个网站上,依然有很多网友认为他是同伙,理由如上。

布莱恩到底是不是同谋?我认为他只是一个无辜的人质,而以上几点毫无说服力。

第一点:吃棒棒糖一定代表比较轻松自如吗?这可不一定。我注意到布莱恩在送比萨前快下班了,而去银行抢劫时,经理也刚好出去吃午饭了,可见这是午饭时间。因此我可以断定布莱恩14点多进入银行抢劫时,一直没吃东西。饥肠辘辘的他马上还要争分夺秒地进行寻宝游戏,而这时刚好在柜台上有免费的棒棒糖，他吃一根补充体力也很合理。

一些人既相信肯的证词，又认为他吃棒棒糖是心情放松的表现，这是矛盾的。肯说，布莱恩虽然是同伙，但以为炸弹是假的，直到最后一刻才发现是真的，他很害怕，但炸弹已经被强行套上脖子。那么无论布莱恩是不是同伙，当他知道脖子上的炸弹是真的后，心情都应该是紧张、害怕的。

而轻松地吃棒棒糖只有一种可能，他既是同伙，又一直认为脖子上的炸弹是假的。他是自愿戴上的，所以毫无压力。但这和肯的证词都是矛盾的。

综上，吃棒棒糖不代表心情轻松，只是他肚子饿了，棒棒糖是当时唯一可得的食物。

第二点：玛乔丽、肯和弗洛伊德说的证词并不作数，因为他们有充分的动机说谎。

如果布莱恩是个无辜的人质，他就是被谋杀的。那么活着的玛乔丽、肯，以及弗洛伊德，将多加一个谋杀罪名，多半会被判死刑。因此他们必须一口咬定布莱恩是同伙。所以，也没有人因谋杀布莱恩受到起诉。

第三点：比萨店老板听不懂送比萨的指示，而布莱恩可以听懂，可能问题不在布莱恩，而是打电话的比尔故意为之。他在非布莱恩的人接电话时，故意说话含糊不清或直接挂掉。

第四点：布莱恩在被警察包围时只说是黑人，没供出肯他们，可能因为他是个懦弱胆小之人。他很可能对字条上的内容以及玛乔丽的威胁信以为真，怕自己说出实情，监视自己的罪犯会提前引爆炸弹。

第五点：或许目击证人认错了车子（这条后来被肯自己推翻了）。

此外，我注意到肯最早的证词提到，布莱恩送达比萨后，站在一旁等着他们付钱。如果他是同伙，又怎么会“等”付钱呢？

感谢《邪恶的天才》这部伟大的纪录片。导演最后终于打动了此时因贩毒入狱的妓女杰西卡，让她答应接受采访。

那个对她很好的嫖客布莱恩被杀时，她不过 20 出头，而接受采访时她已 30 多岁，她的人生始终活得一团糟。

此前无论是在法庭上，还是面对采访，她都撇清了自己的关系，说不知情。而这一次，她终于决定在镜头前吐露一直藏在心底的秘密。

肯和玛乔丽曾在肯的家中讨论抢劫银行一事，问杰西卡认不认识什么软骨头，只要吓唬一下就可以替他们去抢银行，并许诺会给她 5000 块钱。

她有一次毒瘾发作，为了尽快得到钱，便说了布莱恩的名字，并提供了布莱恩的工作时间表。肯作为交换，给了她一些毒品。此后，她在布莱恩不知情的情况下带他去见了他们，玛乔丽事后付给她 1500 美元。

肯和玛乔丽告诉杰西卡，炸弹是假的，只是做做样子吓唬布莱恩。可杰西卡没想到他们在布莱恩脖子上套了一个真的炸弹。

她哽咽道："布莱恩是个好人，这世界上好人已经很少了……一想到我对自己在乎的人做了这种事，我就很心痛……"

在炸弹案发生后不久，杰西卡发现自己怀孕了。此后她生下了一个女儿，长相和布莱恩极为相似。

而后在纪录片方的再三追问下，肯也终于在电话里承认，布莱恩对这一切是不知情的。案发前一天预谋的时候，布莱恩并不在场。

一些美国网友认为，杰西卡是个有毒瘾的妓女，这种人说的话有什么信用可言？

但我认为，杰西卡在事隔 10 年后才说出这些话，一定是经历了非常艰难的心理挣扎。毫无疑问，布莱恩在与她交往的 5 年中，对她是有感情的。而她一直在逃避一个现实，那就是布莱恩因她的出卖而死，而她出卖他竟是为了一点毒品。如果她把这个秘密说出来，必然会遭到世人的鄙视和唾弃，等她的女儿长大后，她又该如何向她交代？

八、寻宝游戏，一次绝望的示爱

2017 年玛乔丽因为乳腺癌去世，没有任何亲人朋友为她送别，她被葬入了一个没有墓碑的坟墓。她至死都未承认自己和炸弹案有关系，也把许多秘密带入了坟墓。

而我认为，这整个案子，其实是知道自己命不久矣的比尔的一次终极示爱。

比尔对自己和玛乔丽的关系一直保持缄默。根据玛乔丽自己和比尔朋友的叙述，我们可知：

两人相识于溜冰场，当时比尔 20 岁出头，身材高大健壮，是工程系大学生，家境非常富有，而玛乔丽当时不到 20 岁，正处于她人生最辉煌的时期。玛乔丽曾沾沾自喜地说道，比尔在溜冰场刚与她相识，便向她求婚了。过了几年，比尔又真的从纽约带回来一个名牌大钻戒，两人订婚。

玛乔丽说自己当时没有性经验，而比尔喜欢各种变态的性爱方式，她受不了就分手了（由于玛乔丽谎话太多，连她父亲都说，她的话没一句可信的，所以我对她故意自曝性隐私来诋毁比尔的这部分内容存疑）。

两人在 1960 至 1970 年代几次分分合合，最终玛乔丽要求解除婚约。据玛乔丽说，比尔一直因此怨恨她，认为是她离开自己后，他的人生才越来越不如意的，而她是出于内疚才理会比尔的。但我认为恰恰相反，玛乔丽是利用了比尔的内疚之心，让比尔一直相信是自己导致了玛乔丽的生活不顺遂。

要说过得不如意，恐怕玛乔丽才是更不如意的那个人。她被诊断出患有双相精神障碍，性情越来越古怪，不停换工作，却没一份能做长久。

她换了不少男友，结过一次婚，5 个同居伴侣都意外身亡。

而比尔自从和玛乔丽在20多岁分开后，再没有进入恋爱关系。虽然偶尔尝试约会异性，但直到60岁死亡都是单身。

比尔不愿意松口说出自己和玛乔丽是“朋友”，或许因为他不甘心，也不认为他们“只是”朋友。但他是玛乔丽的男友吗？他显然不是，玛乔丽一直有男友。比尔可能认为两人的关系升华到了灵魂伴侣、智力相通的层面，是不是夜夜相守不重要。但对于玛乔丽来说，比尔只不过当了一辈子的备胎。

这个完美的备胎在玛乔丽的日常生活中几乎不存在。但每次当玛乔丽有困难、有需求时，他便出现了。

2003年，玛乔丽虽然一直自诩自己很有钱，但她其实已经败光了她母亲的遗产。她当时估算她父亲的遗产大约有200万美元，她既然是独生女，如果由她一人继承，那自然就可以摆脱眼下贫困的生活。

以下是我的推断：

玛乔丽想雇肯当杀手弑父。她曾一度欠肯的钱不还，肯不得不找人抢回来。而我相信肯并不真的想杀人，他或许只是想骗她的钱而已，便随口开了25万美元的价格。

为什么比尔也刚好把自己的房子挂牌25万美元出售？玛乔丽应当为此找过他。而他曾想过把自己的房子卖了给她筹钱。但显然他的房子并不值这个价。

眼看着父亲快把遗产挥霍完，玛乔丽已经等不及了，她必须想个办法尽快弄到25万美元。

玛乔丽由于和那家银行结怨，想到了抢劫，但她和比尔都无法想出一个能全身而退的办法。于是在两个人的头脑风暴中，想出了炸弹人质的办法。

他们应当从一开始就打算，让人质在抢到钱后不久爆炸身亡。既然是个软骨头，被吓唬一下就会替他们去抢银行，那自然也会被警察吓唬一下，就把他们供出来。所以杀掉布莱恩是脱罪的必要一步。

他们计划在布莱恩抢到钱后，在他寻宝沿线的某个点，找他偷偷拿走钱袋，随后由他继续寻宝游戏，引开警察。布莱恩会在半途中爆炸，带着这个秘密一同消亡，留给警方永远无法解开的谜团。

比尔开始了为期数月的制造炸弹、手枪和颈环的工程。

比尔全然是为了玛乔丽而做这些的吗？我认为绝大部分是。比尔应当在此时已经知道自己得了淋巴癌，所剩时日不多了。这让他愿意铤而走险，最后帮助玛乔丽一次。

而比尔故意设计复杂的游戏规则，或许也有炫耀智力的成分。

玛乔丽的男友詹姆斯是个一直被她欺压的小白脸，两人的日常就在争执打架中度过，玛乔丽曾对朋友说过不止一次，想杀掉他。8 月的一天，两人为另一个女人争吵（玛乔丽自己说的），詹姆斯在气头上威胁要向警方告发他们抢劫银行的计划，更激起了玛乔丽的愤怒，她开枪杀死了詹姆斯。此后，玛乔丽告诉比尔，她是因为怕詹姆斯告密才杀他的，这样也让比尔承担了一定的责任和压力，比尔自然无法拒绝把尸体放进自己的冰柜。

8 月 23 日那天，根据一些新闻报道（可能是警方猜测或者肯的供述），比尔当天曾在银行附近出现，想偷偷从布莱恩手上接过钱袋。但当时银行里有其他顾客发现了布莱恩诡异的举止，尾随他出了银行。胆小的比尔看到有人跟着，不敢上前，于是跳进汽车跑了。

比尔回到家，与跟踪布莱恩的玛乔丽和肯汇合。他没有取回钱袋，令玛乔丽勃然大怒（又或许怀疑他在半途藏掉了钱）。她立刻跳上车，试图沿着寻宝游戏的线路去寻找布莱恩，在布莱恩被警察抓住或者爆炸身亡前取回钱袋。

由于她处于暴怒的状态，她上高速时竟然逆行了。所以才有目击证人看到她在疯狂地逆向行驶，好像一路上还在寻找什么。

但是，警察比她早一步拦下了布莱恩。

不得不说，整个计划在理论上是设计得很完美的，但在现实中却有太多变数、很难操控。只能说，设计这种作案手法的人是缺乏生活经验的、脱离现实的幻想派。比尔和玛乔丽的人生不正是如此吗？

他们没有抢到钱，从这个意义上说，整个案子是失败的。玛乔丽失望透顶，处于焦躁和暴怒之中，斥责比尔“一事无成”，正如她多次在纪录片镜头前说的。

为什么比尔要把她供出来？是他意识到了她真正的问题，知道任由她这样发展下去是害了她，还是他突然清醒，意识到她其实一直在利用和操控自己？

我认为他这么做依然是在保护玛乔丽。玛乔丽在炸弹案失败后，或许有了更疯狂的念头。比尔阻止不了，也知道自己时日不多，不可能再为玛乔丽设计一次犯罪，而如果任由玛乔丽继续疯狂下去，越陷越深，实则害了她。

为什么这么说？

比尔面对警察时，对于玛乔丽杀詹姆斯的细节都声称不知道，“由玛乔丽自己向警方解释。”比尔相信她的智力能应付这个。

我认为，他只想她坐几年牢或者被关进精神病院，让她得到控制。他相信这对她更有益。

比尔在去警局供出她的那一天，还赠送给她一对象征爱情的白天鹅瓷像，这是他母亲的遗物。

而当玛乔丽被捕，对比尔疯狂咒骂和诋毁时，他始终沉默不语。在他临死前，FBI 探员杰瑞想让他说出真相，但他拒绝了。他这么做，很大可能也是为了保护活着的人。

根据纪录片，比尔虽然囤积了那么多东西，但当他临死前卖掉房子后，只留下了少数几件遗物。

比尔的遗物中有一本歌词，其中一页折了角。歌名叫“我想唱首歌”（*I Have A Song to Sing，O*!），演唱者是 Peter，Paul & Mary。

歌词大致讲述了一个伤感寂寞的男人，期待一位女士的爱情。

美国最著名悬案：黑色大丽花案

案发66年后，一名退休警察说：“我父亲是凶手！”

黑色大丽花案是1947年发生于美国的一起谋杀案，至今未被侦破。由于尸体面貌极为恐怖，凶手对警方的种种挑衅，以及媒体的狂欢式报道，这起案件成为美国历史上著名的悬案之一。

我在整理本案时，读到了太多互相矛盾的信息。这也不奇怪，一是案发时间较早，二是本案比较知名，失实的报道加上无聊者造谣生事，导致信息污染严重。

我结合书籍、报道、纪录片、博客、论坛等资料，通过交叉印证，整理出一个我认为比较接近真相的案情介绍。

路边惊现裸尸

1947年1月15日早上，洛杉矶当地一位名叫贝蒂的家庭主妇带着她3岁的女儿经过里莫特公园。那一带是从1920年代开始发展的居民区，主要居民是西班牙裔，在案发当年并没有得到完全开发，只有零星的住宅。

她们经过路边一个荒草丛生的空地时，看见前方出现了奇怪的一幕。在被清晨露水打湿的草地上，在紧挨马路的地方，躺着一个苍白的破碎人体。贝蒂的第一个念头是：哪家时装店把损坏的人体模特丢在了这里？

可当她们越来越接近时，才发觉不对劲，不，这不是人体模特，而是一个真的人！

贝蒂急忙捂住女儿的眼睛，带她逃到最近的一个民居，拨打了报警电话。

尸体被拦腰截断、两侧嘴角被刀割开，伤口一直延伸接近两个耳朵，形成一个“小丑式笑容”。乳房和大腿上有许多刀伤，两条腿叉得很开，几乎呈 120 度角。尸体的姿势容易让人联想到多年后出现的那些充气玩偶。

显然凶手故意把尸体摆出这种姿态，透露出他/她对尸体的亵渎和对公众的挑战。这种狂妄和变态，比起谋杀本身更令人震惊。

这个被拦腰截断的女孩，是美国犯罪史上最著名的受害人之一：黑色大丽花。

此为现场图，摄于 1947 年 1 月 15 日

伊丽莎白·肖特(Elizabeth Short)

黑色大丽花是谁?

黑色大丽花本名伊丽莎白·肖特(Elizabeth Short),1924年7月29日出生于波士顿郊区的小城梅德福市,遇害时年仅22岁。

伊丽莎白的家庭属于1920年代典型的中产家庭。父亲克里奥(Cleo)有一份体面的工作:建造迷你高尔夫球场;母亲菲比(Phoebe)是勤劳的家庭主妇,她把家庭打理得井井有条,对孩子管教严厉。克里奥和菲比生了5个女儿,伊丽莎白排行第三。

到了1929年,美国陡然进入大萧条时期(1929—1939年)。因为遭到经济危机的重击,克里奥不仅丢了工作,积蓄也被暴跌的股市吞噬,全家破产。

第二年,在伊丽莎白6岁时,克里奥有天驾车外出,再也没有回来。

警方在一座桥上找到了他的空车,判断他已跳入宽阔、湍急的查尔斯河自杀。

克里奥没有留下任何财产。伊丽莎白的母亲菲比在伤心之余,不得不负担起独自抚养 5 个女儿的重任。她带女儿们搬入一个小公寓,找了一个记账员的工作,一边工作一边独自照顾 5 个孩子。

生活自然艰难,但菲比没有放松对 5 个孩子的教育。在邻居的评价中,五姐妹待人友好、独立、懂礼貌,且举止得体。

伊丽莎白和其他姐妹不同,她从小患有支气管炎和哮喘。在她 15 岁那年,她接受了一次肺部手术。由于波士顿的冬季非常寒冷,不利于她的疾病恢复,医生建议她在冬季搬到一个温暖的地方去住。

菲比听从医生的劝告,冬季时把女儿送到了佛罗里达和亲戚们一起生活。

1940 年,正在读高二的伊丽莎白从高中辍学了。

在接下来的 2 年中,伊丽莎白在夏天时和母亲、姐妹住在梅德福市,冬天则住在佛罗里达。佛罗里达以热情开放闻名,她在青春期的这段自由自在的经历,也对她的性格产生了影响。

1942 年,菲比突然收到了“死去”丈夫的来信。

原来,克里奥当年是为了逃避经济困境而伪装自杀,他其实是跑去加州开始了新生活。

当菲比独自操劳 12 年,把孩子抚养成人后,这个不负责任的男人却突然出现了,他提出想要回归家庭。愤怒的菲比拒绝了他的要求。

或许因为自己生活的城市比较温暖、适合养病吧,克里奥给伊丽莎白寄了些钱,邀请她去加州和他一起生活。这封信成为伊丽莎白人生的转折点。

1943 年初,17 岁的伊丽莎白前往加州瓦列霍市投奔自 6 岁起就未曾谋面的父亲。

但很短时间后,父女两人就闹翻了。一种说法是:伊丽莎白对父亲过去抛家弃女的行为心怀芥蒂，平日里也不够尊重他。而克里奥思想保守，反感女儿一到这里就引来许多男孩的追求，命令她只能待在家里做家务、不准出门。在佛罗里达生活过、追求自由的伊丽莎白，显然是无法忍受这种生活的。

在一次争执后，伊丽莎白搭了朋友的车离开了父亲的住处，前往圣芭芭拉附近的库克营地(Camp Cooke)。她在营地的一家零售商店找到了一份收银员的工作。

伊丽莎白

她的美貌让她在基地颇受欢迎，士兵们管她叫“军营甜心”。

当时这个装甲训练基地尚未完工，宿舍区正在建造，伊丽莎白只能到处寄宿。当时有个士兵邀请伊丽莎白和他暂时合住一套公寓，像许多涉世未深的漂亮女孩那样，伊丽莎白对于他人的善意和帮助习以为常，未加提防就搬了进去。可某个晚上，心怀不轨的士兵想和她有亲密关系，遭到她的反抗后，士兵打肿了伊丽莎白的一只眼睛。

伊丽莎白向营地报告了此事，并和一个女性军官搬到了一个宿舍。在那期间，她向那个女性军官吐露了自己少时的理想：前往好莱坞，当一个明星。那个女性军官觉得她太天真了，警告她或许并不适合好莱坞那种勾心斗角的地方。

由于营地对平民员工的裁员，伊丽莎白不得不于1943年8月25日离开营地，住进了附近的一个农场。

1943 年 9 月的一个晚上，当她和一群朋友坐在餐厅里吃饭时，突然遇到警方核查饮酒年龄。

加州和美国其他许多州一样，合法饮酒年龄为 21 周岁，而当时的伊丽莎白还未满 19 岁。一些认识伊丽莎白的人说，伊丽莎白本人从不喝酒，她被捕是因为同桌的其他人都在饮酒。

1943 年的这次被捕和此前她在空军基地工作的经历，使她在政府系统中留下了自己的指纹和照片。4 年后，警方采用最新的传真技术比对指纹，只用了不到 1 个小时就确认了死者的身份。

1943 年，伊丽莎白因参与饮酒被捕，在政府系统中留下的照片

当地青少年法庭撤销了起诉，但希望伊丽莎白的父亲能作为监护人带走伊丽莎白，却被克里奥拒绝。

幸好当时有一个女警收留了伊丽莎白，她后来向法庭申请，给伊丽莎白买了一张车票，送她回到母亲和姐妹们所在的梅德福市。

可伊丽莎白那时已不愿意留在寒冷且无趣的小地方。她到梅德福不久，又立刻启程去了迈阿密的海滩。

伊丽莎白到底是个什么性格的女孩？恐怕已无人能说清楚。昔日的朋友和邻居说她“合群、开朗、友好”。她的前上司评价她“有些害羞”，而因饮酒问题逮捕她的女警官则称她“爱干净、整洁”，她后来的室友说她“说话温柔，有礼貌，不抽烟，不喝酒，不说脏话”。

1943 年，伊丽莎白刚刚成年，她的长相比实际年龄看起来成熟许多。她身高1.68 米，约 100 斤，有一双蓝绿色的眼睛，一头接近黑色的鬈发，和几乎没有瑕疵的“如白瓷一般”的白皙皮肤。据她的朋友回忆，伊丽莎白走在梅德福市的街头，汽车和卡车司机惊讶于她的美貌，差点引起交通堵塞。

但伊丽莎白的心智恐怕并不像她的外表那般成熟。当她迫不及待去看外面更多的风景时，她的命运也面临着更多未知的挑战。

每个人探索世界的结局不尽相同，而伊丽莎白的结局，将如同地狱一般恐怖。

两段感情

前面说到，1943 年 9 月，伊丽莎白因为饮酒问题被赶回了波士顿，但她在那个冷清的小城市里待不住，马上又去了迈阿密。而这时的她，在加州的大半年里经历了那么多事，心境恐怕也和一年前不一样了。

她在餐馆、珠宝店之类的地方断断续续地打工，期间也去过亚特兰大、回过老家，但冬天必然又前往佛罗里达。

据说她在那期间曾收到一封发件人不明的电报，上面写了一句奇奇怪怪的话：“A promise is a promise to a person of the world.” 这话可以有各种解释，我就不翻译了，任凭大家理解。

1944 年 9 月，她遇见了一个帅气的空军军官付克林（Fickling），两人陷入了热恋。据付克林在 1996 年接受采访时称，两人是在迈阿密时认识的，而非此前报道的加州，只是两人后来在加州同居过。

因为当时正处于二战期间（1939—1945 年），付克林要前往欧洲执行任务，所以两人分手。

值得提一下，在二战期间，人们的常规生活被打乱，不知道明天会发生什么，所以民风不像大萧条时期那么保守，而是更为放纵逍遥，活在当下。男女之间很容易坠入情网，又会很快分手。

虽然付克林走了，但青春貌美的伊丽莎白从不缺追求者。

1945 年新年过后，伊丽莎白在迈阿密又认识了美国空军少校戈登（Gordon），这是她离稳定的生活最近的一次。

戈登少校长相英俊，对伊丽莎白的感情很认真。这段真挚的感情发展很快，两人都很用心，希望能有一个未来。

伊丽莎白与戈登少校的唯一合影

可惜他们认识不久后，戈登少校又被派去亚洲执行任务。两人只能依依惜别。

戈登希望伊丽莎白不要继续在外漂泊，而是回到家乡等他。于是在他离开后不久，伊丽莎白于 1945 年 1 月回到波士顿。她一边在家乡的餐馆打工，一边和戈登保持书信往来，并对未来充满期待。

戈登在印度发生了一次坠机事故。他在印度养伤期间，写信向伊丽莎白求婚，伊丽莎白立刻答应了。她满怀憧憬，等待戈登回国后和自己完婚。

如果这门婚事能够兑现，伊丽莎白便不会有后来动荡无依、穷困潦倒的生活，也很可能不会遇见凶手。

可惜，命运和伊丽莎白开了一个残酷的玩笑。

1945 年 8 月 10 日，就在日本投降的前一周，戈登少校驾驶的飞机再次发生坠机事故。他在这次事故中丧生。

由于未正式注册结婚，伊丽莎白自然也领不到丰厚的遗孀抚恤金。

戈登少校之死对伊丽莎白的打击很大，她有很长一段时间都穿黑衣为他服丧。

她还对一些人声称戈登是她的丈夫，她曾为他怀过孕。

这是个谎言，后来的尸检报告认为她从未怀孕。她这么说也许是想博取同情，讨一些经济资助。

在戈登去世后，伊丽莎白失去了一个可能的“家”，生活又失去了目标。

她在 1945 年 8 月以后做了什么？目前没有看到统一的说法。

1945 年 12 月至 1946 年 1 月，她照例前往佛罗里达避寒。她曾登记入住佛罗里达的一家小旅馆，她没有工作，她母亲给她寄过支票。

后来她回到过波士顿。等到了 1946 年 6 月 1 日，她带上行李出发了。她先去了印第安纳波利斯，随后又去了芝加哥。

此后，她就去加州投奔当时驻扎在洛杉矶长滩基地的付克林。伊丽莎白曾一度对别人说，他俩会结婚。可没过多久，两人还是分开了，伊丽莎白登上了去好莱坞的大巴。

在遇害前几天，她还写了一些从未寄出的信，怀念自己和付克林的感情。

信中写道："如果我俩现在还互相属于对方该有多棒啊，我从不后悔到西部来见你。你没有把我拥在怀中，再不松手。但是，共度的那段时光都很美好。"

虽然普遍认为伊丽莎白是在 1946 年夏天前往加州的，但近年来，媒体公布了一段摄于 1945 年 8 月 15 日的"二战对日作战胜利纪念日"影像。

凯旋归国的美国大兵们在洛杉矶的好莱坞大道上和庆祝的人群拥抱、亲吻。一辆敞篷车上坐了 6 个女孩。

出于偶然，人们发现其中一个女孩无论发型还是容貌，都像极了伊丽莎白。我看了视频，也认为非常像她。

如果这段视频中的女子真的是她，那说明 1945 年 8 月时，她人在洛杉矶。这段影像中，她看起来和周围的人群一样欢乐。而几天以后，她将得到戈登少校去世的电报。

其实我认为，视频中的人如果是她，和她 1946 年夏天到加州也不完全矛盾。或许她在 1945 年 8 月曾在加州短暂停留，而 1946 年才再次来到加州呢?

自从离开付克林后，伊丽莎白身无分文，经常靠朋友和熟人接济才能吃上饭。她和其他女孩住在不同的公寓里，但常常因为没钱付房租而被赶走。

与富商的纠葛

伊丽莎白认识了拥有知名剧院和夜店的好莱坞大腕马克·汉森（Mark Hansen），并于 1946 年 10 月 1 日搬进了他家。在伊丽莎白死后，汉森一度成为头号嫌疑人。

汉森比伊丽莎白年长 34 岁，老婆和孩子住在他的另一幢豪宅里。

汉森十分好色，经常招待其他落魄的女模特、女演员暂时住在市中心的这栋房子里。当伊丽莎白入住时，汉森的这栋房子里还住了一位 24 岁的女演员兼模特安。安和汉森同为丹麦裔。

报道普遍认为安是汉森的女朋友。但安自己却不这么认为，她说自己的男友是利奥（Leo），因为利奥和汉森相识，所以汉森从没打过自己的主意。她还说汉森几乎想要睡每个他收留的房客，一旦不能得逞，就把她们赶走。

汉森和伊丽莎白也发展出了暧昧关系。

根据伊丽莎白对安所言，汉森几次想和伊丽莎白发生关系，都被伊丽莎白以自己是“处女”的借口拒绝了。

由于对这个借口无可奈何，汉森也就不管她了，让她继续住家里，但禁止她在外面认识的那些男性上门找她。

安认为汉森对伊丽莎白很迷恋，甚至有人发现他曾叫人定做过 2 套礼服，都是伊丽莎白的尺码，只是从未交给过她。

但汉森对警方否认这点。他说自己只是把房间租给不同的人住罢了，他只挑品行端正的房客，他也从不和那些房客约会。

伊丽莎白一直住到了 11 月 13 日。期间她和汉森有种种不愉快，比如她曾给汉森打扫洗手间，扔掉了很多他的物品，遭到了他的怒斥。比如她曾给驻扎在得克萨斯的付克林煲电话粥，却没告诉汉森，直到他收到了一张巨贵的电话账单。后来伊丽莎白把电话费还给了汉森。

11 月搬走是因为汉森当晚带了另一个女孩回家，那个女孩和伊丽莎白发生了争吵，互相叫对方滚出去，甚至大打出手。汉森出面干预此事，让伊丽莎白第二天搬走。

安很同情伊丽莎白的遭遇，给她找了一个公寓，并替她支付了第一周的租金。后来伊丽莎白又去一个私人家庭中合住了一阵子，直到前往圣地亚哥。

野心与运气

二战后是好莱坞电影业的黄金时期，全国各地的漂亮女孩拥到洛杉矶，投身这个产业，希望自己有朝一日也能拥有名气和财富。

伊丽莎白也希望自己能在电影中出演一个角色，成为电影明星。

伊丽莎白到底漂不漂亮？

我相信她的容貌在普通人中间，在她成长的小城市，一定会收获很高的回头率。那些在她成长过程中认识她的人，不少都说她是自己生活中见过的最漂亮的人。她的高中签名册上，许多高中同学称她为“某某中学的狄安娜·德宾（当时当红的好莱坞女星）”。

但在好莱坞，全国各地甚至世界各地的女孩都来逐梦，美人云集，像伊丽莎白这样颜值水平的女孩比比皆是。她们今天赢得了一场选美比赛，第二天就会被人遗忘。

见惯女明星的汉森，觉得伊丽莎白只是“长得一般般”，“如果不是她那排烂牙，她可能还更好看一点（伊丽莎白的下排牙齿发黑腐烂）。”

尽管伊丽莎白声称自己是演员，但媒体努力挖掘，也没发现伊丽莎白曾出演过任何小角色，哪怕跑跑龙套。

唯一可以确定的是，在洛杉矶的那段时间，她在餐厅打过工。维基百科给她的职业是：服务员。

她当时几乎破产，没有稳定的经济来源，借钱度日，到处蹭住。为了蹭吃一顿丰盛的晚餐，她时常流连于酒吧、夜店，和不同的男性约会。

她对自己的母亲隐瞒了这一切。她在信中撒谎，声称自己在圣地亚哥的一家海军医院当护士，生活稳定。

可事实是，她几乎没有正经找过工作。

她为什么不告诉母亲和姐妹她的经济状况？我猜，她想留在好莱坞，继续追逐自己的明星梦。她担心严厉的母亲知道自己的窘境后，会禁止她继续在外流浪，命令她回到家乡。

而我个人感觉，**伊丽莎白属于这类人，他们总是仰望头顶的烟花，而无法脚踏实地地生活**。她从小听惯了人们对她美貌的夸奖，并相信自己有演艺天赋，就该成为大明星，在大屏幕上绽放自我。那种“本应该”的信念，导致她内心浮躁，无法再安下心来顾及现实生活，更无法专心从事服务员之类卑微的工作。

伊丽莎白不明白的是，美貌只是在好莱坞求生的最基本条件，却不是充分条件。哪怕当时的当红女星，如玛丽莲·梦露之类，也并不是完全凭美貌脱颖而出的。

对于好莱坞女星来说，比起脸蛋，更重要的或许还有手段、情商、人格魅力、演技、资源、关系以及运气……而这些，恐怕她都没有。

谋杀发生前夕

伊丽莎白在后来与人合租的公寓里住不惯，曾试图搬回汉森和安所住的房子，但汉森却不答应。

她在走前对汉森和安说，她会去加州北部的奥克兰找她姐姐，希望自己下次回洛杉矶时，汉森能改变主意，让她住回来。

1946 年 12 月 8 日，伊丽莎白并没往北走，而是前往加州南部的圣地亚哥。

她为什么突然去圣地亚哥？可能和以往的随遇而安一样，她去圣地亚哥并没有什么特别的原因，只是刚好有人让她搭车而已。

也可能正如她对自己之前合住的老朋友所说，12 月的洛杉矶越来越冷了，她要去圣地亚哥是因为那里更暖和，这对她的哮喘有好处。

汉森和安对警察说，伊丽莎白在离开前曾一个劲儿地哭，说她很害怕。她到底害怕什么？没人说得清楚。是害怕自己的疾病在冬天来临时又会发作吗？是受到了他人的恐吓吗？可如果受到了恐吓，为何不报警，不向安和汉森求助？

伊丽莎白到了圣地亚哥后身无分文，晚上就睡在剧场的椅子上过夜，被当时在剧场小卖部当营业员的桃乐丝（Dorothy）发现了。

伊丽莎白告诉桃乐丝，由于洛杉矶正在进行演员罢工，自己一时难以找到演出工作，所以来了圣地亚哥。

桃乐丝看她可怜，便让她去自己家的沙发上睡几天（桃乐丝的家里还有哥哥和母亲），作为找到工作前的过渡。可没想到，伊丽莎白住下来后就不再提搬走的事。

据桃乐丝的家人描述，伊丽莎白当时看起来心情很消沉，只说自己来自好莱坞，做过演员和礼帽模特，其他都不愿意多谈。她平日里要么在家游手好闲，要么就出去约会不同的男性。

12 月 10 日，她和一位身份不明的男性约会。当晚又和另一位身份不明的海军军官约会。

12 月 15 日，桃乐丝的家人看到她在出门前细细梳妆打扮，应当又是去约会了。

12 月 16 日，她出门时说自己要去面试一家航空公司的工作，其实是被一位红发男子罗伯特·曼利（Robert “Red” Manley）接走了。这是最后一个见到伊丽莎白的人，一度也是主要嫌疑人。

曼利比伊丽莎白大 3 岁，过去是军队中演奏萨克斯风的乐手，因为精神状况不稳而从部队退役，成为一位卖五金器具的销售员。他家在加州南部，由于工作缘故，他经常开车到各地推销商品。

当他在圣地亚哥时，他在街头偶然见到了伊丽莎白，便被她的容貌吸引。而其实，这哥们当时已经结婚了，妻子还十分貌美（记者都认为他妻子比伊丽莎白更漂亮），刚诞下一个男婴。但此时两人的感情出现问题，他蠢蠢欲动，开始勾搭他人。

他承认刚开始搭讪时，伊丽莎白对他不感兴趣，态度很冷淡。但当他提议开车送伊丽莎白回家时，伊丽莎白也没拒绝。

伊丽莎白对曼利谎称自己在圣地亚哥的航空公司工作，但有天曼利去那个办公室找她，那里的人都说没有伊丽莎白这个人，他当时就怀疑她在骗自己。对于这种欺骗，曼利将这理解为一个漂亮女孩的警惕心。而我认为，失业的伊丽莎白说谎，只是出于自己的虚荣心。

12月17日到12月20日之间，两人天天约会。

以上所说的约会都限于吃饭、喝酒、跳舞，曼利和她接过一两次吻。

伊丽莎白说她要找新工作，曼利托朋友给伊丽莎白介绍了一个，本来定了12月21日去面试，但伊丽莎白却爽约了。这也证明了伊丽莎白懒散、随性、不踏实的性格。

12月22日，伊丽莎白收到前男友付克林寄来的一张100美元的支票。付克林对她也算情深义重。

12月24日，伊丽莎白约会了一个叫弗兰克·多明格斯（Frank Dominguez）的男性，在他家过了平安夜，但并未留宿。

12月25日，伊丽莎白和桃乐丝一家人过了圣诞节。

12月26日，她又和曼利约会了一次。

12月27日，另一位身份不明的男性来接伊丽莎白，他到了之后还在门口按车喇叭，催促伊丽莎白快点出门。

12 月 31 日，她和弗兰克第二次约会。

过了 1947 年的元旦，新的一年到来了，伊丽莎白出门给自己买了些化妆品和杂志。

1 月 7 日，桃乐丝的母亲回忆，有两男一女突然来按门铃找伊丽莎白，这似乎吓坏了伊丽莎白。但后来发生了什么，未见有详细描述。

由于伊丽莎白在家里不帮忙做家务，不出去找工作，不付房租，整日游手好闲，要么窝在家里写信，要么出去和不同的人约会至深夜，桃乐丝一家人对她不再热情，甚至有些厌烦。

或许是桃乐丝一家人态度的转变，也或许是伊丽莎白遇到了其他麻烦，1 月 8 日伊丽莎白终于决定回洛杉矶，桃乐丝一家人大约都在心底松了一口气。她走前跟桃乐丝母亲借了 1 美元，并把自己的黑色礼帽和纱巾作为礼物回赠给她。

曼利来桃乐丝家接伊丽莎白时，并不知道她当天要离开圣地亚哥。他十分吃惊于伊丽莎白带了大大小小的行李。伊丽莎白告诉他，自己决定去洛杉矶和从伯克利来的姐姐会面。她希望曼利送她去洛杉矶，要不就自己坐大巴去。

曼利说他当晚有点事，要打一些电话，可以明天带她去洛杉矶，于是带她去汽车旅馆开了一间房。曼利后来对警方声称，他把这次旅行看成是一次对自己的考验：如果他在这段旅程中把持住了自己，那么注定他要和妻子厮守。

两人随后出去吃晚饭、喝酒、跳舞，晚上 12 点，伊丽莎白犹豫过，似乎想自己坐大巴回去，但还是决定让曼利买 2 个汉堡，两人回旅馆去住。

一进旅馆，伊丽莎白就表现得很冷淡，懒得说话。她称自己身体不舒服，从床上拿了条毯子，坐在暖气边的椅子上自顾自睡觉了。曼利看她一点兴致都没有，也就脱了衣服，独自睡在床上。

曼利为伊丽莎白做了那么多事，却受到这番冷落，内心还是有些气恼的，所以第二天对她也少了许多激情，一路上都懒得和她说话。

1 月 9 日，曼利出去打了一些商业电话后，中午回旅馆接上伊丽莎白，随后开了几个小时的车，把她送回洛杉矶。

当时伊丽莎白说，她要在市中心见她姐姐，并流露出她从未去过洛杉矶的样子。她说，她俩要去伯克利待上几天，然后坐大巴回波士顿去见其他家人。

曼利问她，两人会在哪儿会面。还没等她回答，他随口问了句：比特摩尔大酒店吗？伊丽莎白立刻接着说，对，就那儿。

比特摩尔大酒店是洛杉矶市中心一家知名的豪华大酒店。

曼利先开车带伊丽莎白来到灰狗大巴站，存了她的大件行李，由于担心她人生地不熟，会在那个街区遇见坏人，又带她来到比特摩尔大酒店。

曼利停好车，还陪伊丽莎白在大堂里等了一阵子。伊丽莎白去上厕所时，他让前台查了下伊丽莎白姐姐的名字，却发现并没有这个客人登记入住。

终于，曼利等不下去了，由于当晚他的妻子还在等他回家，他便在 18:30 离开了。

那天，伊丽莎白打扮优雅，穿着一件蓬松的白色上衣和黑色开衫，下身是一条黑裙子。脚上穿着黑色羊皮高跟鞋和尼龙长筒丝袜，外面套着一件米黄色长外套。她戴着一副白色手套，提了一个黑色塑料手提包。

提一句，那件米黄色长外套还是安借给她的。

有比特摩尔大酒店的员工声称，曾看见伊丽莎白用大厅里的公用电话给人打了一些电话，其中一个电话是打给汉森的。

伊丽莎白问他，自己能否继续住在他家。汉森回答，安回老家见父母了，只有等安在家时，伊丽莎白才能过来住几天。

当然，电话内容是汉森后来自己对警察交代的，他似乎想再次表明自己对伊丽莎白没兴趣，与她划清界限。

而安也确认了，自己 1 月 10 日才回洛杉矶，此前汉森不知道她何时回去。她相信，如果伊丽莎白知道自己在洛杉矶，肯定会找自己帮忙，因为自己过去就帮过她无数次忙。

根据酒店大堂工作人员的说法，伊丽莎白在大堂待了几个小时后，独自离开，走向灰狗大巴站的方向。

由于酒店大堂人来人往，且这是至少两周以后的回忆，这个记忆是否准确值得怀疑。

1 月 9 日伊丽莎白是否真的有姐妹在洛杉矶？我只看到一个信息源提及，伊丽莎白的那个已婚姐姐当时在奥克兰市，并不在洛杉矶。

我想，伊丽莎白只是想以此为借口，打发掉曼利。

伊丽莎白这几年以及案发前的行踪为何如此神秘？有几个原因：

一、她的社会关系太庞杂，且都是萍水相逢的那种，给调查带来很大难度。在圣地亚哥和她约会过的男性有哪些，她那本相册上与她合影的那些男性又是谁，警方最终都没完全调查清楚。

二、她没有推心置腹、并保持长期联系的朋友，因此没人知道她到底经历了什么。

三、她向身边的人说过太多谎。

比如她在失踪前给付克林写信，说自己要和一个模特经纪人一起去芝加哥工作，仿佛自己已经是知名模特；她对一个约会对象说，她 1 月 8 日就要回波士顿；她对桃乐丝一家说，曼利是航空公司员工，而她自己也要找在航空公司的工作；她对她妈妈说，她在某医院工作，而其实真正做这个工作的是桃乐丝的母亲……

没人完全清楚，她到底在干什么。唯一能肯定的是，她失踪前一阵子都处于失业状态。

在调查期间，有人声称当天晚些时候，在西塞尔酒店的走廊里见过她。西塞尔酒店距离比特摩尔大酒店步行只需要两分钟（2013 年蓝可儿就是被发现死在这家酒店天台的水箱里）。但警方调查后认定，这个信息并不属实。

所以，如果非要把黑色大丽花和西塞尔酒店扯上关系，恐怕也只是：西塞尔酒店大堂里的走廊，是伊丽莎白曾经光顾过的众多酒廊之一罢了。

案发后，有各种各样的陌生人声称在 1 月 9 日至 1 月 15 日之间在不同的娱乐场所见到过貌似伊丽莎白的女子。但因为缺乏其他在场人员证词的印证，最后警方一个证词都没采信。

目前公认的版本是，自从独自走出酒店大堂、踏进洛杉矶的夜色后，伊丽莎白的行踪再无已知人士目睹。

身边的人都再未听到她的消息，直到 5 天后的清晨，她以令人毛骨悚然的状态出现在马路边的公共草地上。

这 5 天中，伊丽莎白到底遭遇了什么？

没药花园：如何评价伊丽莎白？

我认为我写这个案子最大的意义就在于，给予受害人公正的评价。无论是对凶手还是受害人的评价，我都不希望被道德说教或者情绪宣泄所主导，从而标签化、脸谱化他们。

伊丽莎白不是妓女。

我见过对本案的中文介绍，要么说受害人是好莱坞演员，要么说她是妓女。但如果了解了她生前的细节，必然可以得出结论：伊丽莎白不是妓女，除非我们对妓女这个职业的定义有什么误解。

检察官在 1947 年的报告中明确指出，受害人不是妓女。到了 1960 年代，

伊丽莎白

一个美国作家以此为蓝本创作了一部小说，主人公是个妓女。而后这个说法和其他的信息混合起来，二次传播，给许多人留下了伊丽莎白就是妓女的印象。

伊丽莎白的生活作风确实有争议，但她并没有用性去交换报酬。虽然她约会过大量男性，但她其实并没有从他们身上获取多少金钱，最多就是混顿饭吃，偶尔拿一点小额零花钱。在离开洛杉矶前往圣地亚哥时，她晚交了一个月的房租。如果她真的是妓女，以她的条件要保证房租和三餐还是可以的，不至于身无分文。她更不会拒绝汉森的要求。

那她是因为“淫荡”才见那么多男性吗？似乎也不是，伊丽莎白在西部的大半年与几十甚至上百个男性出去玩耍过，但警方只找到 3 人曾与她发生过性关系。根据警方找到的和她短暂交往过的一个军人（不是付克林）所言，他们一晚上做了许多次爱，她做爱时表现得很冷淡，毫无兴致。

由于她拒绝了许多男性的性要求，再加上这样的证词，一些人揣测她是女同性恋，另一些人认为她的生理结构有问题。

但这些无端揣测太容易被证伪。她和戈登以及付克林是热恋过的，她也一直喜欢英俊的男士，是个妥妥的直女。而尸检报告中丝毫没提到她的生理结构有任何问题。

要理解她的行为和心态，需要了解一下她所生活的时代背景。

美国在20世纪倡导女性性解放的时期其实只有两个，一个是1920年代，一个是1960年代，其他时间内都挺保守的。1940年代的二战以前，经济大萧条，女性大多是全职太太，男性承担了挣钱养家的角色。哪怕带了孩子离婚或丧偶的女子，也往往会选择嫁给另一个男人以保证衣食住行。像伊丽莎白的母亲菲比这样自立、顽强的女性是很了不起的。当时女性在婚前常见的职业也非常符合性别成见，都是服务员、记账员、护士、小学老师一类。

二战期间是特殊情况。由于大量男性劳力被征去战场，许多岗位都缺人，急需女性来填补空缺。社会舆论对女性的一些传统约束放松了，鼓励女性走出家门，独立自主，于是就有了下面这种宣传照。所以本案中也出现了女警察、女记者。

当女性越经济独立，社会对女性就越包容。因此二战期间，算是介于1920年和1960年之间的一次对女性束缚的放松。

1945年，二战结束，大量退伍军人拥回国，立刻填补了各种岗位，政府急需让他们找到工作，从而维持社会稳定，所以又开始大肆宣扬女性的母亲、太太角色。当时女性的理想人生是，高中毕业、年轻貌美之时就嫁给一个有体面工作的丈夫，然后安心在家料理家务、教育孩子、举办派对，或辅佐丈夫的社交和事业。现在，美国的一些上流社会圈子中还保留着这样的传统价值观。

1946年左右的好莱坞还很辉煌，虽然往后，因为电视机的出现等等原因，好莱坞的黄金时代结束了。但当时的洛杉矶还是有大量高消费的酒吧，是有钱男性经常消遣的地方，也是像伊丽莎白这样的女性结识男性的好去处。

“我们能行!”——海报中是二战时期美国典型的女子铆钉工的形象

在美国文化中,约会和成为男女朋友之间并不能划等号。她这种频繁的约会状态有点像整日在相亲。1940 年代相亲时的消费由男方买单是自然的。你说她纯粹是为了骗吃才去约会的吗? 也不是,她也确实是希望能遇见一个丈夫的。伊丽莎白的一些女性朋友都提到,她迫切想要结婚。

我认为伊丽莎白确实想通过频繁约会来寻觅未来的丈夫。只是从 1946 年 7 月至 1947 年 1 月在洛杉矶的半年间,她从未遇到合适的结婚对象罢了。她遇到的大多是已婚人士或者花花公子,比如婚后想出来偷腥的曼利,比如借助金钱玩弄女性的汉森。这不单单是运气的原因,还有她自身的原因。

伊丽莎白本身迷恋的,是那些可能成为结婚对象的军官帅哥。对于其他纯粹想猎艳或者她不感兴趣的男性,她总是会以“自己是处女”或者“已经结婚了”来拒绝对方的亲密要求。她拒绝这些男性,或许也是因为她清楚,自己不会得到承诺。

但她明知道自己无心和他们发展,却依然利用他们的好色之心来为自己提供一些便利,足以说明她的虚荣和贪心。她喜欢去高消费场所享受。虽然她本人并不喝酒，但她喜欢去好的餐厅吃饭、去舞厅跳舞、去剧院看表演……这些都是她自己负担不起的。

伊丽莎白想要寻觅一个好夫婿，但这与目光短浅的小享受不能兼得，显然前者对于她当时的命运更重要，但她却没有权衡利弊得失。

她常年混迹酒吧，频繁和不同男性结伴出入，造成旁人对她的误解，也损坏了自己的名声，因此导致恶性循环：一些想寻觅妻子的单身男子不会接近她，也不会对她认真。

安后来的一些证词更正了社会对伊丽莎白的印象。她说，伊丽莎白不抽烟，也不喝酒，每次出门前打扮得都很得体，完全不像她在好莱坞这个圈子里认识的生活失控的女孩——每天喝得醉醺醺，烟不离手。

一些和伊丽莎白约会的人都提到，伊丽莎白对于穿着打扮很在意，约会时总是打扮得很漂亮、高雅，不是那种媚俗的风格。汉森也提到过：伊丽莎白属于“乖乖女”类型，不是性感诱惑型。

媒体为了增加戏剧性和娱乐性，不断妖魔化受害人。一些媒体对伊丽莎白的消费和污蔑，如同是对这个女孩的二次杀害。

比如发现尸体没几天，就有媒体引用某“友人”的话，说伊丽莎白已经从一个天真的女孩堕落成一个疯狂勾引男人、行为不端的女子。但那个所谓的“友人”，是个和伊丽莎白只有过点头之交的脱衣舞女。

此外，一些媒体还曾写道，她失踪那天穿了黑色透明上衣和紧身裙。1940年代这样的打扮充满性暗示和诱惑意味，这暗示她自作孽，吸引了杀手。但其实她失踪那天穿的只是黑色套装和米色大衣，并不暴露。

伊丽莎白的性格

但不可否认，伊丽莎白谎话连篇。但她对不同的人说谎，是出于不同的目的。

她最后一次被汉森赶出家时，汉森开车把她放在了马路上。她问汉森自己能否在旅行回来后（她说要去加州北部，其实是去了南部）继续住他家，汉森说："我觉得不行，你最好找个其他的地方。"但汉森说，伊丽莎白并没有开口跟他提出借钱，反而撒谎说自己在机场附近的一家咖啡馆工作，有收入来源。

如果伊丽莎白是一个精明的女子，她大概会哭哭啼啼地说自己可怜，顺便再借点儿钱，但她没有。比起缓解经济窘迫来说，自尊心对她更重要。

仔细看她的谎言，她说谎无非因为两个目的：维护自尊心和摆脱纠缠。

一、伊丽莎白想显得自己活得很好，以维护自己的自尊心。比如她向母亲、姐妹和其他人撒谎说自己在航空公司工作、在医院当护士（都是让人羡慕的职业）……这大概和一些喜欢用照片在朋友圈营造自己是白富美的女孩具有同一种心态。这可能源自她的一种自卑心理，怕别人看不起她、可怜她。从她的成长经历看，这也是可以理解的。她从 6 岁到 18 岁，母亲独自养家，家庭经济困难。她虽然长相漂亮，常常受到别人的夸奖，但身体不健康，且物质条件一直很匮乏。

二、伊丽莎白撒谎是为了躲避一些男人的纠缠，比如曼利看到她的两条上臂外侧都有一些抓伤，问她是怎么回事。她说自己有个意大利黑发男友，很爱吃醋。但警方并没有发现这个人的存在。她不透露自己的真实身份，可能也是想留一手，为日后可以躲避对方的纠缠作准备。

办案警察哈利评价伊丽莎白："她显然智商很低。"但我认为她的情商更低。以她的情商根本应付不了周旋于众多异性之间产生的各种问题，可她却选择了这条路。

她对别人的帮助和请客来者不拒，但需要她付出时，她不愿意和对方有身体亲密就算了，连走心应付一下都不愿意。她在约会时常常心不在焉，态度敷衍。她可能给某些男性留下了一种“你得讨好我，但我对你没兴趣”的高姿态。这种态度很容易激怒对方，让他们觉得自己被愚弄、被轻视。

她也没什么女性朋友。安是伊丽莎白交往最频繁的朋友，但恐怕也算不上她闺蜜，因为伊丽莎白几乎不和她提自己的事，只是在需要帮忙时才会找她。安出于同情帮助她，但她很少用同样的方式对待安。她很少向人交心，往往说出口的也是吹牛。

这样的一种状态明显属于好高骛远之人，他们常常对现实生活很难产生情感联系，很难用心去体会当下。

相对而言，能成为演员的安，情商不知高出伊丽莎白多少。安对于汉森的心思清清楚楚，但她在向警方说了这些大实话后依然可以和汉森成为“好友”，她的男友也是汉森的朋友。她蹭住他的豪宅，得到他的各种照顾，是最稳定的一个“房客”。后来汉森回归家庭了，安依然和他保持友谊，一直到汉森去世。

伊丽莎白则完全不具备这样的情商，她和汉森相处的短短一个月时间就把两人的关系搞得很僵，曾两次被撵出门。

在我看来，伊丽莎白是个孤独、懒散、随性、虚荣、自得其乐、不务实、低情商、对前途迷茫的女孩，在抱有幻想成为一名演员的同时，也在碰运气寻找着可以成为丈夫的男人。这是一个真实的人，生活中随处可见。

在杰克·韦伯(Jack Webb)出版于1958年的书中，他称呼伊丽莎白为**“典型的倒霉的大萧条时期的孩子”**，这些人在童年时经历了经济残酷的日子，在青春期时，却又和美国一同进入一个“赚得容易、活得轻松、爱得随意”的战争时期。

尸体及现场

1947年1月10日，安回到了汉森家，听他说起接到了伊丽莎白的电话一事。她当时觉得很纳闷，伊丽莎白不是说要去北方找她姐姐吗，为什么去了圣地亚哥？

1月12日凌晨，汉森家的电话被人骚扰。电话每隔5分钟就响一下，但接起来却没人说话。安把电话拿到了她自己的房间，由她来接电话，可骚扰电话继续，依然没人说话。于是她威胁对方：“如果你继续打来，我就报告电话公司，追查你的号码。”后来骚扰就停止了。当然，这个怪事未必和伊丽莎白有关联。

在1月9日至1月15日之间，在警方后来的调查中，有大量人声称见到了伊丽莎白和不同的人在一起，在做不同的事。我读了太多太多线索，但是这些线索却没有可以互相印证的。

1947年1月15日早上10点，伊丽莎白的尸体在路边被发现。

警方在抛尸现场没有得到太多线索。他们在路边发现了一个汽车轮胎的痕迹，里面还有一个带血迹的鞋后跟的印子。在附近不远的行车道上，他们找到了一个曾用于装水泥的麻袋，里面也有一些血迹。

鉴于她身体下面的草地很潮湿、有露水，警方猜测凶手是在凌晨2点时放置的尸体。

在本案的侦查中第一次使用了传真技术。以往警方都要把指纹寄到华盛顿去和系统中的指纹比对，再把结果寄回来，这样一来一回要花一周时间。可这次得益于传真，不到一小时就确定了死者的身份。

法医于第二天解剖尸体，结果显示她已经死亡大约10个小时，所以她的死亡应当是在1月14日晚上或者1月15日的凌晨。

鉴于1月9日傍晚以后再没有可靠的证人目击过她的出现，所以她可能是在和凶手相处5天后才被杀害的。至于这5天的相处是出于自愿还是一开始就遭到了囚禁，已无从判断。

死者在生前受到的虐待主要集中于头部。她的右侧脸和前额都有淤青，遭到过棍棒之类的钝器的用力打击。她的死因就是被重力击打头部造成的脑震荡和颅内出血，以及脸上伤口造成的失血过多。她的鼻梁两侧有几乎对称的带锈色的小伤口，她的手腕、脚踝和脖子上都有被束缚过的痕迹。

根据这些信息，有人推测她曾被固定在一种铁装置上，这个装置扣住了她的双手和双脚，并且架住了她的脖子和鼻子两侧。这个装置如此固定住她的头部，或许就是为了方便凶手割出她嘴巴两侧的小丑笑容。这说明可能凶手在囚禁她之前就有此打算。

破案

警方在调查中很快得知了伊丽莎白的闺蜜是安。1 月 16 日，警方开始寻找安。当天下午，安在汉森的陪伴下去警局接受调查。

本案被报道后，先是收留她的桃乐丝一家向警方告知了她此前在圣地亚哥的活动。随后警方也开始大规模寻找一个叫曼利的男子，他是桃乐丝一家口中最后接走伊丽莎白的人。

曼利有天突然发现警方正在报纸上找自己，他吓坏了，立刻给妻子打电话交代一切，并表忠心：“我爱你，胜过世界上任何男人爱自己的妻子。”

曼利在 1 月 20 日被警方找到并拘留。后来记者找他采访，他一五一十全交代了，还懊恼地说：“以后再也不会让任何女士搭车。”

媒体拍到了他和妻子拥吻的照片，发现他的妻子也有一头红发，十分貌美。

曼利在 14 日和 15 日有可靠的不在场证明，且他 2 次通过了测谎仪，最终警方把他放了。

总体而言，曼利是胆小怕事的人，本想背着老婆偷腥，却不仅没偷到，还上了报纸头条。

以曼利的性格和心理素质来看，我认为他是凶手的可能性很低。他在当兵时就存在精神不稳的情况，时不时会崩溃，甚至出现幻听。这个案件导致他极度脆弱的神经彻底崩溃，他在1954年被诊断为妄想型精神分裂症，被妻子送进了精神病医院。

其次，凶手和伊丽莎白的关系应当比较隐蔽。但曼利在1月那几日和伊丽莎白外出就餐、喝酒，有大量目击证人，所以案发后他成为警方的第一个怀疑对象。假设真是他杀了伊丽莎白，他应当会毁尸灭迹，而不会故意暴露尸体，并做出一系列吸引眼球之事。

黑色大丽花案由于惊悚的抛尸现场和年轻性感的受害人，受到了各大媒体的疯狂追逐报道，更是连续35天占据《洛杉矶观察报》的头版。据说这是美国历史上纸媒报道最多的案件。这也可以理解，当时也没电视，主要的新闻来源就是报纸和广播。当时报道该案的媒体都尝到了销量暴增的甜头。

凶手似乎也很享受这样的轰动效应。他主动接触媒体，进一步挑逗公众的神经。

1947年1月21日，案发后的第五天，曼利被逮捕的第二天，一名男子打电话给报道此案最活跃的《洛杉矶观察报》。他自称是杀死伊丽莎白的凶手，说他不满意报社的报道，并称自己过阵子会自首。为了证明自己的身份，他说会先给报社寄一些关于伊丽莎白的纪念品。

说到做到。3天后，1月24日，当地邮递员在比特摩尔酒店大堂发现了一个可疑的黄褐色大信封。信封上填写的收件人是《洛杉矶观察报》和其他媒体，以及一句话："里面有大丽花的所有物。"

信封上的字是从报纸上剪下来后再用一个个单词拼凑而成的。

包裹内装的，是警察正在寻找的伊丽莎白手提包里的物品：伊丽莎白的出

陌生男子邮寄的信件内容照片

生证明、名片，一些收据，她自己和别人的照片，灰狗大巴站寄存行李的凭证，以及一本黑色通讯录，封面上印着马克·汉森这个名字。

这本通讯录本来有 400 页，大部分都是伊丽莎白本人的字迹，其中有 3 处被撕掉了几页，另外有许多处被剪掉了一些内容。不清楚是她本人所为还是凶手所为。

包裹以及里面的东西，都曾被浸泡在汽油中。尽管如此，警方还是在上面找到了几个残缺不全的指纹送到 FBI 做分析。可惜，指纹不能和数据库中的任何指纹相匹配。

也正是由于通讯录，警方把汉森找来问话，他表示这本通讯录是自己给伊丽莎白的，自己并没有使用过。

而在同一天，有市民在偏僻小巷的垃圾箱上，发现了一只女式手提包和一双黑色羊皮高跟鞋。此地距离发现尸体的地点大约有 3 公里远。

经最后见到死者的曼利指认，这些都是伊丽莎白 1 月 9 日当天的穿戴。可惜这些物品也被人用汽油清洗过，没有留下指纹。而伊丽莎白当天所穿的衣服一直未被找到。

还没有结束，疑似凶手还在不断挑衅警方。

1月26日，《洛杉矶观察报》又收到一封手写信件，信内写道："这样吧。1月29日，早上10点，自首。和警察们玩够了。黑色大丽花复仇者。"警方不能确认这信是不是来自凶手，或者和此前的信件是不是出自同一个人，但他们也只能一试。

1月29日上午，警察在信中提及的地点等待凶手出现，可惜，他们什么都没等到。

而同一天下午1点，《洛杉矶观察报》办公室又收到一封用剪报贴的信，写着："改变主意了，你们是不会和我公平交易的，杀死大丽花是正当之举。"

后来《洛杉矶观察报》又陆续收到不少剪贴信，譬如其中一封写了："如果只判十年我就自首，别企图找到我。"

另一封写了："'慢慢来'，凶手说。黑色大丽花案。"

只有凶手才会取得、清洗并匿名提供伊丽莎白的私人物品，所以那通匿名电话和包裹应当来自凶手。由于在匿名电话中确实提到过自首，那么后来约好自首、耍弄警察的寄件人也许是同一个人。

而至于后面的一些信件，很可能只是无聊的人受到媒体报道的启发后模仿凶手搞的恶作剧。

无底线的媒体

许多人问，为什么大家称呼伊丽莎白为"黑色大丽花"？

这最早出现在一家报纸上。从传播学上来说，如果你给事件添加一个形象的标签，会大大有利于扩大传播范围和加深读者记忆，比如金州杀手、绿河杀手。

案发不久，媒体们就蜂拥挖掘伊丽莎白生前的各种细节。很多和她熟悉的人都不愿接受采访，反倒是那些并不了解她、只是跟她有过一面之交的人比如某家酒吧的酒保、某个餐厅的服务生、某个聚会上遇见过她的脱衣舞女……都纷纷出来爆料，导致假信息特别多。媒体为了销量，不加甄别，全都登了出来。

当时有一家媒体称，由于伊丽莎白一头黑发上戴了一朵大丽花，加上常年穿黑衣服，她身边的朋友都称呼她“黑色大丽花”。这个神秘、黑暗的标签与案子留在人心底的印象十分吻合，于是便被迅速传播。连疑似凶手也在挑衅信件中用到了这个名字。

那到底是谁第一个这么叫她的呢？一种说法是，当时在播电影《蓝色大丽花》，伊丽莎白的前男友付克林和朋友一起看电影，想到了伊丽莎白，就给她取了这个绰号。

另一种说法是，这名字最早是从一家药店里的员工口中流出来的。他们不知道伊丽莎白的名字，于是在背后这么称呼她。伊丽莎白知道后，自己也很喜欢。

但其实她身边略亲近的朋友都表示，从未听说过这个绰号，也没人这么叫她。所以，这有可能是媒体编造的情节。

况且，说她整日穿黑色衣服本身就是一种谣言。在戈登少校去世后，她或许穿过一阵子黑衣服，但她并不偏爱黑色。她生前留下来的那么多照片中，穿黑衣服的时候很少。

当年的纸媒汇聚精英，力量强大，资源丰富，甚至能抢到警察的前面。比如他们比警察先找到了曼利的住址，第一个登门告诉曼利的老婆，“你老公……”，然后又在报道中描述了他老婆的错愕。

最不可原谅的是，《洛杉矶观察报》的记者比警察更早地联系到了伊丽莎白的母亲菲比。为了能从她那里获取更多关于她女儿的信息，那个记者竟然在电话中骗她说，伊丽莎白赢得了选美比赛。

等他们从一个“自豪的母亲”那里套取了足够的信息后才坦白，她的女儿其实是被谋杀了。当时另一个记者都看不下去了，在旁边骂他混蛋。

此后，为了始终掌握独家新闻，他们欺骗菲比，免费提供酒店住宿和机票让她来洛杉矶配合警方的调查。但等菲比一下飞机，他们就把她藏在酒店里，不让警察和其他媒体找到。

伊丽莎白与其母亲菲比的合影

凶手是谁?

由于本案聚集了全美国媒体的目光，警方是花了大力气查案的，至少从表面看是如此。

在调查初期，洛杉矶警方和其他部门共派出了 750 名调查员参与侦查此案。

在数周内，他们询问了超过 150 名男性潜在嫌疑人。

由于怀疑嫌疑人有医学背景，警方曾排查了附近南加州大学医学院的所有师生，也没漏掉学牙医的。

为了找到作案的第一现场，他们在洛杉矶大量民宅中进行挨家挨户的地毯式搜索。

某个市议员悬赏奖金 1 万美元征集对警方有用的线索(1940 年代的 1 万美元相当于今天的 10 多万美元)。

在高度受关注的情况下，有 60 多人前来警局自首，其中甚至有几个女性。

一些人的谎言太容易被揭穿，比如有人声称曾和伊丽莎白热恋过，其实那时伊丽莎白还远在波士顿读小学。

还有一些就是精神病人了，比如有人声称有 1000 个拉小提琴的小人在追着他跑。

也有不少人向警方供出自己的父母、亲属、朋友。可警察在调查之后，不认为他们中的任何一个真的是凶手。

最终留在警方的嫌疑人名单上的有 25 人，随着时间的推移，有人被排除嫌疑，移出名单，又有新的人加入名单，但警方始终找不到任何有力证据逮捕其中任何一个……

没药花园讨论

目前有两种理论：

一种认为凶手和伊丽莎白相识，且有情感纠葛。他对尸体的毁坏显示他对伊丽莎白本人充满仇恨。他把尸体以这种侮辱性的方式公开，是希望世人都知道伊丽莎白有负于他。这也是警方一开始就从和她有过交往或者约会的男性入手的原因。伊丽莎白半年中约会了那么多男性，时常挑逗他们，获取些小恩小惠，却无意于满足他们的欲望。常在河边走，哪能不湿鞋？

另一种理论认为，凶手和伊丽莎白并不相识，或只是萍水相逢。他挑选伊丽莎白只是因为刚好遇上了，且她正好符合凶手所寻找的类型。凶手对尸体的处理和公开是为了寻求刺激和满足独特的性癖好。伊丽莎白对陌生人警惕心很低，且当时无家可归，很可能会坐进任何男士的车里。凶手并没有针对伊丽莎白个人的犯罪动机。只要符合一定条件，比如女性、年轻、性感，都可能成为受害人。杀手可能只是根据作案便利性挑选了她。这一类案件的凶手也通常是连环杀手。

她的凶手可能是哪一种？

我倾向于认为，两人的关系以及凶手作案的动机属于第二种，即两人并无深交，也没什么仇恨可言。

为什么这么说呢？如果是依靠仇恨的冲动折磨、杀人、毁坏尸体，那么这种仇恨通常是非常强烈的、冲动的。但冲动的仇恨通常都很难长时间持续。当凶手重击她头部、用刀割开她的嘴角，导致她死亡后，发泄的冲动会随着这些行为的完成而减弱、消退。发泄完的凶手很可能会把尸体随意丢弃了事。

而此后放血、清洗、截肢、抛尸、摆造型，都需要很多小时甚至一整夜去完成，那种冲动型的仇恨较难在此过程中持续性地、强烈地存在（当然，每个凶手的性格不同，这一点并不绝对）。

从凶手对尸体的摆放、处理看，我个人感觉凶手（至少此时）不是在发泄仇恨，更多的是在恶作剧。他能从谋杀和摆弄尸体中获得乐趣、刺激。

再者，凶手敢如此大胆地挑衅警方和适当暴露自己，正因为他知道自己的社会关系距离死者很遥远，很可能没有第三人知道两者的交集。

我注意到一个细节，在凶手寄给警方的包裹中有伊丽莎白存在灰狗大巴站的行李单。警方打开行李，发现里面至少有 200 张她与不同男性的合影或者单独的男性照片。

如果他和伊丽莎白熟识，他怎么会不担心她的行李中有日记提到自己或者有自己的照片？凶手没兴趣取走行李，是因为他根本不担心那里会有自己的痕迹，因为他们并不熟识。

那么，凶手是什么样的人？我认为有以下几个特征。

1. 反社会精神病态人格（Psychopath）。

这类人自恋、冷血、睥睨众生，缺乏共情能力，藐视法律和道德，不按常理出牌。

在日常生活中，这类人做事冷酷无情，对亲人朋友冷漠，喜欢嘲弄周围的人和事，在不被发现的情况下喜欢做一些违规、违法的小动作，比如在商场里会顺手偷走一个昂贵的小物件；比如会招妓，会在妓女面前显露自己真正的癖好和嘴脸。这样的人可能会在“性”这方面很放纵，在经济上很贪婪。

他们由于藐视规则又极度自私，自然容易做出违法行为，所犯罪行也各式各样。根据美国的统计数据，约有四分之一的精神病态人格者因为违法而接受过法律的惩罚。

法律、道德、良心对他们来说毫无意义，他们在意的只是会不会被抓到、会不会输，会不会损害自己的利益。只要确保能逃脱惩罚，他们会作出超乎想象的恶。一些有特殊性癖好和暴力倾向者会发展为连环杀手。

2. 性虐狂和扭曲的欲望。

对于凶手来说，普通的刺激已经无法满足他的欲望。他一直以睥睨众生的心态生活，认为自己至高无上，不同于其他愚蠢的人类。他希望自己能做一件轰轰烈烈的大事，来嘲弄警察，及他们所代表的规则和权威。

他长时间来都幻想折磨、残害、杀死一个女人，并把她的尸体做成一个艺术品。他能从这类性幻想中，从受害人的恐惧中，从全社会的惊叹中，获得普通性爱所不能获得的生理和心理满足。

本案是他终于控制不住自己的欲望，去实践了自己的性幻想。他或许也多次幻想过对身边的人下手，但这样太容易被抓到。与他有过亲密关系的部分女性应当遭到过他的性虐待，只是没有站出来。

3. 追求艺术效果。

凶手为什么要把尸体的血全部放光？原因可能不止一个。首先，把血从动脉引流走，可以在做半体切除术时避免大量出血，以保持现场的整洁，不会搞得一团糟。

放光血后再清洗，可以推迟尸体腐烂、出现尸斑的时间。已知伊丽莎白生前的皮肤特别美，有人夸她如同一个瓷娃娃。洁净苍白的尸体，再加上摆放的方式，我认为他可能在追求一种他自以为“唯美”的艺术性的视觉效果。

“整洁”对这个人很重要，因此凶手不是一个生活习惯一团糟、家里乱成“猪窝”的人，譬如囤积癖患者。

4. 自恋有自制能力。

凶手把尸体摆出特定姿势，放在空地上。尸体紧靠马路，一只脚距离马路仅仅 10 厘米，是为了能让人尽快发现，并引起轰动。而他给媒体主动打电话和寄包裹，也为了给当时的轰动继续添薪助燃。

这体现出凶手享受自己的“作品”（即案件）成为万人注目的焦点的特点，也说明他的内心极度自恋。

本案凶手把破案当作和警方的一次比赛，他是出题者，媒体和读者充当了观众。而他或许很得意于自己是掌握主动权、比警察聪明的人。

从这样的行为可以看出他胸有成竹，充满自信。

但自恋也分不同类型。有的自恋者狂妄自大，放纵自己的欲望和行为，为所欲为。而有的自恋者则更自制，更在意输赢的结果。

从他控制局势，知道何时进退、玩到什么程度看，他的那种自信并非是盲目幻想型的，而是警觉且伴随着自省能力和自制能力的。

我说他自制，并非指他为人处世很自律，而是指他知道何时需要伪装，何时可以在不受惩罚的情况下违背规则。

这种自制加自恋的人有个特点，即他们通常很迷恋自己的身体，因而在和自己的仪表、健康、长寿相关的事情上会相对自律。为了保持体型和活得长久，他会吃得很健康，穿着打扮也比较考究。

因而，凶手不会是一个酗酒、对健康放纵、患有肥胖症、不修边幅、作息混乱之人。

5. 高智商。

其实现实中的案件不像影视作品，并没有那么多神奇、离奇的作案手法。是否容易侦破常常只在于一点：凶手是否细心。

本案凶手看似胆大，做出了很多冒失的举动，但其实非常心细。这是就当年的刑侦水平而言的。

因此，本案凶手并不是一个鲁莽、癫狂、行事冲动、失控的人，相反，TA 是掌握局势、冷静、狡黠、思维缜密之人，这样的人通常智商高于平均水平。

6. 具有一定身份地位，至少中产。

基于前面几点，凶手不太可能是一个底层人士，他在自己的行业中或多或少地会取得成功，至少有稳定的收入（其实早有人论证过为什么精神病态者更容易取得事业成功，因为他们常常毫不心软、不讲情面、手段狠、贪婪、不按常理出牌）。

凶手能接触到此前并不熟悉的年轻漂亮的女士，并在当晚能带她回家，很可能是可以让她天然地信任的那一类人，譬如穿着体面，表面看彬彬有礼，举止谈吐得体。

7. 相信专业人士的说法，凶手是具有医学背景的人。

8. 尽管我有时会用 TA 来指凶手，但相信凶手是个男性。

没药花园

凶手是一个中产阶级或者更上层的男性，穿着体面，谈吐得体。

对自己的外表比较自恋。

高智商。

自以为有艺术天赋。

家里较为整洁。

有较强的自制能力，心理素质强。

为人处世很冷酷、缺乏同情心，喜欢嘲讽。

性虐狂，可能还有其他不可告人的性癖好。

在不为人知的时候，他会进行一些游走于规则边缘或者违法的事，譬如嫖娼、贪污、偷窃、偷情。但这些解决不了他内心更大的冲动：做一件大事，嘲弄法律和秩序，让全社会瞠目结舌。这能让他感觉自己站在了世界之巅，从而获得巨大的心理和生理满足。

他和伊丽莎白只在某些场合碰到过一两次，并无交往，没有单独约会过。他可能从别人口中和从他的观察中，对伊丽莎白略有了解。

当晚发生了什么？

伊丽莎白当晚从酒店大堂打电话给了谁？目前没有任何人站出来说曾在那时接到过她的电话。

汉森曾接到过伊丽莎白的电话，电话中，她问能否住到他家。他自称记得这个电话是 8 号打来的，也就是伊丽莎白离开桃乐丝家的那天接到的。

但警方却表示，他们有证据证明，那个电话其实发生在 9 号，是伊丽莎白到了洛杉矶后打的。

警方是怎么知道的呢？他们要么去电话公司查了酒店大堂那台投币电话在当天差不多时段的通讯记录，发现了汉森的号码；要么就是查了汉森家的来电记录（假设警方可以追查投币电话而一无所获，可见伊丽莎白并没有用电话打给其他可疑的男性）。

伊丽莎白在当时已经穷途末路。从前文分析，她其实是个很爱面子的人，但她被汉森屡次拒绝，依然觍着脸给他打电话，可见她已经把其他人际关系耗尽，没有去处。

当时已经过了晚饭时间，大约在晚上 8 点左右。她走出酒店大堂思考要去哪儿。

去某个熟悉的酒吧碰碰运气，看能否遇到一个陌生男子，混到一份晚餐？

去找以前认识的某个可能提供帮助、却没接电话的人？

或是去灰狗大巴站，买张车票离开洛杉矶？

当她落寞地走在街上，或站在街头不知所措时，凶手或许正开着车在街头转悠，注意到了她，并且认出了她。

他在她身边摇下车窗，叫她的名字，问她需不需要搭车。

她也认出了这个人。他们可能在某些场合有过一面之缘，但两人并无深交，也没有留过联系方式。

一直都在寻找“贵人”，习惯了“艳遇”，且走投无路的伊丽莎白，毫不犹豫地上了车。

她上车后自然开始抱怨自己的处境，掺杂各种谎言，暗示自己无处可归，也没吃晚饭。

他提出可以带她去一个吃饭的地方，随后把她带到了自己的某个秘密的寓所。

他请她吃了饭，或许正当她暗自庆幸时，他突然露出了真面目。

他再也没有让她离开。

在囚禁了她几天、实施了自己脑海中那些暴力变态的癖好后，他又开始感觉到一种对自己的厌恶感，和对不完美的愤怒感。

他把那一刻的暴怒转嫁到受害人身上，用工具猛击她的头部，致其昏死过去。

但很快他的愤怒平息下来，他开始设想另一种寻求刺激的手段。此时，他的对手不再是这个微不足道的女子，而是所有的警察……

警方的嫌疑人名单

嫌疑人这么多，只能挑几个当下被认为可能性较大的人来写。

曼利在办案初期一度是头号嫌犯。有人问，他会不会是精神分裂、多重人格，我认为基本不可能。目前可信的版本是，1 月 9 日伊丽莎白就跟凶手走了，而曼利于当晚 18:30 回家去见老婆了，而后几天他的行踪也很明确，没有作案时间和地点，这期间客户、家人也没人发现他精神异常。

1. 求欢失败者：汉森

警方曾怀疑，汉森由于被伊丽莎白拒绝了性要求，怀恨在心，动了杀心。

汉森被找去盘问，他表达了对伊丽莎白的种种不屑。比如他说伊丽莎白有一口烂牙，长得也很一般；说伊丽莎白约会很多，总和那些档次很低的、他都不允许进家门的小混混约会；比如暗示伊丽莎白偷了他的空白通讯录和一本台历；比如强调他屡次拒绝伊丽莎白想过来住的请求……

汉森故意贬低伊丽莎白，以显示自己对她没兴趣，可能是他当时想赶紧甩掉这个烂摊子，怕损害自己的名誉。我认为汉森是凶手的可能性极低。首先，警方揣测的动机几乎不太可能在这类人身上成立。汉森到处猎艳，举办过性爱派对，有众多女友(但他并没有任何暴力或者性虐待记录)。

伊丽莎白对于他来说，也仅仅是他的众多猎物之一，甚至是不太重要的一个，几乎没投入什么心思。他又怎么会因为没得手，就要杀人?

其次，凶手若是汉森，也不可能把封面上有自己名字的通讯录寄给警方。

我认为凶手如此明目张胆地挑衅警方，正因为他在安全位置，远离警方的怀疑范围。

几乎任何想脱罪的凶手，都会极力避免与警方当面接触，避免被问询。而本案凶手如此仔细地清理指纹等痕迹，显然就是想躲在暗处，隐藏身份。他不可能把有自己名字的通讯录寄给报社或警方，让警方立刻把他列为首要嫌疑人。

一种说法是通讯录中有多页缺失。假设那几页是凶手撕去的，那么他肯定要确保这本通讯录中剩下的页面和自己没有任何联系。

当然，凶手也可以藏起或者毁掉通讯录，为什么要把它寄给警方？我认为他的举动和他其他做法的心态是一致的：恶作剧，给警方和留在通讯录里的那些男性（包括汉森）添乱、找麻烦。

最终，警方解除了对汉森的怀疑。

1949 年，一个 25 岁的陪舞女罗拉（Lola）趁着汉森站在镜子前刮胡子时，从他身后开枪。子弹射中了他的肺，但他幸运地被抢救了过来。

罗拉就是汉森收留的女房客之一，她后来说道："我早就想好了，他要么继续爱我，和我结婚，要么照顾我一辈子。如果他都不愿意，我就会杀了他。"

常在河边走，哪能不湿鞋，这句话同样可以送给汉森。

2. 准作家和劫犯：莱斯利・狄龙（Leslie Dillon）

狄龙是一个居住在佛罗里达的旅馆服务员，曾做过殡葬业的助理，立志成为一名作家。他此前从来没在警方的怀疑名单上，是他自己找上门来的。

1948 年 10 月，案发一年多后，他给为洛杉矶警方工作的精神科医生德・里弗医生（Dr. J Paul De River）写信。他说自己在写一本关于性虐待和性精神病态的书，想听听德・里弗医生对于本案凶手的意见。

在后来的书信交往中，他声称觉得自己的一个居住在洛杉矶的朋友杰夫·康纳斯(Jeff Connors)可能是杀害伊丽莎白的凶手。聊及本案，狄龙还说出了 2 个警方并未对外公布的细节，但无法证明这是否属于巧合。

德·里弗医生约狄龙在拉斯维加斯见面，身边还带了一个伪装的便衣警察。狄龙说要带医生和警察去找凶手康纳斯，却怎么都找不到这个人。医生怀疑狄龙本人就是凶手，康纳斯是他虚构的，遂让洛杉矶警方把他拘留了。洛杉矶警方在不同的酒店房间里拘禁狄龙超过一周。

在警方拷问狄龙期间，旧金山警方突然来电，说他们找到了康纳斯，他的真名叫阿蒂·莱恩(Artie Lane)，案发期间是洛杉矶一家夜店的修理工。最后警方因为证据不足，把他释放了。

狄龙后来起诉洛杉矶警方对他的非法拘留和审讯，要求赔偿 10 万美元。但在打官司期间，加州圣莫妮卡市警方发现，他在那里当旅馆服务员时，曾因抢劫旅馆而被通缉，于是狄龙的起诉也不了了之。

伪装成作家，与负责调查的心理医生套近乎，倒很符合凶手的心理侧写：他再次想证明自己高人一等、比心理医生更聪明。

但我认为凶手没那么无聊，会真的用真名，跑去与警方的心理医生见面。

为了写小说而给心理医生写信这事，我觉得挺好理解的。倒是那个心理医生无中生有，就凭自己的“直觉”乱怀疑人。他的这种“直觉”，就和现在的一些网友差不多：谁在论坛上发表对哪个案子的看法，他们就在下面怀疑这个 ID 即凶手本人。

此外，狄龙不可能是凶手的其他理由为：

A. 资料显示，1947 年 1 月 15 日狄龙人在旧金山，并不在洛杉矶。

B. 他只是短暂地当过殡葬业的小助理，大部分时间他都在旅馆当服务员，如何能娴熟地虐待、杀害受害人？

2017年女作家皮乌·伊特韦尔(Piu Eatwell)曾写过一本书,叫《黑色大丽花、红色玫瑰花》,指出狄龙、康纳斯和汉森以及一个警察,共同杀害了伊丽莎白,因为伊丽莎白知道他们抢劫旅馆一事,他们需要杀人灭口。汉森雇用了狄龙作案,但没想到狄龙是个精神病态者,他虐待了尸体。伊特韦尔认为洛杉矶警方贪腐,被汉森收买,所以一直未侦破此案。

她还写到他们是在一家汽车旅馆 The Aster Motel 中作案的。因为在伊丽莎白死后第二天,有人发现其中一个房间内有大量血迹,多到把所有的毛巾和床单都浸透了。

但我在其他地方看到的资料是,1949年2月,警方去这家旅馆寻找血迹,他们把10个房间都彻底翻了个遍,除了发现一张床上有女性房客的经血外,并没有发现任何血迹。当然此时距离案发已经过去了2年。

我认为伊特韦尔的这个理论非常牵强。作者只是把那些嫌疑人都结合在一起,来解释每个嫌犯身上无法解释的疑点。伊丽莎白幼稚、单纯,不太可能涉及什么机密,哪怕不小心知情,要打发的方式也太多,完全不需要杀掉她,更不太可能用这种招摇的方式杀人。且据一些评论所言,作者伊特韦尔并没有看过检察官那里的档案,书中许多内容都是她的想象和揣测。

3. 性侵亲生女儿的医生:乔治·霍德尔(George Hoddle)

霍德尔医生最初进入怀疑名单是在1949年,当时他被控告性侵了自己14岁的亲生女儿。由于警方相信杀害伊丽莎白的是个医生,所以一直格外留意行为不端的医生,所以事发后注意到了他。但据他第二任妻子所言,他医学院毕业后并没有做过外科手术。

尽管当时有3个目击证人证明看见过霍德尔和女儿做爱,但由于其他家人的否认，他并没有被定罪。几十年后他的女儿就此事接受CBS采访，表示当时有许多人否认，是因为霍德尔的收入养活了所有家人，没有人希望他坐牢。

霍德尔医生是个什么人？他1907年出生于加州一个富有的俄罗斯犹太家庭，他又是独生子，自然受到宠爱。据说他的智商高达186，且受过良好教育。

他是个音乐神童，在洛杉矶音乐厅开过一个钢琴独奏音乐会。他最初读的是加州理工学院（California Institute of Technology），但当时只有十几岁的他，因为和一个教授妻子的性丑闻而被迫休学。他当过记者，后来改学医学。

霍德尔当时开了个诊所，专业领域是皮肤科，据说也替好莱坞明星看性病和堕胎。他挣了很多钱，结识的都是社会名流。

1945年对他来说，是很特殊的一年，他的女秘书因“服药过量”而“意外”死亡。她死时，霍德尔医生就在现场，且在报警前烧毁了一些秘书的私人用品。警方因为无法证明其犯罪而不了了之。

后来警方发现这个秘书曾试图敲诈霍德尔，因为她发现霍德尔故意误诊病人，并且在化验、药品、治疗上乱收费。

1945年，他和第二任妻子离婚了。也是在同一年，他买下并住进了洛杉矶富人区的一栋知名建筑Jaws house。

这栋面积惊人的豪宅正面看像一个大白鲨张开的嘴巴，内部庭院深深，面积巨大，如今已经成为历史建筑。

那个地点离伊丽莎白最后消失的比特摩尔酒店很近。一些人认为第一现场就在这个房子里。

1950年春，警方把他列为重点嫌疑对象。他们跟踪他，观察他和各种人见面，并且找到他家的水管工，询问有没有发现下水道中有任何异样。

3 月，他们还询问了他的前妻，她当时和霍德尔的关系还不错，对他有许多美言，比如说他“不是那种人”“热爱医学，不贪财”。

1950 年 2 月 15 日至 3 月 27 日之间，洛杉矶警方对他的住宅实施了监听，听到了一些奇怪的声音和对话。

1950 年 2 月 19 日 20:25，他们听到一个女人不断发出尖叫。奇怪的是，此前并没有听到任何女人的声音。这意味着这个女性此前要么是被堵住嘴、困在这个空间里的，要么是他在播放录音。

当天晚些时候，他对身份不明的人说道：“当我意识到自己什么都做不了时，我只能在她头部压个枕头，用毯子裹住她的身体。叫一辆出租车。她在凌晨 12:59 死亡。他们以为有什么不可告人的。无论如何，他们现在必须自己弄明白了。杀了她。”

而后几天还录到他的这样一段话：“假设我杀了黑色大丽花，他们现在也没法证明，他们再也不能去问我的秘书，因为她已经死了。”

霍德尔的秘书死于 1945 年，伊丽莎白死于 1947 年，显然他的秘书不可能知道他有没有杀死伊丽莎白。那么霍德尔在 1950 年说这句话是什么意思呢？

我认为他这句话充满了对警察的戏谑。他的意思是，警方的惯例是从嫌犯的秘书那里套话，可现在那个可能出卖他的秘书也早死了，他们还能从谁那里问点东西出来呢？他在得意地嘲笑警察的愚蠢和束手无策。

当然，他这句话用了虚拟的语气，并未承认自己杀害了伊丽莎白，也可能只是他在得知自己因此案被调查后发的戏谑感言。但他为了利益杀害秘书，目前看是没有异议的。

尽管警方当时把他列为头号嫌疑人，但由于缺乏证据，依然没有采取行动。而就在同年，霍德尔突然接受一份来自联合国的工作，搬家去了中国，后来又辗转去了菲律宾。整整 40 年后，他才和一位菲律宾女朋友从菲律宾首都马尼拉回到美国，并娶她为第四任妻子。

他在那个时间点上突然放弃在洛杉矶的优渥上流生活前往亚洲确实令人生疑。我们可以合理怀疑：他是杀害伊丽莎白的凶手，因从警局内部得知自己被列为嫌疑人，担心被捕，于是急忙逃走了。

但也可能，当时他性侵女儿一案闹得沸沸扬扬，虽未被捕，但名誉受损，加上怕警方翻秘书之死的旧账，无法再在洛杉矶混下去。

1998 年，91 岁的霍德尔死于心脏病。

从霍德尔的这些介绍中，我认为他很符合我的罪犯侧写。

他的智商极高，足以细致地完成这个案件。

他注重仪表、富有、有地位，是能瞬间取得伊丽莎白信任和好感的那类人。

他在十几岁时就和教授的妻子通奸，甚至强奸亲生女儿。至于房间里女子的尖叫，可以看出他扭曲的性癖好，以及他睥睨道德、伦理、规则的作风。

他 2 次在窃听中嘲笑警察的无能，为此洋洋得意，和本案凶手的心态、动机一致。他活到 91 岁，证明他对健康很自律，非常爱惜身体，这是自制加自恋者的共性。当然，更切题的是，他是一名医生，在 1930 年代接受的医学训练。

虽然霍德尔医生与罪犯侧写完美契合，但没有实际的证据能把他和伊丽莎白联系起来，证明是他杀了人（如果两人只是萍水相逢，确实也几乎不可能有这样的证据）。

其次，像霍德尔这样符合侧写的精神病态者在社会上还有许多，他不是唯一的一个。

为什么现在有很多人相信他就是凶手？因为他的一个儿子——退休的警察，在 2003 年出版了一本畅销书《黑色大丽花复仇者：谋杀天才》。他在书中用各种证据论证，他的父亲就是凶手。

霍德尔医生在儿子史蒂夫（Steve Hodel）幼年时，抛妻弃子，离开家庭，所以儿子对他的感情很复杂。这不是第一本说自己父亲是黑色大丽花案凶手的书。我对这种书的态度一般都比较谨慎,因为你乍一读觉得很有道理,但其实有很多论证所依赖的论据本身是错误的,而我们没有途径辨别真伪。

譬如他说,他在父亲的遗物中发现 2 张很像伊丽莎白的老照片(如下图),其中一张还是裸照。如果这是真实的,他父亲确实很可疑,但问题是这 2 张照片中的人在我看来并不是伊丽莎白,目前其中一张照片中的女子身份已确认。

霍德尔医生遗物中的 2 张很像伊丽莎白的照片

但他书中提到的几点确实更增加了霍德尔医生是凶手的可能性。譬如:史蒂夫发现家中的一个盒子里,装有当年扩建住所时所有的收据发票。一张收据显示在伊丽莎白死前几天,他父亲购买了 10 包 50 磅重的水泥。而当时在案发现场不远处,曾发现一个同型号的空水泥袋,里面有血水,一直被认为是本案凶手用来抛尸的。

譬如霍德尔医生和超现实主义摄影大师曼·雷(Man Ray)是好友,经常在一起偷偷待在书房里商讨秘事。如今曼·雷的一幅摄影作品售价动辄超百万美元。曼·雷经常拍一些诡异的局部人体,史蒂夫怀疑,是曼·雷的 2 幅作品给了霍德尔医生作案的灵感。

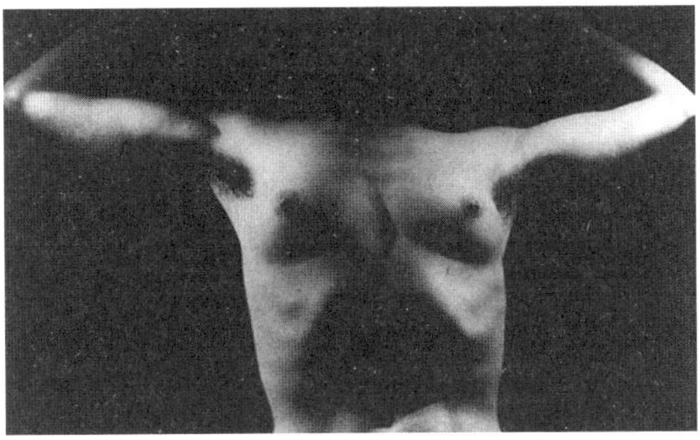

曼·雷 1934 年作品，名为“Minotaur”（人身牛头怪物）

曼·雷 1936 年作品，名为“Les amoureux”（那些恋人们）

这 2 幅作品与伊丽莎白最后的遗体所呈现的状态确实有一些相似之处，而如果你再看看这个摄影师的其他作品，另一些似乎更为相似。

我也认为他放血、清洗遗体，并且摆出特定的姿势，也是为了追求一种类似摆拍的视觉效果。

在这本书出版后，当年办理此案的检察官曾给史蒂夫写信说：“这个案子破了！”

但目前负责此案的警察在一次采访中对此表达了不屑。他说书中用的很多证据都是错的，那建立在这些证据上的结论自然也不可信。而且他要把自己有限的精力放在有可能侦破的案子上，而不是去和史蒂夫做无意义的辩论。

而史蒂夫后来也有点走火入魔，他又写了2本书，论证他父亲就是著名的黄道十二宫杀手。先不说十二宫的案件有许多发生在1960—1970年，霍德尔医生此时应当人在亚洲，而且他最先怀疑他父亲的起因，也和那2张照片一样无稽。

他说他查到1950年代他父亲居住在马尼拉，而距离他住址不远的地方有个菲律宾女子被杀、被碎尸，他怀疑可能是他父亲干的。再一看，旁边那条路的路名就叫十二宫，所以便把后来的十二宫杀手和父亲联系了起来。

最后写点话：

由于在1940年代洛杉矶有许多女性失踪或者被谋杀的案件未得到侦破，因此1949年曾启动了大陪审团审查，以调查警方是否失职。

当年洛杉矶警方的贪腐是存在的。但这个案子影响那么大，会不会是因为警方包庇罪犯而无法破案？我对此表示怀疑。

二战后的美国社会突然迎来大量流动人口，都市化导致人和人之间的交际范围扩大。此外，警方破案方式陈旧，思维一时难以适应从“熟人作案”到“陌生人作案”的转变，也可能是当时错失良机的原因之一。

伊丽莎白没有自我保护的意识，是典型的理想受害人：她故作神秘，谎话连篇，没有人知道她在做什么，没有亲近的朋友，家人不在身边，社交复杂，智商不高，很容易被接近。

也有一些人认为，她离开付克林后，在案发前的状态很像患有抑郁症，她的生活没有目标，没有能力工作，懒散、精神涣散、性欲低。12月时伊丽莎白突然对许多人哭诉她很害怕……只是当时她自己和其他人都缺乏对这种病的了解，而她为了能吃上饭，不得不去见很多的男人。

在这个案子里，我们能看到很多不负责任的男性，比如她的父亲，在最艰苦的大萧条时期出走，让她母亲独自抚养 5 个 10 岁以下的孩子，而后当自己的女儿因喝酒被捕时，他拒绝从警局带她回家。父爱的缺失必然对这个女孩后来的心理造成影响。

她在洛杉矶见了至少 50 个男子，这些人大多打心底里就不尊重她，希望请一顿饭就能让她甘愿发生关系，当他们发现不可能达到目的时，就立刻弃她而去。她挑逗男人，或许也是因为只有这样才能换到一些帮助，否则如果她是一个“没勾搭可能性”的女性，他们连一次免费搭车、一顿饭都不会给她。

相反那些不求回报、曾经对她伸出援手的，都是同样年轻的女性，比如安、桃乐丝、玛姬以及其他一些和她同住的女孩等等。

是谁在 72 年前的那个深夜，用刀划开一个年轻女子的嘴角，尽情享受她最后一刻的恐惧和绝望？是谁在 72 年前的清晨制造了一个惊恐的恶作剧和一个反人类的艺术品，给全社会带来恐慌和愤怒？

由于证物保存不全、DNA 遗失、同时代人纷纷去世等原因，现在已经几乎不可能破案。我们永远只能给出各种猜测，而无法得到一个肯定的答案。

如今，伊丽莎白最后被人目击的比特摩尔大酒店，提供一款鸡尾酒，就叫“黑色大丽花”，据说颇受顾客欢迎。

名古屋孕妇剖腹取婴案

子宫强盗：名古屋孕妇剖腹取婴杀人事件

很多悬案太过知名，早已被人做出了种种假设，如果某一种假设符合我的判断，我会说出自己支持的原因。但有时我也会提出新的假设，比如这起案件：

此案一直未被侦破，2003年也过了追溯期。

我读了几篇报道后，认为当年日本警方完全找错了方向。在1980年代信息有限的情况下，警方犯了先入为主的错误。

如果我的假设是正确的，凶手其实离他们很近了。

案发经过

1988年3月，守屋靖男31岁，妻子美津子27岁，她此时已有身孕，即将生产。

守屋靖男在大学毕业后来到名古屋工作。4 年前，他和美津子相识结婚，在名古屋的中川区户田附近，租下了一间公寓生活在一起。

美津子，和当时的日本大多数已婚女性一样，是一位全职家庭主妇，但同时她还在家中销售一个美国直销品牌的生活用品，赚点零花钱。夫妻平时感情看似融洽，但案发后邻居表示曾多次听到两人吵架，起因似乎是靖男反对妻子的工作。

在日本时曾听说，一些传统男人认为，妻子婚后出去挣钱代表了丈夫的无能，会被其他人笑话。我不知道靖男为何反对妻子在家中销售生活品，是为了面子，还是出于对安全的考虑。

3 月 18 日上午：美津子和往常一样送走了去上班的丈夫。随后她独自去医院做了孕检。

13:10：靖男打电话回家询问产检的情况，美津子聊起医生说离预产期还有 5 天。靖男看起来像是个暖男，每天都会在中午和下班前打 2 通电话关心妻子是否有阵痛。

13:50：美津子的友人田村真子(31 岁)带着 2 盒草莓来串门，并向美津子购买了 2000 多日元的某品牌除臭剂。她声称看到美津子将那些钱收在钱包里，但钱包却不在现场。美津子和她一起吃了草莓，吃剩的草莓装在餐具里，放在电暖桌上。

14:30 左右：案发后，有附近邻居表示在此时看到一辆红色小轿车停在公寓门口。车子没有熄火，驾驶位上有人，但看不清长相。

15:00 左右：根据田村真子的证词，美津子穿着拖鞋将她送到楼下的停车场，当时并没有锁门，很快就回屋了。

15:10：有路人看到一名中等身材的男子，从公寓 2 楼的楼梯上慌慌张张地跑下来，一直向北跑去。

15:20:住在一楼的主妇听到有人在转自家的门把手,同时还按了电铃,她将门半开,往门缝外一看,发现有一位身高 1.65 米左右、年龄 30 岁上下的圆脸男子站在门口。这男子身穿西服,拿了公文包,看似上班族。

那名男子问道:“请问你知道中村先生住在哪吗?”

因为这栋 2 层楼的房子只有 4 家住户,没有人姓中村,于是主妇回答“不知道”后,急忙将门关上(不清楚这个男子和 3:10 跑下楼的是否是同一个)。

18:50:靖男离开公司前又打了一通电话回家。平常响 3 声就会接通的电话,这次竟然响了十多声都没人应。

19:30:守屋靖男结束工作,快步赶回位于名古屋市中川区的自家公寓。

19:40:靖男来到公寓楼下,抬头看了看 2 楼的自家窗户。往常此时应该会开灯的家里一片漆黑,而早该收进屋里的衣物还原封不动地挂在外面。

靖男上楼梯,将手放在门把上。然而,一般都会上锁的门竟啪的一声就转开了。

屋里没有开灯。靖男后来辩称他以为妻子睡着了,所以没有进起居室,而是走进了卧室,开始换衣服。就在他脱下西装外套的时候,突然听到隔壁的起居室传来了婴儿微弱的啼哭声。

靖男十分困惑,走到起居室,发现脚下的地板湿漉漉的。他打开房间的灯后,被眼前的一幕震惊了:

美津子双脚张开躺在电暖炉桌旁。她的身上穿着蓝色的孕妇装、粉红色的运动夹克,下身穿着黑色裤袜。她的双手被白色尼龙绳反绑在身后;脖子上缠绕着电暖炉的电源线,电源线还插在墙上的插座上。

她的双脚间有一个满身是血的婴儿,正在虚弱地哭泣着。从美津子的腹内伸出一条 30 厘米左右的脐带,蜿蜒地落在榻榻米上。

靖男慌忙跑到玄关找电话,却发现不见电话机的踪影,只看到被扯断的电话线。电话去哪儿了？靖男来不及思考这个问题，而是跑到楼下跟邻居借了电话叫了救护车。

美津子当时已经死亡。经过一个多小时的手术抢救，婴儿奇迹般地存活了，但体重只有2930克。

现场·死因

这台体积不小的按钮式电话机后来被警方找到了，竟在美津子被切开的子宫里。

同时他们还在美津子的子宫里找到一把带米老鼠造型钥匙圈的车钥匙(也有文章说是钥匙，没提车钥匙)。

从尸检报告看，受害者美津子被勒颈，死于窒息。但从脖子上的伤痕看，勒死她的并不是缠在她脖子上的电源线，而是尼龙编织绳。美津子的双手也从背后被人用尼龙绳捆住，文章未提及是不是同一条。

她的腹部有一道长达38厘米的切痕，是凶犯在勒死美津子后，残忍将她剖腹，胎儿被取出。

从伤口的切口来看，切割开美津子下体的刀具非常锋利，可能是手术刀，也可能是美工刀，但是在现场并没有找到相应的凶器。

同时凶手应当不是医务人员。1980年代日本的剖腹产都是竖切，一般医生的做法是由腹部下刀，向下体切割，而罪犯是从下体入刀，向上切割。同时凶手在切开腹部时，有多次下刀的痕迹，并且因为下刀过深，割伤了腹中的胎儿。

被取出的婴儿，脐带被割断。婴儿膝盖内侧、大腿内侧和胯下三处都有刀伤。足月的宝宝是塞满整个子宫的，只有3处集中伤口，说明凶手的动作并不粗暴。虽然新闻没说刀伤深浅，但3个多小时都没死，可见没伤到动脉，是很浅的伤口，因此，我判断这是凶手在剖腹时不小心的误伤，而不是故意伤害婴儿。

凶犯取出胎儿后，将米老鼠的钥匙环和电话机塞入了尸体的子宫。

凶犯没有留下任何蛛丝马迹，指纹全被擦拭干净，料理台有将血冲洗掉的痕迹，可能 TA 在水槽洗去了手上的鲜血。此外，遗体没有受到强暴的迹象，也没有激烈抵抗的痕迹。

结合田村真子的证词，再加上尸体的僵硬程度和胃中草莓的消化程度，警方判断美津子的死亡时间为当天的 15:00—17:00。

此外还有一些细节或许可以缩小案发时间。

1. 美津子是一个非常爱干净的人，一般吃完东西的盘子碗筷她都会随手洗掉。但在案发现场警方找到了一个装过草莓的碗。

美津子和田村真子吃了草莓后，就把她送出门了。回到家不久，她可能还没来得及洗碗，就发生了意外。

2. 美津子每天的生活极为规律，她每天 16 点收阳台上晒的衣服。可靖男回家时发现衣服还在阳台，所以美津子遇害的时间很可能是在 16 点以前。综上，案发时间可能是在 15:00—16:00。

动机

本案中凶手的动机是最令人困惑的。只有美津子那个装着数千块日元现金的钱包遭窃，但凶手并没有对其他值钱的东西下手。

靖男和美津子的交友并不复杂。美津子无论是在生活中认识的，还是通过生意认识的，绝大多数是不工作的已婚女性，也无仇人。

《犯罪地狱变》这本书曾提及这起事件，书中写道："案发前天的 3 月 17 日，电视的深夜频道当中，曾经介绍过歌川国嘉和月冈芳年的残酷浮世绘'无残绘英名二十八句’。”据说月冈芳年的浮世绘是以“将勒毙的孕妇开膛剖肚，取出胎儿”为主题。因此，书中怀疑凶犯是因为看了这个节目后才引发犯罪的。

本案值得注意的一点是：美津子死后，肚中胎儿也会因为母体血液循环的停止导致缺氧，在10—15分钟后也会随母亲一起死去。如果16点前案发，到19:40靖男回家，腹中胎儿根本不可能挺过3个多小时。所以凶手剖腹取婴儿，实际上是救了婴儿一命。

那么，谈到动机，我们就需要做一个选择：

A：凶手因为其他动机杀死美津子后，为了让婴儿能存活，而进行了谨慎的剖腹；

或

B：剖腹取婴本身是凶手的杀人动机，TA是为了取婴才杀死母亲。

你选哪个？任何一个选择都可以排除掉一干嫌疑人。

【没药花园】B（下面会解释原因）

几种假设和嫌疑人

1. 闯空门，杀人灭口，剖腹救婴

虽然日本犯罪率很低，但也有一些盗贼会撬开住户的大门或者窗户，入室进行盗窃。据说8:00—9:00和15:00—16:00这两个时段是人们最常见的不在家的时间，所以小偷最容易上门。

这么看，一楼住户遇到的那个转门把手和按门铃的男子很像是闯空门的人。他先试试有无人在家，如果有人在家，他就伪装成找人、问路等等。

那么会不会在美津子送田村真子出门那会儿，小偷以为她要外出，就潜入了她的房间，可没想到几分钟后她却回来了，酿成了悲剧呢？

【没药花园】可能性极低。

首先，这个推测是和以上选择题中的A答案一致的。既然我选了B，其实已经排除了这种可能性。但我还是从其他角度分析一下。

那把极为锋利的刀是凶手带到现场并带走的。尼龙绳从哪儿来，并未说明，可能也是凶手自己带来的。根据日本媒体的评论，这种闯空门的小偷通常是轻装上阵，不会带刀行窃的。

让我们忽略概率，假设这个小偷刚好带了一把锋利的刀。他撞见了美津子回家，想必是一个非常慌乱的局面。他在这个时候做出杀人灭口的决定，最可能的方式是随手掏出那把锋利的刀刺死美津子，而不是用显然失败率更高、效率更低的绳子。

就算他的确选择用绳子去捆绑美津子，或者勒死美津子，那么美津子必然不会束手就擒，可是邻居却没有听见一点呼喊，屋内也没有搏斗的痕迹。

如果此盗贼害怕行窃被抓，而毫不犹豫地杀人灭口，那么他必是一个冷酷、胆大、自私的人，他最大的考虑是保全自己。此刻当他已经从行窃小罪上升为谋杀重罪时，他为了保全自己，更应该立刻逃跑，又怎么会善心大发，不再害怕被抓，留在现场剖腹救婴？从人物性格上分析这是不合逻辑的。

突发事件中激情杀人的人通常在此刻会高度慌乱，大脑里有大量急需处理的事项，不太可能在此时记起胎儿留在肚中会死的知识，并把这个列为优先项。

此种推测中的动机和现场情境都是矛盾的。

此案从精准携带作案工具、全面的现场把控，以及案发后的现场清理来看，都是一次有预谋的犯罪。

2. 靖男：吵架生恨，杀妻保子

既然小偷、仇人不太可能在那种时刻剖腹救婴，那么最有可能在杀了人后不顾被抓，还想保全这个孩子的，便是孩子他爸了吧？邻居也说他们夫妻感情并不融洽，时不时会吵架。靖男回家当天明明发现了一系列异常，却没直接开客厅的灯，而是先进房间换衣服也很可疑。

【没药花园】可能性为 0。

许多人认为凶手是靖男，也意味着他们在前面的选择题中选了 A。而我选的是 B。且靖男在回家之前一直在公司，有绝对的不在场证明，所以就不讨论了。

那会不会是靖男买凶杀人？

可能性也为 0。如果夫妻吵几次架就要杀人，那大概世界人口要少一小半吧……每天 2 通电话是真的，同事都认为他确实关心妻子。

靖男或者任何一个仇人如果想除掉美津子又保全孩子，完全可以等孩子出生以后再安全行动，毕竟离预产期只剩下 5 天了。靖男当天加班，直到 19:40 才回到家中。受伤的新生儿独自在家近 4 个小时，奄奄一息，能被抢救回来是个奇迹。而如果这次谋杀是靖男指使的，他应当不加班早些回家避免这样的风险。藏电话机和钥匙更是多此一举。

此外，一个预谋的人在掩盖罪行时通常会进行常规表演，比如一回家就开灯，尖叫，打电话报警，反而不会做出先进房间换衣服这种非常规举动。

3. 未成年人，精神病患者

有个天涯网友写道：平日下午的时间空闲、对物品价值的不理解、藏起电话钥匙的自我保护、剖开孕妇探索胎儿的好奇心，这 3 个要点清晰地指向一个群体：未成年人。综上，名古屋案凶手应为一名未成年人，患有轻度精神病，案发时应该在 14—17 岁，住所离案发现场的行动范围短，被害人在其行动范围之内，作案后可能受到了父母的保护掩盖。

【没药花园】可能性为 0。

婴儿大概是我能想到的青少年会对其产生好奇的最后一样存在了。不管是连环谋杀案的变态凶手，还是不良青少年，人类往往只会对禁忌之物产生如此强烈的好奇。

青少年的禁忌是什么？性？毒品？游戏？死亡？一个不良少年通常不会对婴儿好奇，反而会讨厌、躲避婴儿。

本案凶手存在心理问题是肯定的，而这种人也可能表现得很幼稚。承认这一点，就和年纪没有必然关系了。一个心理不正常的中老年男子也可能表现出如儿童一般的举止，但从凶手作案后擦去指纹、清洗血迹、带走凶器看，TA还是很理性的，至少并不处于精神病发作的狂乱状态。

4. 田村真子，动机未明

田村真子当天预先约了在15:30烫头，所以她记得自己是在15点整离开了美津子的家。美容院的美发师证明了田村真子的说法，她确实在当天下午准时来到了店里。

【没药花园】可能性20%。

如果美津子穿拖鞋送田村真子出门的一幕有目击证人，就能够证明美津子在15:00前还活着，那么田村真子的不在场证明也成立。

但相反，如果这个场面只是田村真子一个人的证词，就不能完全排除她的作案时间了。从13:50—15:00之间有一个多小时，足够她完成这一系列罪行。或许她刚到时就和美津子吃了草莓，在离开时美津子已经死亡。

还记得吗？本案中还有路人目击到在15:10时，一个男性A慌慌张张地跑下楼，向北逃去。

如果田村真子的证词为真，在15:00—15:10 A绝对不够时间杀死送完田村真子返屋的美津子，并完成剖腹取婴，清理现场。

如果田村真子的证词为假，那么田村真子必然是凶手（这个自己想）。所以 A 的嫌疑可以排除，但田村真子的嫌疑不能排除。A 或许是个闯空门的贼，在田村真子独自驾车离开后，以为女主人外出，想要潜入这户人家行窃，并“幸运”地发现门未锁。当他偷走钱包后还想弄点其他值钱的东西，走入起居室，却发现了血腥的一幕，遂慌慌张张冲下楼，向北跑去。由于他怕被警方知晓自己的行窃行为，所以也从未站出来说明。

但为什么田村真子的可能性只有 20%？我最后会解释。

5. 西装男，性变态

15:20 拧 1 楼门把手的西装男 B，又在这里做什么？

【没药花园】可能性为 10%。

15:00 美津子回屋，15:20 西装男 B 出现在 1 楼。这 20 分钟内，他要完成杀人、捆绑、剖腹、清理等一系列事情的难度也很大。那会不会他在 1 楼打听完后才上 2 楼作案的呢？

他 15:20 敲一楼的门时会不会是在找美津子呢？我有过这种推测：西装男 B 不知道美津子的名字，只是路上偶遇孕妇，知道她住在这栋楼，却又不知道她具体住哪一层哪一间，于是以找中村的借口一一敲门测试。

1 楼不是，他上了 2 楼，美津子开门了。他找到了他要找的人，便以推销产品之类的借口，让美津子放他入内。但他如果当时已经打算行凶，就不怕暴露自己的容貌吗？一楼的主妇都如此谨慎，作为孕妇的美津子会随便放陌生人入内吗？

一篇报道中的目击证人说西装男 B 吃了闭门羹后转身匆匆离去，另一篇说西装男 B 一直在附近徘徊，不知道哪篇正确，但都未提及他上 2 楼。且从这栋公寓的建筑外观来看，其实跟踪狂站在外面能看清楚美津子进的哪一间。

如果他是一个陌生男性，又为何寻找并杀死素不相识的美津子？想来想去，只有性变态能解释了。

凶手把电话机和钥匙环藏在了子宫内。如果仅仅是为了拖延受害人（*以为她没死*）或者她的家人联络外界和送医，凶手也可以把电话机和钥匙藏在其他地方，比如床底。藏在子宫内，使得案件显得更为恐怖和诡异。

因为这个原因，警方曾把凶犯描绘成“喜好毁损尸体的性倒错者”，并在邻近的各车站周遭设置了“如果您的身旁有对孕妇怀有异常癖好的人，请马上通知警方”的告示牌。

诚然，世界上每个人的欲望都不是完全一致的，有的男性喜欢被女王抽鞭，有的男性能从纵火中得到快感……

会不会本案凶手对孕妇怀有特别的欲望，或者只有从剖开子宫这种暴力中才能得到快感？

我不这么认为，因为本案中的许多细节和为了追求快感作案的细节很不一样。

首先，国内外许多连环杀人案的凶手都是这类，即，从暴力变态行为中获取性快感。虽然欲望的发泄方式不同，但还是有共性的——凶手未必会强奸受害人，但非常可能会猥亵、触摸、损坏尸体，或者在现场手淫。

但我们看到的现场与此不符合，受害人衣着整齐，黑色连裤袜穿得好好的，孕妇裙是放下来的，所以靖男第一眼并未看见被切开的子宫。

其次，此类性变态在剖开子宫的同时，也会损坏女性的乳房和阴部，因为在他们眼里，这三者（*主要是后两者*）是神秘的禁忌，正是他们不惜犯罪也要去闯入的禁地。但显然美津子并没有受到这样的对待。甚至可以说，除了子宫，凶手没有显示出对她的其他女性特征有兴趣。

再次，追求性快感的人如果是冲着腹中的胎儿，往往会虐待胎儿致死。但显然，凶手在小心翼翼地保护婴儿的生命。

综上，我认为这和性变态，甚至和性，都没有关系。

那么，这个男人B，当时出现在那里做什么？我个人认为他和本案没有太大关系。

没药花园分析

下面是我自己的推断。

让我们再理一遍本案的不寻常之处。

现场

现场没有打斗的痕迹，美津子的双手被人从身后捆住。

我看到一篇报道中有这样的描述：

“双手从背后被人用尼龙绳捆住，显示她是先丧失了反抗能力，才被人勒死的。”

不知道这是文章作者的观点还是警方的观点，乍听有理，但却经不起细细推敲。绑住双手和遇害前丧失反抗能力之间毫无联系。

把一个不配合的女性从身后用尼龙绳捆住双手，根本不是件容易的事。就算你是力气极大的男性，那名女性挣脱不了，她也完全可以高声呼喊救命。以那栋楼吵个架都很清晰的隔音效果，邻居早听到动静了。因此有一种可能是，美津子被勒脖子在前，被捆住双手在后。

但我要说，美津子被勒死时的确丧失反抗能力了，不是从捆手得出的结论，而是从现场没有打斗痕迹得出的结论。

她丧失反抗能力也不是因为被捆住了双手，而是可能被下了安眠药之类，造成昏迷或乏力。1988年日本警方得出她因窒息而死的结论后，很可能没有进行毒理化验，所以报道中未提及此事。

凶手如果能有机会下药，证明TA和美津子是朋友，比较符合常理的是两人正处于吃吃喝喝的聊天中。

另一种可能是美津子和凶手独处屋内,凶手从身后突袭。如果要实现这一点,也很有可能是美津子和凶手相识,放松了警惕。

无论是从身后突袭勒死,还是下安眠药后勒死,都指向一点:美津子并不提防凶手,他们很可能相识。

再回忆一下,美津子的尸体被发现时脖子上缠绕着电暖炉的电线,手上捆着尼龙绳。尸检认为美津子是被尼龙绳勒死的,而报道没提到现场有第二根绳子。

那么,我认为勒死美津子的正是她手上的那根尼龙绳。也就是说,凶手先用带来的尼龙绳把下毒昏迷或不防备的美津子勒死,然后才把这根绳子从她脖子上解下来,从容不迫地捆住她的双手。

什么?已经勒死了,为什么要捆住她的双手?

请再想一下,为什么美津子的脖子上缠着电暖炉的电线,而电线一头还连在墙上?——因为,凶手并不确定美津子此刻已死。

凶手担心剖腹时的疼痛会把美津子弄醒,美津子若醒后挣扎乱动,甚至爬起来,会导致 TA 手上的刀伤及婴儿,所以 TA 用电线把她的头部固定在墙上,用绳子绑住她的双手来约束她。

绳子和刀

说回前面的选择题,我选择 B:剖腹取婴才是凶手杀人的真正目的,杀人只是为了得到婴儿不得已而为之的行为;而非 A,凶手因其他原因杀人后,为了救婴儿一命,才剖腹。

我选择 B 的原因之一:凶手带了一把锋利的刀进屋,却没有用它来杀美津子,而是采用了颇为低效的绳子。这把刀从各方面看都是为了剖腹取婴而准备的。

从凶手的装备和行为看，TA 的计划是这样的：和美津子喝茶聊天时下药，使美津子昏迷，随后用带来的绳子把她绑起来，用刀为她剖腹取婴。

但实际情况是，由于药性不足等原因，美津子虽然头晕乏力，却并未完全昏迷。

凶手希望美津子死吗？我的答案是：“不，凶手至少不希望美津子在剖腹前死，因为 TA 担心母体死后，会影响尚未出生的胎儿的健康甚至生命。”

TA 如果要确保弄死美津子，太简单了，往胸口捅几刀就好了。但 TA 显然没有这么做。

但美津子如果不昏迷/死，又不可能配合 TA 剖腹。所以凶手也不知道如何是好，只能拿出本用来捆绑的绳子，紧紧勒住她的脖子，直到她昏迷/死。

由于凶手主观上并不希望美津子死，所以看到美津子不动了，TA 也怀疑会不会是药效发挥了作用，会不会是她因为缺氧暂时昏迷，为了防止美津子待会在剖腹时痛醒影响自己取婴，TA 从身后捆住她的双手，又把她的脑袋固定在墙上。随后，才开始了 TA 今天真正的目的：剖腹取婴。

那么，有人此时或许会有疑问，凶手剖腹取婴又是为了什么呢？

动机

1980 年代的日本警方或许没听说过一种叫“胎儿绑架”“子宫强盗”的犯罪，所以破不了案。但一向关注犯罪新闻的我，其实已经看过许许多多和本案类似的新闻了，不过大多发生在欧美。许多起案子中凶手只冲着婴儿，并未杀死孕妇。哪怕孕妇遇害，也是抢夺胎儿过程中的副产品。

我随便搜了几个相似的新闻给大家看看：

1998 年，一名美国女子陷入自己有个娃的想法不可自拔，最后杀死了一个少女，剖开她的肚子，偷走了她的胎儿。此名女子后来被判死刑。

2005年，一名女子身上总是带着别人的双胞胎B超图，还在孕妇服下塞垫子，幻想自己是一名孕妇。有天她试图偷走一个真孕妇的胎儿，真孕妇出于自卫，杀死了她。

2006年，美国伊利诺伊州东圣路易斯市，现年26岁的丽莎·蒙哥马利杀死了22岁的表妹亚美丽娅，并用剪刀剪开她的子宫盗走了胎儿，胎儿后来不幸死亡。

2008年，一直无法怀孕的27岁香港女子梁倩婷假扮怀孕。身材很胖的她伪造了医院证明和B超，用毛巾缠肚，不仅骗过了丈夫，还请好了产假。9月的一天，她在网站上发帖，自称家中的婴儿用品太多，想要赠送给网友，这个帖子将一位真的孕妇骗到家中。她把孕妇勒至窒息后，用刀剖肚，取出一名男婴。她丈夫回家看到倒在厨房的受害者后立刻报案。虽然男婴的母亲侥幸活了下来，但男婴在医院治疗半年后还是去世了。

2015年，科罗拉多州一名丈夫回家后，猛然发现自家浴缸里多了个小婴儿，他34岁的妻子解释称自己刚刚流产了。丈夫急忙把婴儿和妻子送去医院，却不知道自家地下室里还关着一个流血的女人。那名女子怀有7个月身孕，在Craigslist网站上看见有人在卖价廉物美的婴儿衣服，于是开车前来选购，却没想到被女主人殴打，并被活生生剖腹。她流着血躲进一个房间，把自己反锁在里面报警。警方救出了她，但那个未足月的胎儿却夭折了。

2017年，美国北达科他州的一名38岁的女子杀死了怀孕待产的22岁女邻居，并在她腹部割开了一条长口子，取出了婴儿。她把浑身是血的婴儿带回家后，告诉丈夫："这是咱们的孩子，咱们从今以后就是一家人了。"女邻居的尸体被发现后，这对夫妇被捕。

这些案子的主犯都是女性，暂时没有看到例外。而她们的动机也是日本警方或许没有考虑到的：怀孕妄想症，痴迷母亲身份，想拥有自己的孩子。

我在一篇关于本案的报道中发现这样一句：

“从现场的情况进行分析，对孕妇进行剖腹这一行为，明显不是普通的家庭主妇可以进行的事情。”——这就是先入为主的偏见！恰恰相反，本案中的种种细节证明，凶手很可能是一名女性。

1. 正因为凶手和美津子熟识，所以美津子才会开门让TA进去，TA才有机会下药，或者趁其不备勒颈。而我们已知美津子无论是在生活圈中，还是在直销日用品这份工作中认识的几乎都是女性。

2. 死者衣着整齐，未被性侵和猥亵。凶手对女性器官，或者说对性，表现得无兴趣，也不好奇。

3. TA的作案手段并不粗暴，甚至可以说是相当温柔。TA在剖腹时多次下刀，证明本身力气不大，足月婴儿是塞满整个子宫的，但只集中在一个部位有轻伤，证明她下刀时并不鲁莽。

4. 凶手对现场有过清洗，洗手池也显示TA曾冲洗过血迹，并擦掉了指纹。非常可能TA还清洗了自己和美津子用过的茶杯及碗，警方也不可能分辨。为什么没洗盛草莓的碗？因为这是上一个访客留下的，可以留下来误导警方。这些细节都证明此人细心、善于处理家务，可能是女性。

5. 要带走婴儿，必然要有交通工具，总不能抱着哇哇大哭的婴儿在街上走。14:30左右：有附近邻居看到一辆红色小轿车停在公寓门口。车子没有熄火，驾驶位上有人，但看不清长相。虽然开红色小轿车的不一定是女性，但女性的可能性肯定大于男性。

6. 受害人遇害时离预产期还有5天，这个时间点很关键。如果凶手出于仇恨杀人，又不想伤到孩子，为何不等上几天再动手？本案中的凶手挑选这个时间下手，恰好符合以上所有新闻中的共性——这些罪犯对已经出生的婴儿或儿童没兴趣，而是去偷取别人肚中的胎儿。或许这会让她们感觉这孩子一诞生就是自己的，未被她人的母爱污染，能和她们的怀孕妄想相衔接。本案中，美津子身边的女性也更有机会以闲聊的方式打探她的预产期。

7. 下午这个时间点，男性大多在上班，孩子在上学，也是家庭主妇一人最空闲的时候。

8. 由于警方或者社会一开始就倾向于认为凶手是（变态）男性，所以征集目击证人线索时，征集到的 500 条也多是关于可疑男性的，这使得一个女性进出公寓楼或在附近出没可能一开始就不被认为是线索，从而错过。

9. 那么，这个女性会不会是田村真子？如果美津子送她出门一事无目击证人，我确实怀疑过她。但是如果凶手一开始的目的是取得婴儿，她把婴儿带回家后必定有一系列事情要做，为什么要给自己预约 15:30 烫发？她既然都擦去指纹和清洗血迹了，为什么不洗盛草莓的碗？她有没有孩子，能不能生育，这些我们都不知道，无从判断。但她是重要证人，也可能是最后一个见到美津子活着的人，警方理应对她进行过调查。

10. 把电话机和（车）钥匙塞在子宫里我认为和性变态无关，而是凶手为防止美津子本人清醒后打电话报警或者就医，凶手希望美津子自己慢慢死去。TA 在那种紧急情况下已经失智，连美津子是否活着也分不清楚，所以考虑问题是片面的，TA 或许认为放进美津子自己的子宫才是美津子本人最不可能伸手去取的地方。会不会凶手这么做也有她对无法带走婴儿的失望和报复的成分呢？或许有。

11. 文化是造成精神疾病或心理问题的大环境。的确，日本和美国之间存在着很大的文化差异。美国案件中的女性对于怀孕有执念，迷恋母亲的身份，日本文化中会有吗？我认为会，甚至这种执念在东方文化中更严重。只是在亚洲女性暴力犯罪率本身较低，所以较少看到这样的新闻。但只要这种执念存在，就会有人这么做。

12. 最大的问题来了。TA 都已经解剖了尸体，取出孩子后，为什么没有带走？

说实话，我没有确定的答案。但我想了几种可能。① 对性别的失望。她或许想要一个女孩。② 外面突然有了动静，比如那个西装男又来找“中村”了，敲了门，使她受到惊吓，希望尽快独自离开。③ 她注意到孩子受伤了，她知道自己不会医治，如果带去医院又会被抓，手足无措，最后只能留在现场希望其他人发现后送医。④ 孩子的啼哭声太大。一个未当过母亲的人对婴儿可能有不切实际的幻想，当她发现手中的婴儿是一个皱巴巴浑身是血大声哭闹的东西时，幻想被打破，也不敢带着它贸然出门，吸引路人的注意。

总结

我认为警方当年的破案方向完全错误，他们要找的凶手应该是这样一个人：

女性；20 岁以上；未生育；已婚未婚都可；与美津子相识，未必到闺蜜的程度，但至少能偶尔嘘寒问暖，了解她的预产期；非常有可能是她的直销顾客之一；可能有一辆红色轿车；可能近期对家人声称过怀孕/流产，但实际上并没有；当天无不在场证明；平时礼貌待人，在某些小事情上会表现出强迫症和情绪失控；案发后有抑郁倾向。

凶手的动机如果和我前文中所列的新闻相似，那凶手必定有严重的心理疾病。但这种心理问题在现实中也可能会被隐藏得很好，不会体现在生活的其他方面。只有当人们谈及怀孕等事情时才会触动她的神经，才可以看出她的执念和思维不合常理处。

2003 年 3 月 18 日，本案过了 15 年的刑事诉讼时限，哪怕找到了凶手也无法再被起诉。据说正因为此事件，日本从 2005 年 1 月 1 日起，杀人案的诉讼时限改为 25 年。

1999 年 5 月，为了避开媒体的采访，守屋靖男带着在事件中幸存的儿子，移居夏威夷。他至今也没有对儿子说出美津子被害的事情。

注：本文中人物用的是化名。

蓝可儿之谜

杀害蓝可儿的真凶是谁?

蓝可儿的尸检报告拖了3个月才出来，当时媒体的兴趣点已经转移了，所以也没看到什么文章对本案真正做过总结和澄清。

蓝可儿在2013年1月31日未和家人联系，家人已经动身去寻找她。但2月1日蓝可儿被电梯视频拍到古怪举止;2月6日警方找不到她，向社会寻人;2月14日电梯视频传出引起关注;2月19日尸体在水箱里被发现。水箱这个离奇的地点，比最开始流传出来的那段电梯视频更易引起恐怖的联想。

当时验尸结果还没出来，网上几乎一致认为这是一起谋杀案，我在尸检结果未出，普遍认为是谋杀的情况下，发了以下这条朋友圈:

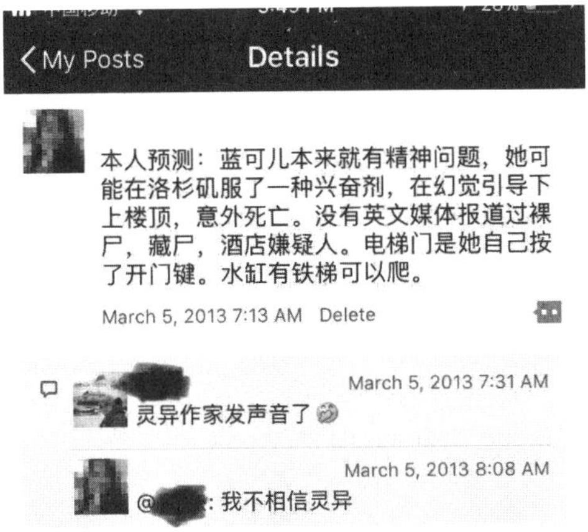

作者的朋友圈截图

我的朋友圈是3月初发的，一直到了6月，尸检结果才出来，符合我的大体预测，她没有受任何外伤，是溺水而亡，并且被定性为“accidental”（意外）。据说尸检报告出来后，警局内部也对各种数据讨论了很久，直到最后一刻才定性为“意外”。

虽然家人对调查结果无异议，只是在后期发起了对酒店的民事诉讼，但还是有许多网友觉得对这个结果难以接受，认为警方在包庇罪犯。网上流传着各种关于谋杀的推断，有的说是酒店工作人员所为，有的说她是被喜欢的摇滚明星所杀。

而我曾经花了许多个小时读了她的博客，她的Facebook，和各种英文报道。读了27页尸检报告（这个在网上是公开的），所以我坚信我之前的推测。虽然尸检报告的某些细节和我之前的朋友圈内容不同，但大体符合我的判断。而这份报告，也让我对她的死因有了更多的判断。

网上认为这是谋杀，主要基于以下几大质疑，让我一一解释下。

质疑一：蓝可儿不可能靠自己进入酒店的天台顶楼。

根据3月2日几个中国人去现场拍的视频分析，酒店的内部楼梯确实被锁，只有工作人员有钥匙可以开，但是消防通道是在楼外面的，通过一个落地窗可以出去，人人都可以用，没监控头，也没报警装置。这样通向房顶的消防通道有3个。案发前就有个网友曾为了拍城市全景而这么爬上去过，并把视频发在Youtube上。

蓝可儿自己爬上去是可能的，但要说有凶手背个裸尸爬这个消防梯，不太可能……

质疑二：蓝可儿自己是不可能进入2.5米高的水箱的。

蓝可儿有可能是沿着剪头所示的路线爬入水塔的

这也是最让人相信她是被谋杀的一点——她怎么爬进水箱？但其实如果看过新闻现场的画面，水箱其实有2处可以爬上去。一处是水箱自带的铁梯，另一处是通过类似消防梯的红色铁梯爬上水箱右侧的建筑平台。然后她再从那里跳到水箱上，再打开水箱那个维修舱门，跳进去。无论哪种情况，从体力上平常人可以轻松实现。试问那些说抛尸的人，一个凶手扛着1.68米、100多斤的蓝可儿，又是怎么抛进 2.5 米高的水箱的呢？难道会比她自己跳进去更易实现吗？

质疑三：电梯监控录影中的怪异行为无法解释。

李昌钰说，蓝可儿在每层楼都按了一下，是很机智的，是为了不让跟踪她的人知道她去了哪一层。

我是不信鬼附身之类的事件的。但她的肢体语言看起来可完全不像很“机智”。她的手部姿势经常是扭曲的，所以我当时认为她可能服用了某些兴奋剂。如果为了不让人知道她去了哪一层，她倒是赶紧关电梯门走啊，可她一直在进进出出像在和谁做游戏一样。

有人说，她走不了，是因为外面有人一直按着电梯门，不让关。

可后来有网友去那个酒店实地考察了，大家可以搜索一个视频叫《蓝可儿出事酒店迷思大揭秘》，发现这电梯有三个特点：

1. 如果蓝可儿只是按了想去的楼层，但不按“关门”键，电梯门不会关、电梯也不会动，除非其他楼层有人想坐这部电梯按了键。

2. 第二列最下方是一个 Hold 键，按下这个键，电梯门会保持 2 分钟不关上。

3. 若有谁想要在外部按上下楼键，那个按键位于两个电梯中间，背后就是墙上的大镜子。如果真有人站在此处按键，必然会出现在蓝可儿监控视频的镜子里。虽然蓝可儿的视频不清晰，但至少蓝可儿本人是可以看见这个人的。

我又重新去看了蓝可儿的监控视频，发现她进入电梯后就把第二列按钮从头到尾都按了一遍，而那个 Hold 键刚好位于第二列的最后一个，所以很可能是因为她按了该键，门才不会关上。哪怕她最终离开了监控画面，电梯门也过了 30 多秒才自动关上。

质疑四：2 月底，洛杉矶警方曾对外公布，已锁定酒店的一名工作人员，他们认为此人有“重大嫌疑”，但是之后却不了了之。

我没发现这篇英文报道，可能是中国媒体的误读，比如警方说把嫌疑人范围缩小到了员工，中文媒体就说员工是嫌疑人。

质疑五：蓝可儿为什么会全裸在水中？

6 月的尸检报告中确实提到她死亡时是裸体的，而她全部的衣物（和电梯视频中穿的一样）以及房门钥匙和手表都漂在水缸中。

如果是罪犯抛尸，第一，没有理由要脱光她的衣服。很多罪犯脱去受害人的衣物是为了掩盖受害人的身份，可这里却把衣服也扔在一块儿了，又是为何呢？第二，如果说她之前受到侵犯已经被脱光，那么罪犯要背个裸尸还有那么多衣服手表怎么拿？难不成提个马甲袋？如果先抛尸，也不可能仅仅为了扔掉她的衣物再回到抛尸现场，直接扔垃圾箱就可以了。

质疑六：如果她自己跳入，为什么水箱的维修仓门是关着的？

这个质疑在我看来是唯一有价值的。我设想过一种情况，一个粗心的水管工忘记关舱门，蓝可儿跳入淹死后，水管工第二天回来发现盖子没关，就随手关上了，并没有留意里面有尸体。

美国网上有技术流网友做了个测算。按照这个水箱的体积，再除以我们已知的高度（2.5 米），可以知道水箱的圆截面面积，再根据图片推算出这个舱门的面积，然后根据这种材料的密度，算出这个舱门的重量。最后得出结论，需要用到相当于 14 公斤的力量来关和开舱门。而这个力是任何成年人轻而易举就可以做到的。也就是说,这个门其实就是块铁皮,并不是很重,一头由铰链连着水箱。

如果蓝可儿只是把铁门竖起来留个缝,并没有完全开到180度平放,就溜了下去。那么,1. 可能她自己可以伸手出来把舱门关上(通常水箱里面有铁梯);2. 舱门可能会在重力或者大风的作用下自己关上;3. 再或者就是我最早猜的,有个粗心的员工后来跑来关上了。由于他之前忘记关,涉及健康隐患、疏忽责任,所以他一直没敢出来承认。

蓝可儿死前那段时间是什么状态?

根据蓝可儿博客中的自我介绍,她患有 bipolar depression(躁郁症)。她还提到自己虽然不喜欢人,没有能力走出去接触外界,但享受在网络上匿名和外界联系。

躁郁症,又名双相情感障碍,是一种精神疾病。其患者会交替出现亢奋期和抑郁期。在狂躁期,患者会感到或表现出异常开心、有活力、易怒,常会做出不计后果的决定,对睡眠的需求也往往会减少。在抑郁期,患者会哭泣、缺乏与他人的眼神交流、对生命萌生负面看法,也有自杀的可能。这个病对她的死非常关键。

2013年6月,警方公布了长达27页的尸检报告。在最后几页中详细讲述了她的毒理化验报告,以及她之前在加拿大所取得的处方药在其体内的残留。我当时把每种药的中文名和作用都查了一下,它们包括:

1. 喹硫平

2. 拉莫三嗪

3. 文拉法辛

4. 安非他酮

5. 右苯丙胺

我查完后的第一反应是，除了前两种，其他都是治疗抑郁的啊。而她当时应该是处在狂躁期吧。

为什么我说她当时进入了狂躁期？1. 因为酒店员工说她表现得情绪非常愉悦，变得格外健谈，兴奋不已（注意对比她在博客中的自我描述）。2. 她在电梯视频中的肢体语言，也表现出了兴奋的情绪。

我的理解是，治疗抑郁的药物就是让人活跃起来，治疗狂躁焦虑的药物是让人冷静下来。也就是说，这是两个极端，起的作用是相反的。那么如果给一个已经进入狂躁期的人继续服用这种刺激大脑、活跃神经的药物会有什么后果？

我在网上输入这些药物的名字和躁郁症，看看会有什么结果。首先关于躁郁症的介绍中有一句话："若病人有服用抗忧郁药物，在躁狂期建议应停药，若不停药则应该加上心境稳定剂。"

那么案发时她停药了吗？她的情绪稳定剂吃了没呢？

美国网站有一个专业人士解读了尸检报告中蓝可儿体内的药品残留，来判断她最近和当天吃了什么药。

我总结一下：

1. 喹硫平，一种常规抗精神病药物，用来治疗躁郁症。（没吃）

2. 拉莫三嗪，预防躁狂，起心境稳定剂作用。（最近吃，当天没吃）

3. 文拉法辛，抗抑郁剂，转躁率较高，经常会加重躁狂。（当天吃了至少一片）

4. 安非他酮，治疗抑郁症，可诱发狂躁。（最近吃，当天没吃）

5. 安非他命，似乎和躁郁症无关，主要用于治疗注意力不足、过动症（ADHD）。蓝可儿可能也有 ADHD。（没吃）

6. 死亡当天没喝酒，也没有服用其他娱乐性毒品，比如摇头丸、大麻、可卡因。这符合许多人的证词，即当天看见她独自一人，并没有见她参加派对或者约会。

综上可见，她在狂躁期不仅没有停掉抗抑郁药物，反而继续服用能诱发和加重躁狂的药物。特别是文拉法辛，转躁率很高。而且，她当天也没吃情绪稳定剂。

查到这些信息后，我感觉我的第一直觉得到了印证：她吃的精神药物太危险了。她在去旅行前可能正处于躁郁期的抑郁期，医生配给了她这些药，可能也是怕她抑郁了，出现自杀等行为。其中两种药的副作用是可能诱发躁狂，她旅行期间吃了至少两种，在入住塞西尔酒店不久就出现了躁狂的症状，而她却停掉了唯一可以治疗躁狂的喹硫平。她本身已进入狂躁期，再加上药物的催化作用，她出现了精神病症状，产生了幻觉或者妄想，最终在 2 月 1 日那天出事了。

蓝可儿进入水箱前遇到了什么？

蓝可儿于 1 月病情加重，因此没有注册大学 2013 年 1 月的那个学期，所以案发时她不算严格的学生身份。她在博客中也提到过自己对于休学的失落和迷茫，她博客的引言是《搏击俱乐部》作者恰克(Chuck)的一句话："我总是被'我在浪费生命'的念头所折磨。"她在 1 月份从加拿大医生那里取得那一堆治疗精神疾病的药物后，独自开始了一次美国西海岸的旅行。

她于 1 月 26 日来到了洛杉矶，住进了人多嘈杂的大型廉价酒店塞西尔。她开始是和一个背包客住在 5 楼的双人间，可是她的室友向酒店投诉蓝可儿的一些古怪的行为举止，于是酒店在 2 天后把她挪到了一个单人间(关于投诉一事，是酒店律师后来透露的，应该是后来由于很多客人和蓝可儿家人对酒店发起民事诉讼时，酒店才提供的证据）。

蓝可儿刚入住时已经开始出现了焦躁不安、妄想的症状，所以也可以解释她为什么给朋友的明信片上说自己有危险。但当时她的心智还在可以生活自理的范围内，也和家人每天保持联系。虽然她的病情转向了躁狂，但她并没有及时调整药物。当然，她这种病情的转向可能也因为她服用的抗抑郁药本身就容易诱发躁狂。

从尸检报告中提到的她卫生间里的地毯和衣服褶皱里的沙子，以及她穿的短裤等来看，她应该白天去过了海滩。她回到酒店后出现了严重幻觉，即电梯视频中的一幕。

她处于极度亢奋的状态，在幻觉的指引下从 15 楼的窗口来到了消防梯，并通过梯子爬到了楼顶。而这时意犹未尽的她，看到了楼顶上的红色铁梯，于是又爬上了平台最高处，并从那里跳到了水箱上。

她打开水箱门，把衣物、门卡和手表一样样扔进水中，随后自己跳入……她被困在水箱中、踩水渐渐无力时也许有过一阵想逃离困境的念头，但据说当时水缸的水量大约有四分之三，那么大约有 1.875 米高，而她的身高是 1.68 米，所以她最终没有能力够到舱门。

处于躁狂期的蓝可儿为什么会裸体出现在水缸里？

我知道我这样写，有些人可能还是不服。即使她有躁郁症，她怎么会脱光衣服，怎么会跳入水箱呢？有那么多人有这个病，为什么没这么做？

我先回答一句，发病期间人的许多做法是非理性的、偶然的。但同时，我相信她的做法却也有一定必然性。

处于躁狂期的人有以下几个特点：

躁狂发作以心境高涨为主，与其处境不相称，可以从高兴愉快到欣喜若狂……严重者可出现幻觉、妄想等精神病性症状。

1. 症状的标准至少有下列几项：

① 注意力不集中或随境转移；

② 语量增多（酒店员工对她的描述）；

③ 思维奔逸（语速增快、言语迫促等）、联想加快或意念飘忽；

④ 自我评价过高或夸大（如蓝可儿从爬消防梯到跳入水箱）；

⑤ 精力充沛、不感疲乏、活动增多、难以安静（电梯表现），或不断改变计划和活动；

⑥ 鲁莽行为（不负责任，或不计后果的行为等，如裸体跳入水箱）；

⑦ 睡眠需要减少；

⑧ 性欲亢进。

裸体恰恰是精神失常的人最常做的事。随便搜索新闻可知，经常嗑药的人或者精神分裂的病人在机场、大街上等公共场所裸奔。我会理解为他们脱光衣服奔向户外是一种本能驱动，想要完全摆脱社会规则的束缚。

2. 放大潜意识。

当我们清醒时，是意识在指挥行为。可当意识或者理性被酒精、精神疾病、毒品等撂倒后呢？我大学里有一次在冬天的雪夜和朋友一起喝酒，断片后醒来，吃惊地发现凌晨自己一个人坐在学校背后山上的小亭子里，长羽绒服上满是泥泞（没犯罪发生，我是以惊人的毅力自己一路爬上去的）。后来我分析，自己经常会想上那个小亭子看看，当理性被麻醉后，潜意识里的东西就开始指挥行动了。那一刻不觉得冷啊黑啊，不觉得害怕，就是被一个执念指引，去做一件早就想做但在意识中被搁浅的事，我想患躁狂症的病人差不多也是这种状态。

3. 出现严重幻觉。

虽然我们不可能确切知道幻觉是什么，但蓝可儿曾在自己的日记中特意提到某个游戏中的一个情节：玩家在虚拟的公寓顶楼从下水道逃生。很可能这个游戏片段嵌入了她的意识深处，在这一刻突然成了执念。

当时或许她以为自己真的在逃生，或者在玩真人版的逃生游戏。如我前面所说，她在电梯里的表现不像很害怕，反而有点紧张、兴奋。她以为自己在参与一个刺激的游戏，于是非常“机智”地爬到天台，脱光衣服跳入了水箱。

如果你看过许多躁狂症患者或者精神分裂者病发时所做的事情，你就会明白蓝可儿跳入水箱并不那么匪夷所思。

杀害蓝可儿的真凶是她的精神疾病和对药物的错误使用，以及家人的疏忽。家人应该自问，在她尚未治愈时可否放心让她独自远行？谁能保证她不会在旅行中被各种意外刺激？谁来保障她和接触她的人的安全（很多躁狂症者易怒，有暴力倾向）？

某些药物对于躁郁症患者既可成为解药，也可能成为毒药，医生任由患者自行掌控是不是太危险了？如果不是因为错误使用那些药，我想她的躁狂期不至于到了出现幻觉、妄想的程度。

蓝可儿事件无关神秘灵异，只是一个悲剧。

美国史上最大枪击案

拉斯维加斯屠杀:居高临下对万人扫射是一种什么体验?

模仿一下知乎问题:谁来谈谈居高临下对万人扫射究竟是一种什么体验?

那天早上迷糊醒来,看了下手机,被一条新闻标题惊得立马清醒——“史上最大的枪击案”,已有500多人死伤。

很快枪手的身份被找了出来,更令人吃惊的是,枪手史蒂芬·帕多克(Stephen Paddock)是个64岁的老人。美国有退休金的老人大概是幸福感最强的人了,有伴侣、后代的可以结伴游轮旅游,没事逗逗孙子,也不用帮忙带娃。丧偶的可以住进健全的退休社区(史蒂芬就住在那种社区),和同龄人一起打打高尔夫和桥牌。另类点的、单身的,男的可以去东南亚找第N春,女的据说可以去拉丁岛上找情人。他们和生活困顿、愤怒迷茫的年轻人完全不同,没有作案的心境(我觉得心境有时候比动机重要)。

史蒂芬出身于单亲家庭,过去是个审计,1970—1980年代在邮局、国税局等许多地方工作，可见他早年的经济状况属于中产水平，再加上离了 2 次婚，应当在经济上并不宽裕。尽管他辞职后几十年未工作，各种信息却显示他经济状况不错：近年来光坐游轮就有 20 多次；在佛罗里达州、内华达州有多处房产；有两架小的私人飞机。

1998—2010 年史蒂芬在德州一户价值约 20 万美元的房子住了 12 年，此外还有一栋公寓楼投资出租。

2011—2015 年住在佛罗里达州的一栋价值 23 万美元的房产里。

2015—2017 年搬到拉斯维加斯，原因之一是方便他进行最喜欢的活动——赌博。

史蒂芬谈不上特别富有，但比起许多这个年纪的美国人，他算是手头阔绰的。他膝下没有子女，也让他可以过上更随心所欲的生活。他的钱哪儿来的？主要来自房产投资和物业管理的收益，他赌博的手气或许也不错。

他人生中唯一和犯罪有关联的大概是他的基因：他的父亲本杰明·帕多克(Benjamin Paddock)当年曾是个越狱抢劫犯。本杰明和第一任妻子生了 4 个儿子，史蒂芬是长子。1960 年，在史蒂芬 7 岁时，本杰明因多次抢劫银行和开车撞警察而被捕，被判入狱 20 年。但本杰明于 1968 年越狱。他被 FBI 列为“最想通缉的 10 个人”之一，并成为留在这个榜单上时间最久的逃犯之一。在他逃亡的 10 年中，他其实在另一个州用假名经营了一家宾果游戏铺，和自己的妻儿没有联系。

FBI 否认史蒂芬和 ISIS 有什么关系。他的作案动机目前不仅让 FBI 也让所有人困惑。

一、扫射只是犯罪过程中的一小步，你猜猜他还有什么更疯狂的想法？世界末日！

1. FBI 在酒店停车场的史蒂芬的车中发现了 50 磅炸药和装满两旅行箱

的子弹，调查人员因此怀疑他此前可能准备将汽车做成汽车炸弹。

2. 史蒂芬当时打破房间的2个玻璃窗，其中一个用于枪击音乐会观众，另一个则是为了对附近的燃料缸开枪。报道指，一个燃料缸上留有两个弹孔，另一个燃料缸被一枚子弹打穿，但幸好未有起火或爆炸。

我敢说，此刻若有一颗破坏力达最高级别的核弹，他也会毫不犹豫地按下开关。

二、史蒂芬其实不是凶手，而是ISIS的替罪羊？

之前看到一篇中文新闻：ISIS出来认领本案。我当时的第一反应是ISIS又来刷存在感了。ISIS已经屡次试图冒领那些轰动的大案。想想他们有时候花费大量人力物力也没达到目的，确实还不如直接认领别人做的事省力。

前不久我刚读到一则报道谈到ISIS现在已经进入颓势，我并不认为他们还有精力和能力策划这类案子。ISIS说史蒂芬上个月刚皈依伊斯兰教，我是不信的。那种突然皈依ISIS的人(许多是少女)通常有人格共性，但史蒂芬却是最不可能的那一类。他身上有一种无组织、无纪律、无政府、无信仰的气质。退一万步说，哪怕他真的和ISIS合作，也绝对不可能是出于宗教上的原因或者执行ISIS的旨意，一定是他本身想这么做。

FBI现在已经否认史蒂芬和ISIS有联系。FBI有个强项是数据分析，网络啊，硬盘啊，通讯啊，要策划这种大案必定和ISIS有密切联系，FBI总有办法找到蛛丝马迹。他们对恐袭潜在人士的监控还是比较强大的(相较于破其他谋杀案)。某人如果和ISIS有联系，中间人是ABCD……那么难免有一个会在他们的长期监控名单上。

有个送外卖的小哥说当时史蒂芬点了双餐，所以许多媒体猜测可能当时房间里有两个人。未必如此。更可能的是史蒂芬想把午饭和晚饭一起点了，这样他一整天就不用出门了，更不用被外卖小哥看见2次，或者被门铃打扰

2次。

总之，我相信这是一起经过长时间策划的独狼式恐怖袭击。

那么问题来了，史蒂芬为什么这么做？什么样的人才会这么做？我开始搜集更多的信息，试图还原出史蒂芬到底是一个什么性格的人。

三、赌博输光了钱，想报复赌场？

这是李昌钰博士的假设。李博士说如果赌场里死了很多人，会纷纷告赌场，这样史蒂芬就达到了报复赌场的目的。我不这么认为。我不认为他希望用这么间接的手段来报复赌场。被史蒂芬杀害的人主要是在赌场外的公共场地上看音乐会的。他若真要报复赌场，还不如直接在赌场里安个炸弹呢。

但我也很好奇他到底输钱没有。媒体说他在案发前大约换了15万美元的筹码，最终输赢未知。但鉴于目前此案如此轰动，且FBI并没有发现他欠钱，我只能假设他并没有输很多，至多是把15万给输没了吧。他不像有些赌客那样欠了高利贷、穷途末路，至少房产、飞机都在呢。还没输掉裤衩就激动成这样要搞屠杀，这可不符合一个资深赌客的性格和承受能力。

四、有情有义的男友，给10万美元补偿费？

史蒂芬有个交往多年的女友，名为丹利（Danley），62岁，是菲律宾裔澳洲人，和他交往多年。通常两性关系能揭示很多人物性格和动机，当所有人都期待听到丹利如何描述一个自私、残酷的男友时，期待听到她作为受害者哭哭啼啼控诉家暴时，她却赞美了他。

丹利说："我所认识的史蒂芬是一个友善、体贴、安静的男人，我爱他，本希望未来能与他平静相守。"

史蒂芬在案发前突然给丹利买了个廉价机票，把她打发回菲律宾，然后又给她汇了10万美元让她在菲律宾买房安居，她当时以为这是分手费，很不高兴。现在她突然意识到，他这么做其实是在保护她，于是大为感动，并坦言自己还很爱他。大家都没想到史蒂芬对女友竟如此有情有义。

接着我看到了另一则新闻，是对丹利的闺蜜的男友进行的一个采访。他们四人常常约会，他表示看见过史蒂芬和丹利说话态度居高临下，搞得丹利在史蒂芬面前总是很紧张。而且史蒂芬对丹利也谈不上忠贞，他至少曾接受过赌场为他提供的免费妓女服务。其实史蒂芬都不商量一声，私自替她做决定，把她送回菲律宾，已经可以看出两人间的关系并不平等，但他的强势和大男子主义在一个顺从的小女人眼里，变成了表达爱的方式。

五、长期、精心策划的袭击。

史蒂芬花了很多时间去谋划屠杀，他此前的目标是另一个更大型的音乐会，却因为开不到角度合适的空房而作罢。他并没有精神错乱，看看他多么缜密和细心吧。

1. 他认为袭击角度最佳的是曼德勒海湾酒店 32 楼的套房，因为这个房间不空，他还先入住了另一间，然后再换到这个套房。

2. 他在房门猫眼处安装了一个摄像头，并于房外走廊上也安装了两个摄像头，其中一个放在餐车上。他当晚便是通过监视画面得知警员上楼的，他一度隔着门连开多枪，打伤了一名酒店保安。

3. 史蒂芬于 9 月 29 日入住套房后，便一直挂上“请勿打扰”的门牌，因此清洁人员并未入内。

4. 史蒂芬房内最少有 10 个用来偷运枪支的行李箱，分多次带进房间。

这些细节似曾相识，如同是许多好莱坞大片里的套路。

六、吃药吃坏了?

内华达州处方药物监察项目的记录显示，史蒂芬在 6 月下旬曾获医生处方 50 粒 10 毫克分量的地西泮，每日服用一粒，他曾于案发当日到一间药房买药。

地西泮是一种镇静剂，研究显示它能引发病人做出侵略行为，若短时间内大量服用或滥用，会引起精神错乱。

我不同意新闻中的暗示——是这个药导致他做出这种疯狂行为的。地西泮片的药物过量症状：出现持续的精神错乱、严重嗜睡、抖动、语言不清、蹒跚、心跳异常减慢、呼吸短促或困难、严重乏力。如我前面所说，精神错乱的人是无法做到如此谨慎周密的长时间计划作案的。

这个服药信息倒说明了一点，他本身存在情绪上的问题。我有点怀疑是焦虑导致的深度失眠，这个可能和他的年纪有关系。至于长期失眠造成的痛苦有很多现实案例，不少人因此自杀或者有攻击倾向。应该说是健康问题本身和他的疯狂举动有联系，而不是药物。

七、居高临下对万人扫射究竟是一种什么体验?

站在一个安全的高处，对着手无寸铁的密集的上万人扫射，那种体验和你亲手虐杀一个人是两种截然不同的体验。在前者的情境中，他和受害者是远距离的、不直接接触的。他们的痛苦和恐惧在他眼中是很微弱的，或者说不是他追求的主旨。他追求的是攻击的快感，如同用热水浇一片蚂蚁，对个体的怜悯是不存在、未加思索的。如果有什么能代表他的成就感，那或许是受害者的数字。而后者追求的却是对方的痛苦和恐惧——呻吟、眼神、绝望，都是不容错过的细节。在拉斯维加斯枪击案中，史蒂芬站在32层楼的高处，自身无比安全，俯视芸芸众生，用机枪突突突地扫射，他一定进入了一种癫狂的状态，一种极度兴奋的歇斯底里。

我不是在比较两种罪恶的程度，他们都是反人类、反社会的。我想说的是，两种罪恶的不同形式决定了这两种罪犯在生活中可能是截然不同的人。喜欢第一种的人未必接受得了第二种，喜欢第二种的人可能会觉得那种扫射很无趣。

而史蒂芬是第一种。这种人在生活中很可能不会表现出攻击性，或许有点安静，不喜欢打架等肢体暴力，甚至可能讨厌恐怖片（而第二种就不一样了）。

史蒂芬最大的牵挂是他的母亲，总不时给她寄盒小点心。他的女友丹利对他的死心塌地相当于扮演了无私的母亲这个角色，让他对丹利也有一些牵挂。此外，他对这个世界毫无感情，无子嗣，无密友，冷漠，疏离人间。他开飞机、赌博都是为了寻求刺激，但是更大的刺激一直在他心中酝酿。案发前的一些日子他受到情绪和精神的困扰——或许是失眠，当他不能忍受时，他便有了要大干一票与这个“肤浅、愚蠢”的世界同归于尽的想法。

他让我想到了在《蝙蝠侠3》首映式上拿机枪扫射，杀死12人、伤70人的神经学博士生霍尔姆斯（Holmes）。他们都属于第一类人，在生活中和两性交往中没有暴力倾向，案发前都有焦虑问题。他们都选择做那个小丑，站在世界之巅，突破自己的“界限”，只不过现实中没有蝙蝠侠出手。这一次造成59人丧生、527人受伤。

当然了，凶手的年纪、童年经历、时代背景都不同，肯定还有更多的不同，我只是以作案类型归类。霍尔姆斯的作案手法相对简单、直白，他被诊断为精神病（不代表错乱，因为他在开枪前还打了一个心理热线的电话，希望对方制止他那么做，可惜这个电话没接通），并被判了终身监禁。而史蒂芬的作案手法需要更多理性、镇定和耐心。

要问史蒂芬和霍尔姆斯为什么这么做，那么请问，为什么我们在看到《蝙蝠侠》的小丑时，从不问为什么世界上会有小丑？**恶、疯狂、暴力都是人性中隐藏的一部分，好像人体中一些很常见的病毒，一些人终生携带而不自知，而当某些人的系统“免疫力低下”时，病毒就会在外界和内在的合力下发展为可怕的症状。**

他是个疯子，可惜，他不是个傻子。

美国女留学生遇害案

她不爱你了，你就要毁灭她？

2013年前后，在海外发生的因爱生恨的案子挺多的，譬如，2012年1月，弗吉尼亚理工大学的博士朱海洋因求爱不成，持刀杀死女生杨欣；2013年9月，伊利诺伊大学，29岁中国籍博士次永飞枪杀前女友……这2个男生的作案手法都很残暴。

本篇写的是2014年爱荷华州立大学的一名中国女留学生马玲（化名）被同为留学生的男友杀害的案件。它或许可以给我们的情感观一些启示。

失踪

2014年9月，在爱荷华州立大学化学工程专业读本科的中国女留学生马玲突然失踪。

9月8日，马玲的手机给室友王萌萌（化名）发过一条消息。据王萌萌了解，当时马玲应该是和她的“男友”李锋（化名）在一起的。马玲在短信里说，李锋因为家里有急事需要立即回国，而她自己准备去明尼苏达州玩几天，一周以后回爱荷华。

9月9日是中秋节，马玲父母曾提出要视频聊天，被马玲以“正在忙”拒绝。

自从那条短消息以后，王萌萌一直联络不上马玲，电话打不通，微信和Facebook留言也没有答复。她和其他同学找到了马玲在明尼苏达州的朋友，但没有一个人知道她的消息。

2014年9月17日，王萌萌向爱荷华州警方报警。同时，马玲的家人、朋友在国内外的社交网络上发布寻找马玲和李锋的寻人启事。

2014年9月26日，爱荷华城郊一个居民区被恶臭袭扰。马玲的金色丰田凯美瑞汽车（也有说是李锋的）停在一幢公寓旁的树下，散发阵阵臭味。警方打开后备厢后发现了已经高度腐败的尸体，以及尸体旁一个15磅重的哑铃。根据警方的纪录，马玲死于窒息以及被钝器击伤。她的头部缠着从酒店带来的毛巾。

而汽车后座上留有一张打印的飞机行程单，李锋已于9月8日凌晨3点离开美国前往北京。

落差

马玲1994年（也有说1993和1995年的）出生于大连的一个中产家庭，她的父亲是个公务员，母亲是名家庭主妇。来自温州的李锋出生于1991年。李锋和马玲相识于2011年的一个北京托福培训班，之后李锋开始追求马玲。2012年两人一起去美国留学。马玲生前就读于爱荷华州立大学化学工程专业。

马玲长相甜美、可爱，长鬈发及肩，有大眼睛和梨涡。她也很聪明，曾参加过生物奥赛，能一分钟复原魔方。她在18岁去美国爱荷华州立大学读本科，就读化工专业，GPA为3.75（满分4）。同时，马玲在社交方面表现活跃，她从小喜爱艺术，会弹钢琴，曾在学校晚会上跳劲舞。朋友评价她：活泼、开朗、桀骜、倔强、任性。

相对而言，李锋看起来就没那么“阳光”了，他之前考上了上海的一所三本大学，因不满意才想出国。也有人说，他出国是追着马玲去的。到了美国后，为了离马玲更近一些，李锋于2013年从纽约州罗切斯特理工学院转学至距离马玲两小时车程的爱荷华大学。爱荷华大学的商学院在美国排名很高，李锋也连续2年被评为优秀学生。

据李锋在爱荷华大学的朋友透露，李锋喜欢独来独往，在学校外单独租住一间房，喜欢飙车、打游戏、看剧，由于一年前才转学到该校，他只有很少的朋友。也有人说他性格和善、安静。两人的各种条件综合相比，显然马玲在异性市场更受欢迎，而李锋留住马玲的方法，就是“对她好”。好到什么程度呢？他和马玲在两个不同的城市。哪怕是在他所在的爱荷华市约会，他都会先自己坐2小时大巴到马玲的城市，接上她回自己的城市，约会结束后送她回去，再自己一个人回爱荷华。他自己在法庭上这么说：“我们感情一直很好，每个周末都见面，她自己没有车子，我把她接到家里，周末或周一再送回去。”王萌萌说李锋给马玲买过许多贵重物品，有说法称，马玲后来开的金色凯美瑞为李锋所买。而在买车前，李锋一直把自己的蓝色宝马停在马玲的公寓楼下。

王萌萌记得，2012年夏天马玲介绍李锋给自己认识，尽管他们几乎每周末都会碰面，但马玲并不承认其是正式男友，她的正牌男友是她的高中同学胡某，他属于学霸类型，奥赛得奖后被保送入国内的名校。胡某对马玲感情也很深，在她出事后写过一篇缅怀的长文，回忆两人的点点滴滴。只是在遭到网友的嘲笑后，关掉了自己所有的社交网络账号。

不是唯一男友

马玲的室友不喜欢李锋，因为李锋曾经短期搬进马玲所住的公寓，但又不分担水电煤和日耗品的费用，不做清洁工作，经常未经许可做一些惹人生厌的事，也不肯搬出去。

“李锋控制欲很强。有一次，马玲计划和朋友及李锋一起去旅游，但李锋只希望和马玲去，就提议自己负责安排行程，后来在没有通知朋友的情况下，单独订了两人的车票，丢下了其他朋友。”王萌萌说。

马玲的父母也不认为李锋是女儿的男朋友。他们表示，女儿在国内有一个男朋友。2011 年，李锋曾经到大连玩，马玲接待了他，马玲的母亲曾在机场见过他一次，还帮他搬过行李箱。马玲的母亲记得，当时那个清瘦且略带羞涩的男孩还对自己说了声“谢谢”，这也是马玲的母亲与李锋的唯一一次见面。

虽然李锋可能并不符合马玲的择偶标准，但他依靠对马玲好，依然留在了马玲身边。

根据李锋在庭审上的证词，在两人交往时，马玲就告诉过李锋胡某的存在，李锋并未介意。李锋自己以及他的朋友都认为马玲是他的女朋友。

在马玲遇害后，网上谣言四起，纷纷指责马玲在案发前就公然劈腿，有许多炮友。虽然谣言可能有夸大和污蔑的成分，但《侨报》曾采访到另一个男生 Y，他自称也是马玲的地下男友，两人保持了长期的亲密关系。他很爱马玲，视之为女友，可后来发现马玲不仅国内有男友，在美国也有其他暧昧对象，时而夜不归宿。他最后忍痛分手，很久都没有走出阴影。在报道中有这样一段话：在跟马玲分手后，Y 消沉了一段时间……马玲遇害后，Y 回忆起自己跟她交往的种种，说道：“其实我也特别理解李锋……”

这段感情应当是发生在李锋转校之前。而另一家媒体则采访到一位男生说自己和马玲有过亲密关系。

2014年6月，李锋感觉到马玲似乎有了新的交往对象，愤怒地在自己的QQ里发布状态，骂马玲是SB。

2014年8月底，马玲在一次郊游中认识了一名中国留学生张志新（化名），二人很快走到了一起。对于张志新，马玲曾几次对室友谈起自己很喜欢他。9月3日，李锋给马玲打电话，马玲正在与朋友聊天，在没有意识到的情况下不小心按了接听键。李锋拿着手机听了近21分钟的对话，手机另一头，马玲和一名男性谈话时说了很多李锋的坏话，"她说我很小气，我们根本不算男女朋友，她对我有点腻了……"李锋说。最终，他默默地挂断了电话。

"Fuck my life."李锋在人人网上留下了给所有人的最后一条状态。

预谋杀人 or 激情杀人？

2014年9月5日，李锋开车接上马玲过周末，入住两人此前已经多次入住过的"Budget Inn"旅馆，当晚李锋通过其学长预订回中国的单程机票。

9月6日17时许，李锋趁马玲回学校做小组作业之际，到麦克斯折扣店及沃尔玛超市分别购买了一只行李箱与两只哑铃，放置于其驾驶的丰田凯美瑞轿车后备厢内。他或许搜索了以往的情杀案例，有好几起男友杀女友的案子，都是用大箱子沉河抛尸，比如2002年加拿大的赵巍案。

根据李锋在法庭上的自述：9月6日晚上，吃完饭、看罢电影，两人在旅馆里准备睡觉，马玲突然告诉李锋，自己喜欢上了另一个男生。"她当时告诉我，希望周一到周五和那个男生在一起，周六、周日和我在一起。"听到马玲说出这样的话，李锋觉得震惊又难过，"我为她付出那么多，在她心中，我充其量只能算作一个周末男友。"

李锋被完全激怒，骂了一句“婊子”。“她用枕头捂得我不能呼吸，我就用力掐她脖子，后来我坐起来，将她压在身下，手一直掐着她的脖子。”

李锋在法庭上说，马玲刚开始还有反抗，但是过了一两分钟，就没有动静了，“我喊她的名字，她没有反应，等我冷静下来打开灯，发现她已经一动不动。”

李锋的意思是，9 月 6 日深夜至凌晨之间，他在听到马玲提出的周末男友的提议后失去理智，激情杀人，但这样就无法解释他 9 月 6 日傍晚杀人前已经买好行李箱和哑铃，并订好单程紧急离境的机票。

真正的经过可能是这样：李锋在电话中听到马玲向另一个男生贬低自己时，已经起过杀念。但他希望给马玲和自己一次机会。于是他在 9 月 5 日接到马玲的当晚挑起话题，希望马玲给出解释，但马玲不但不解释，反而对此很不耐烦，甚至提出分手。马玲的态度最终激怒了李锋，让他下定决心。9 月 6 日当晚或许他还给过她最后的一次机会，但马玲依然我行我素，李锋积压已久的愤怒终于爆发，马玲惨遭杀害。

李锋在杀害马玲后用白毛巾把她的脸盖住，再把尸体和一只哑铃放进了预先准备好的行李箱中，以便实施他沉尸河底的计划。接着，李锋开车带着行李箱前往自己租住的小区，经过路边一条河流时，却发现河流的水位很浅，便打消了沉尸的念头，把马玲的尸体继续放在车上。

李锋后驾驶该车回到爱荷华城海豚湖小区，将车停放在其租住处附近的停车场。

9 月 8 日凌晨 3 点，李锋踏上了回国之路。

8 个月

2014 年 9 月，李锋从北京入境后，又转机前往广州去找自己的朋友章永

（化名）。章在美国读研究生时，李锋正好在同一所学校读本科。

这次突然回国，李锋没有什么异常表现，章永也没有起什么疑心，并用自己的身份证帮助李锋开了酒店房间，还给他换了些人民币。

在广州待了2天，李锋告诉章永自己要回温州，之后他们就没有再联系了。

李锋并没有回温州家中，而是乘坐大巴辗转到了西安。他打电话告诉了母亲郭海清（化名）自己把女朋友杀害的事情。李锋是独生子，郭海清不想失去唯一的孩子，也不敢将这件事告诉丈夫，就安排李锋去了青海一个牧民家里躲避。

温州警方全力做李锋父母的思想工作，让他们劝李锋投案。最终在劝说之下，2015年5月11日，李锋在青海隐姓埋名近8个月后，向温州警方主动投案。

在本案审理期间，美国警方向温州警方移交了证据：

美国警方的调查面很广，涉及被害人的同学、校友、室友、学校学习小组成员等，就连他们最后见到被害人的时间等细节调查都很详细，甚至连当事人在校的上课考勤、学习成绩、医院看病资料等都有涉及。他们在取证方面也非常细致，各类物证大大小小有100多袋，光照片就有几千张。不管是勘验案发、抛尸现场，还是向相关证人取证等，都有同步录音录像。

在法庭上做最后陈述时，李锋当场下跪，重重地磕了一个头，他说："我从来没有这么爱过一个人。跟马玲成为恋人，后来生活在一起，我们一直都很要好。事情变成这样子，是我的冲动、不理智，让我犯下这样的罪行……我最对不起的是马玲，我害她失去生命，失去一切，我后悔莫及。"

"没有了理性，即使以爱之名，也终将以恨收场。"在庭审现场，公诉人总结这场悲剧时说。

2016年6月22日，温州市中级人民法院一审宣判，李锋因感情纠葛掐死被害人，其行为已构成故意杀人罪，公诉机关指控的罪名成立。虽然李锋畏罪潜逃8个月，归案后的供述又避重就轻，但其对自己用手掐死马玲的行为供认不讳，在法庭上有强烈悔罪表现，认定属于自首；李锋家属积极代为赔偿被害人家属的经济损失，被害人家属表示谅解并撤回附带民事诉讼。因此对李锋从轻处罚，判处其无期徒刑，剥夺政治权利终身。

没药花园评论

鉴于马玲无法再发声，许多恋爱细节是由凶手李锋单方面陈述的，真实性可能需要打折扣。网上骂李锋的人很多，骂马玲的也不少。我不想谴责，而是想聊下相关的话题：爱情的本质是独占吗？“马玲们”为什么要这么做？“李锋们”为什么要毁灭一个不爱自己的人？我们如何理解她/他的内心？

从马玲的角度：没有学会的爱情规则。

人并不是生下来就懂得恋爱的专属性。因为专属是一种规则，而不是本能。大部分人的规则都是从家庭成员的作为、从媒体传播、从社会榜样中学到的。他们从幼年起逐渐知道规则：我和某人保持恋爱关系，再受到情感的邀约时就“应该”拒绝。此后许多的社会新闻会强化他们的认知，明确怎么做是对的，怎么做是错的。和恋爱的专一规则相反的是，自由是人本能追求的东西。但许多条条框框写进了社会人的道德观里，所以本能的欲望不是总能够得到满足。

从马玲向如此深爱她的李锋提出“周末男友”的概念，就可以看出她没有建立起爱情的规则观念。Y虽然被马玲劈腿，但依然评论马玲“是一个单纯又带几分傻气的女孩，除了学习，对其他的事情都显得懵懵懂懂”。在分手后，Y心中有个打不开的结：为什么马玲跟他在一起，又游走在他人之间，对于这种劈腿行为，他感觉马玲似乎并不在意，“她不觉得自己是错的，她不觉得这会伤害别人”。

马玲究竟为何如此呢？以下我的评论不是针对她，也并非专对女性，而是指在这方面类似的人。

1. 规则感的缺失可能和家庭环境有关。假设父母有外遇，那其子女自然就缺少最直接的途径去体会爱情的专属性。

2. 如果父母感情不和，这样的孩子长大后可能格外缺爱。尽管父母双方都爱这个孩子，但如果孩子从父母的相处中看不到“体贴、赞美、关怀、依赖”，会认为这是极为难得的待遇。当他们长大后一旦有人对自己好，便不愿意错过，从而格外沉迷于“被人需要”和“被人关爱”的感觉。所以营造一个伴侣之间有爱的家庭氛围很重要，不会让孩子因为缺少而渴望。

3. 开朗漂亮的女孩和男孩受到的主动邀约显然是内向、相貌普通的人的许多倍，他们身边会围满了向他们求爱的人。如果他们缺少专一的观念，他们会天真地以为把自己的一部分时间和情感当做礼物送出去了，对方就应该满足。他们却不知道李锋们想要的是全部。机会多的人自然也会更加任性。一旦有人试图用规则来约束他们的肆意，他们会视之为障碍，想要甩开（马玲和Y就是这么分手的。而胡某正因为在中国，妨碍不到她，两人的关系才幸存下来）。

4. 不懂拒绝。从马玲对他人的表述看，她对李锋没什么兴趣，但如果她真的提出过周末男友的建议，显然有一种害怕掉粉的心理。如我所说，她的脑海里没有专一的概念，她不想他走掉，又不愿意为他放弃更好的机会，想着不如继续留更小的一部分自己给他。而马玲以为的大方和妥协，对于李锋却无异于侮辱。

如果把爱情中的规则比作过马路时等红灯：早点知道规则并遵守规则，是为了我们自己的（生命）安全。

从李锋角度：付出必须得到回报。

爱情和独占没有必然关系，但爱情发展到最后，必定是2个人的利益捆绑。我们听说过很多感情传奇，比如有人默默当备胎20年。这些故事中的主角很可能就是付出型人格，他们不那么追究“收支平衡”，比如电影《芳华》中的刘峰。就普通人来说，付出是为了回报，是要“收支平衡”的。而对于索取型人格来说，今天忍耐付出了1，终有一天要以10收回来。

我一向认为，**要看一个人的人品，首先要看他/她如何对待一个萍水相逢的陌生人，其次要看他/她如何对待朋友。至于他/她如何对待恋人是不具有参考性的。**据仅有的信息透露：李锋搬去和马玲的室友一起居住，期间不懂尊重他人的利益，引起其他室友的反感；在制定旅游计划时，也完全不考虑马玲朋友和马玲的意愿，这些都证实他的自私、占有欲强和情商低。

可为什么他对马玲似乎那么无私，为她转校、为她花大量时间、为她买贵重礼物呢？

或许我们该这么问：为什么很多对陌生人和朋友极度自私的人却愿意对恋人付出巨大？

因为恋爱（特别是婚姻）关系在某种程度上是一种利益捆绑。你不可能占有一个陌生人和一个朋友，但你可以利用爱情规则来虚假地“占有”爱人。这和不愿意请朋友吃顿饭，却愿意花大钱改装自己的汽车是相似的——因为汽车是个人“财产”，说到底，是给自己的投资。这类人在为女友付出时的心理活动是：“为你做这些算什么，你的人都是我的。”

李锋持续付出的另一个原因是，他远远没有实现自己的“独占”。在美国中西部留学生中，李锋若失去学业、相貌、年龄都具有优势的马玲，极可能找不到更好的女友。马玲生性不安分，他不得不更加竭尽全力。

马玲潜意识里一定也对此有感觉，她不把李锋的某些“付出”看作是付出，因为她知道这些付出背后的标价，也知道李锋其实很介意他自己的付出。所以她在和某男的谈话（被李锋偷听到）中说：“李锋这人很小气。”如果她这句话指的是李锋在金钱上吝啬，她的意思是他应该付出更多的金钱；如果她指的是李锋很容易吃醋，则她认为李锋不应该要求那么多。总之，在马玲的想法中，李锋的收大于支。

许多劈腿的人都有一种想法：自己虽然脚踏几条船，可至少也分了一点爱和时间给你，也对你付出了，你也不吃亏呀。但他们却忽略了李锋们这样的人最关心的重点就是所有权。

一个普通人心中都有明确的所有权界限，更别说私心大的人了。小时候孩子就知道，这个玩具是我的，那个是别人的、幼儿园的、公共的。长大了 TA 会区别对待酒店房间的地毯和自家的地毯，租来的车子和自己买的车子。TA 对一个潜在婚恋对象付出那么多，只因为认为对方（将来会）“是”TA 的。

比起“脚踏几条船”来，马玲更致命的错误是：接受一个非付出型人格的大量付出。从她接受的那一天开始，就注定了他俩的关系会走向不堪的结局。如果不是最为极端的遇害，那么也可能会落得一些社会新闻经常出现的结局，诸如前男友家暴、跟踪、裸照威胁，或者前女友割腕、跳楼、夺命 call 纠缠。

给“李锋们”的建议：**人是独立个体，无法进行所有权标识，所谓“我是你的”只是浓情蜜意时的虚假赠予**。既然没有一纸合同保证，不讲规则的人随时可以撤回。当 TA 要离开时，TA 就是 TA 的。所以若一开始就明确自己在爱情中的付出是心甘情愿的，并愿赌服输，或许在得不到同等回报时也会容易放下。

留美女博士杀夫案

当你和极度缺乏安全感的人在一起，本身就是个灾难

在写了男留学生杀女友的案子后，有人问我，为什么此类案件往往都是一名女性要离开男方，男方就把她毁了？如果男性要离开女方，女方会不会也这么做？

首先，生理（体格、荷尔蒙）和文化的因素造成女性暴力犯罪的比例本来就低很多。

但如果从感情的角度看，女性就比男性大度吗？女性就更“善良”或“软弱”吗？女性就能默默忍受对方的劈腿和抛弃，而不去寻求报复或者同归于尽吗？

答案当然不是。

其实摧毁不一定杀人。我发现一个很有意思的现象，男性和女性在报复不忠的伴侣时喜欢摧毁不一样的东西。

如果一个丈夫/男友想抛弃异性伴侣，愤怒偏执的女人会怎么毁灭他呢？

最常见的两种：去他公司大闹，去单位检举，或去纪委递材料（贪污、受贿、挪用公款、包二奶都是理由）；还有狠一点的，半夜趁他睡觉割掉他的生殖器。

如果一个妻子/女友想抛弃异性伴侣，愤怒偏执的男人会怎么毁灭她呢？最常见的有两种：泼硫酸、用刀划给她毁个容，以及散播裸照和谣言。

这些现象虽然没见人总结过，但我认为它们很好地揭示出了这个世界的求偶规则：在这些极端男女眼里，自己的伴侣到底是凭什么（拿什么）吸引异性的？

女人认为男人最看重的是事业、金钱和性能力，认为他们也是凭借这几样拈花惹草的；而男人认为女人最看重的是脸蛋和名声，把她的这两样毁了，她也就得不到爱了。

下面这个案子，正好回答了此前的问题。女性也会有同样的想法和作为：我得不到的，别人也别想得到；杀了你，你就离不开我了。

2005 年 8 月 30 日下午，美国拉斐特市警方在一停车场内发现了被肢解的男尸。

此时的尸体已严重腐烂，几乎只剩下白骨。

该尸块的身份很快被确定，他是来自上海的 28 岁留学生周剑（化名）。美国普渡大学机械工程系研究生。

杀死周剑的凶手，正是他的妻子，普渡大学女博士生陈晓韵（化名）。

不冷不热

陈晓韵生于 1977 年。在她上小学时，事业有成的父亲就离开了母亲，留下陈晓韵和母亲在一起生活。母亲经常的哭泣和对父亲的咒骂，使陈晓韵从小就养成了孤僻阴郁的性格。

1995 年，陈晓韵以四川省高考总分第五名的优异成绩考入清华大学化学工程系。同年，上海金山普通工人家庭出身的周剑也考上了清华大学。

据周剑大学室友回忆：

1998年“五一”，周剑回上海，一方面是回家看看，另一方面是看望当时的女友。那个女孩是周剑的高中同学。他们的关系大概是这样的：周剑喜欢那个女孩，而女孩不是很满意周剑。这次周剑从上海回来之后，那个女孩就和他分手了。陈晓韵认识周剑，大概是在1998年3月，当时他们共同选修了模电课。“五一”之后，周剑就总在屋里提陈晓韵，但是我们都没有见过面。

我第一次见陈晓韵，是某一个中午，我和周剑刚从十一食堂吃过饭出来，在食堂门口遇见了一个女生。当时她给我的印象是长得挺矮，也不好看，而且脑袋的形状有点怪。周剑和她聊了一会，然后我们一起回宿舍的路上，我问周剑那个女生是不是陈晓韵。问了2次，周剑才勉强答应了一下，可能是觉得很没面子吧。

没药花园：当时应是陈晓韵对周剑主动示好的阶段，周剑在男多女少的清华受到这种待遇，如沐春风。但要他把陈晓韵从爱慕者的地位提升为女友，他的内心还是抗拒的。

1998年11月，我和他们俩还有另外2个清华的同学去看流星雨，当时去的是沙河附近的田野里。那个晚上非常冷。我记得周剑和陈晓韵小声聊天时还经常提起周剑的前女友。我觉得当时周剑是把陈晓韵当作一个安慰他失恋的对象了。一般男人找了新女友都会隐瞒过去的情况。当时他们俩还不是明确的情侣关系。从那次看流星雨之后，他们好像逐渐明确了关系。

没药花园：周剑沉迷于陈晓韵对他的关注和付出，戒不掉，也没其他选择，便放弃抵抗在一起了。

但是他们的关系挺特别的。晚上清华的女生宿舍楼前总是有许多男生，或者等或者送女友。清华的女生总是受到男友特别的照顾。可陈晓韵一个人来到我们宿舍，走的时候一个人回去，我从来没见过周剑送她。当时我的感觉就是，陈晓韵太可怜了。

当然他们也有开心的时候，那时候他们就在宿舍做饭。炉子是我们宿舍买的电炉，锅用的是十四食堂拿来的不锈钢盘子。印象比较深的是，他们做的回锅肉挺好吃的，我一次可以就着肉吃3大碗米饭。2000年我请宿舍同学去我新租的房子里玩，他们两个抱在一起嘻嘻哈哈，经常能逗大家开心。

2000年7月，陈晓韵大学毕业，被保送到化学工程系读研究生。而周剑也被保送了清华机械工程系的研究生。

刚入校时，陈晓韵当过班里的干部，“后来，似乎和同学关系不太好就不当了”。

保送研究生没多久，陈晓韵就“和国内导师的关系闹僵了”，于是申请到美国读书。

2001年1月，也就是读研只有半年后，陈晓韵告别清华，启程去美国普渡大学读化学工程系研究生院的硕士研究生。同年5月，陈晓韵从美国赶回北京，与周剑登记结婚，然后返回美国，等待周剑的陪读签证申请能获得批准。

周剑第一次签证被拒签。2001年11月，他的签证终于下来了。

异国生活的最基本的一条就是适应。周剑性格开朗善于交际，很快就融入了全新的美国生活。2002年1月，周剑找到一名教授愿意收他做学生，从而成为普渡大学机械工程学院的研究生。同时，夫妻两人一起做一些网购的生意，在eBay上卖东西，赚了一点钱。

虽然陈晓韵成绩优秀，但性格的孤僻怪异使她在学业上也受到限制。

2003年1月，陈晓韵与美国导师又闹僵了。指导教授拒绝再做陈晓韵的导师，她成了没有老师的“失学”学生。按照美国的教育制度，没有导师的研究生是不能毕业的。

几天后，周剑托人找到普渡大学的一位华人老教授。那位老教授念在同胞的面子上，顶着压力，向系里提出申请，收留陈晓韵为自己的研究生。

2003年年末，陈晓韵获得硕士学位，开始在化学工程系实验室里任研究助理。由于陈晓韵人际关系处得不好，很多需要配合的工作没有人愿意和她合作，因此，她的研究工作进展很慢。

案发后，有陈晓韵的女性朋友A描述了对她的第一印象：

瘦小，1.5米的个头，圆脸，戴眼镜，剪着很短的头发。每次碰见她，她总是穿着很单薄、很黯淡的衣服，衣服的式样也不太像姑娘家穿的。但是说话的声音却比较浑厚。

B的评价：

陈有一点年龄小不懂事的样子。印象深的是有一回她的指导老师教她做毕业论文的实验，她竟然发起火来："叫我做这个做那个，你自己有手有脚，为什么不做？"——大家都笑翻了。

有几次她跑来强行停止我运行了一天的程序，把我赶走自己上网，我也不过是笑笑走开。大家当笑话来讲，小女孩心性嘛，发点儿小脾气是应该的。

案发后，有周剑的朋友评价对周剑的印象：

最初对他的印象是觉得他特别能侃，这一点更像一个北方人，也许和他在清华的经历有关，整天乐呵呵的。非常聪明，虽然本科不是我们系出身，但他在学我们系的课时一点都不显得吃力。在做人上，他还是保持着一份学生特有的淳朴和热情。

没药花园：两人的性格两极化，平日里的相处也是磕磕绊绊。

朋友C回忆：

周剑在钓鱼，陈晓韵开始坐着看，后来帮着上饵，也要求甩竿试试。周剑没有给她，还是坚持自己来，争抢嬉戏之间，陈晓韵跌倒，因为岸边都是大石头，不幸滑倒，扭了脚，破了皮，流了血。我和我室友忙收了竿来帮她护理，边上一个美国人也拿来创可贴，但是唯有周剑没有动作，专注于钓鱼。

陈晓韵见他不过来，就哭了。他还是没动，估计生气了，觉得陈晓韵多事，给他丢脸了。

没药花园：周剑不闻不问，可能不是觉得陈晓韵丢脸，而是一种逃避或者自保。无数次冲突的经验告诉他，这种情况下，无论他怎么做都不会讨得好。所以他宁可坐着不动，被动地任由事态发展。

我们就劝，他才去。他一过去，探身去看，陈晓韵一个耳光就上去了，怦然有声，周剑的眼镜落水，损坏。于是鱼就钓不下去了。装东西往停车场走，陈晓韵停下大哭，不肯走，周剑就是拒绝过去安慰，告诉我让她哭好了，我们走（还是采取逃避策略）。最后好一阵劝，才让陈晓韵同意回家。一路上他们无语，我也很惶惶。不过过几日就见到他们已经和好如初，非常亲密。

朋友 D 回忆：

第一次知道他们夫妻之间有问题是源于我们办的一个 BBQ party。可是等我们到他家的时候，却发现门口停了两辆警车。原来中午他和陈晓韵吵架了，可能由于动静太大，被邻居报警。警察检查的结果是周的身上有伤痕，而陈的身上没有。于是就把陈暂时地扣在了警察局。

既然出了这事，我们当时都在劝他就不要跟我们去 BBQ 了，但他却坚持要去。关于陈晓韵，他只是说：这种（攻击）事情以前经常发生，说不定这样关她一天也好。后来他告诉我们说第二天一早他就去警察局把陈给保了出来（周剑已经被陈晓韵家暴多次）。

我现在的室友搬过来以后，周剑来我家参加过两次 party，虽然每次我们都请了陈晓韵，但都是周剑一个人来。那时候他的厨艺已经在 BBS 上很有名了，我们都叫他周大厨。但是每次做完菜后，他都不怎么和我们玩，一到晚上 10 点左右的时候就要回家。

后来我室友告诉我说，陈晓韵自己不愿意出去参加别人的 party，而且也不允许周剑出去。所以每次周剑参加完 party 回去之后总要大吵一番。因为这个缘故，我们以后就再也没敢邀请过他们俩。

两人性格差异巨大。在渐行渐远的关系中，周剑并没有意识到妻子的心理发生了重大变化，他还像以往那样自我，而陈晓韵那颗仇恨的种子却在内心萌芽。

第一次刺杀

2004 年圣诞节当晚，陈晓韵在周剑的胸口刺了一刀。医生报警，陈晓韵由于涉嫌谋杀未遂罪将受到起诉。这在当地华人圈引起了轰动。

朋友 D 回忆：

最初周剑跟我们说他和陈从平安夜晚上一直吵到圣诞的凌晨，最后陈就拿刀对他的左胸刺了一刀。刀当时就在床边某个地方，估计是陈事先藏好的。但是到了下午的时候他就决定，即便是倾家荡产也要避免让陈晓韵坐牢，而且只要把陈保释出来就要争取取消法庭禁止接触的禁令，要和她一起好好过日子，他说他相信这次陈吃了这个教训以后肯定会变好的。

我们当时对他的这个决定非常吃惊，特别是他要继续和陈一起住这个想法让我们都有点毛骨悚然。所以我们都很强烈地劝他要慎重考虑。整个下午和晚上，他都在苦苦思考怎么为陈开脱。最后他想好的说法是，他们在吵架的时候，陈拿出刀来威胁他，是周剑他自己不小心撞上了刀。

但是第二天出现在报纸上的说辞却是电影《本能》那个版本(意思是两个人模仿电影，在床上玩性游戏的误伤)。我在那天去医院陪他的时候就问他为什么要这么说，他只是故作轻松地跟我说，只要沾了 sex，美国人就容易相信。

有人问周剑为什么要保释陈晓韵，我认为周剑的心态是非常典型的家暴受害者心理：1. 他心地善良，比较信任他人，想象不到他人的恶意可以达到什么程度。2. 陈晓韵长期有暴力倾向，但可能在发泄完又有服软、讨好的举动，反反复复，周剑也习惯了，认为这次和以往一样，没有意识到陈晓韵的仇恨已从量变积累到了质变。3. 我认为周剑相信陈晓韵的暴力根源是出于对自己强烈的爱，以此在内心替对方开脱，也正因为这个前提，他会反省自己是不是做错了什么才激怒了陈晓韵。4. 陈晓韵一旦被判刑，前途（甚至人生）尽毁，坐牢出来后将直接被遣返，我想周剑也深知她的才华，于心不忍。

枪击分尸

2005 年 6 月下旬，周剑突然回上海探亲。这引起了陈晓韵的警惕。周剑只在上海待了 10 天就返回美国了。此时，陈晓韵的案子快开庭了，经过周剑的努力，辩护律师与检察官达成了共识：以陈晓韵认罪为条件，将起诉罪名由谋杀未遂的重罪改为攻击罪，这样，陈晓韵极有可能被判很短的刑期，并且监外执行。

周剑花了 5000 美元（有说 5 万美元）保释了妻子。陈先住在朋友家。过了一两个月，法庭禁止陈晓韵和周剑接触的命令也取消了，陈又从暂住的地方搬回去和周剑一起住。他们的朋友还帮陈晓韵联系了一个美国教会做婚姻方面的心理咨询，希望信仰会对她有所帮助。

但是像那些每次都轻信“这是最后一次”的家暴受害者一样，周剑发现自己“上当”了。陈晓韵的脾气没变，他们的关系很快又回到过去。这次，周剑坚持要离婚了。周剑美国好友的证词称，周剑觉得陈晓韵在 8 月 26 日开庭后可能会被遣返回国，于是把 2 万美元转给陈汇到中国，让陈回国以后可以衣食无忧。

根据陈晓韵的证词，2005 年 8 月 19 日晚上，两人又爆发了激烈的争吵，次日清晨，陈晓韵从床头柜中取出手枪，对准背对自己熟睡的丈夫的后脑开了一枪。

公诉人随后提供的美国警方的证词证实，子弹从左枕骨射入，从右前额穿出，直接夺走了周剑的生命。

也有说法称这是一次预谋杀人。陈晓韵手写了详细的杀人计划，甚至曾尝试通过对枕头开枪，来测试消音效果，她最后选择在一个雷雨夜动手。她做过精密策划，连雷雨声和枪声的分贝都估算过，以掩盖案发的动静。百密一疏，案发之后，这份被陈销毁的计划书被警方从碎纸机里找到，并得以还原。

周剑身材高大，尸体非常沉重，陈晓韵“不得不”实行下一步计划：分尸。

被逮捕之后，陈号称是在网上找了一个叫杰克的美国人来帮忙分尸的，然而美国警方的调查报告中提到，有发现陈花 300 美元的购枪记录，却并没有发现陈晓韵通过电话或者电脑联系其他人帮忙分尸的记录。也就是说，极有可能这个杰克是陈晓韵编造的，是陈晓韵自己把朝夕相处几年的丈夫，给一刀一刀切成了碎块，连同汽车和碎尸一起遗弃在拉斐特市罗斯芒特镇德文大街 9400 号停车场。

由于陈晓韵的护照已经被法庭扣留，她便化装成周剑的样子，拿了周剑的护照混出美国海关，然而却在上海海关被安检人员识破，并被扣留。

周剑的父母去看守所见她，想知道失踪儿子的下落，她笑着跟周剑父母说：“你的儿子在一个很安全的地方。”这句话让周剑的亲友们天真地以为周剑只不过是帮老婆逃走以后躲起来了。

陈晓韵逃回国几天之后，芝加哥警方在车里找到了周剑的尸体，他死后被残忍肢解后装在 4 个黑色垃圾袋里。

没药花园评论

1. 上一篇的马玲案和周剑案有诸多相似之处，比如两位凶手都把尸体藏在汽车中后，逃回中国，在中国被审。其他的相似之处可以总结为以下4点：

A. 2个受害人都外向热情，吃得开，在异性市场比较受欢迎。

B. 2个凶手：陈晓韵和李锋，社交不活跃、朋友较少。

C. 2个凶手竭尽全力想得到受害人的爱和关注，处于随时会失去对方的焦虑中，最后却依然失败，于是因爱生恨。

D. 周剑和马玲以为让对方得到自己，就履行了自己付出的那部分责任，但陈晓韵要的不是一个没有热情的丈夫，就像李锋要的不是一个周末女友，他们要的是对方全部的爱。

2. 陈晓韵极度缺乏安全感。大家都知道，狗冲人吠一部分原因是它害怕。大狗较安静，小狗经常吠，因为小狗敏感、战斗力弱，更缺乏安全感。同理，越自卑、内心弱小的人，外在的表现往往越暴躁。陈晓韵身材瘦小，父母离异，缺乏安全感，在社会中是很容易被欺负、被歧视的类型，她的脾气反而表现得暴躁冲动。同时她我行我素、自私冷漠，因此在本科、硕士、博士期间不断和其他同学、老师交恶。从这方面说，我对把她娶回家的周剑很同情。

李锋如果不是遇到马玲，很可能不会杀人，而陈晓韵哪怕不是遇到周剑，自卑加暴躁的性格也让她注定此生不会幸福。她可能会试图毁灭其他不顺她心意的人，比如不让她毕业的导师啦，合作不顺的同事啦，犯了错的爱人啦。

6. 周剑有些自恋，且神经粗、嘴硬心软、爱面子，而他当时接受陈晓韵很大一部分原因也是他能从陈晓韵那里获得很多的关注、崇拜，能满足他的自恋需求，这在清华或者美国理工科院系里可是罕见的待遇。在他被前任嫌弃、刚刚分手的时期，他也格外珍惜这个“粉丝”，害怕掉粉。为了得到这种“良好感觉”，他放弃了自己对女生容貌、性格之类的要求。专家们说陈晓韵的爱让他窒息，但从他把陈晓韵保释出来后又住到一起的行为看，他需要、习惯甚至沉迷于这种“把全部注意力都放他身上”的爱。

7. 前不久，央视的一部名为“高墙里的女博士”的纪录片，从仍在服刑中的陈晓韵（节目中化名田羽）的角度，讲述了这场悲剧，找一群嘉宾来帮她做心理分析。这个节目有许多地方做得不妥，比如陈晓韵枪杀周剑，他们竟然用了“击毙”这个词；比如无视美国警方提供的证据，还认为是子虚乌有的杰克对周剑实施了分尸。

没有一个嘉宾试图让陈晓韵去真正认识自己的错误，所以她在节目中没有任何反省，始终都在辩解她杀人是因为周剑做得不好，她很生气，她很委屈。

但周剑有什么做得不好呢？他厨艺好，他被家暴从不还手，他没出轨，他（开始）也没想离婚，甚至在自己被刺了一刀后，还把妻子保释回家。

陈晓韵口中说的都是一些鸡毛蒜皮的小事，比如她问周剑为什么喜欢自己，周剑答：可爱。而陈认为这是敷衍的回答。比如陈会画画，但她很生气周从不夸奖自己的绘画才能。

所以，两人争夺的焦点其实是爱人的“关注和认可”。

陈晓韵和周剑的婚姻是一个普通自恋男和一个“极度”自卑女的悲剧结合。

这是一个恶性循环：周剑延续恋爱模式，单方面享受陈的关注——自卑的陈，不断以作闹、吵架来要挟更多的关注——周剑不愿认错、退让，采取回避态度——为了得到回应，陈每次吵到情绪失控——周剑害怕、烦躁，更加回避——陈视之为冷暴力，多次以家暴反抗——周剑想结束关系——家暴的终极版是谋杀。

当然，悲剧发展的关键在于背负“极度”二字的陈晓韵。

最后再说一句，活着最重要。**活着你还有机会篡改故事，被原谅，甚至被关怀，而死去的人不仅被剥夺了生命，而且成了一个让人无法寄予情感的符号……**

荷兰女孩巴拿马森林失踪案

荷兰女生在雨林失踪，
和残骸一起被发现的还有 90 张神秘照片

我最早看到这个案子时，也觉得它充满了诡异的气息。

2 个荷兰女孩结伴去巴拿马旅行，在雨林中失踪。3 个月后尸体出现在河边，和残骸一起发现的还有相机里的 90 张神秘照片。

该案件至今没有定论。我被好奇心驱使多了解了一下，试图还原整个事件。

案件经过

这 2 位年轻漂亮的荷兰姑娘，一个叫丽萨尼 · 弗洛隆(Lisanne Froon)，22 岁；另一个叫克丽丝 · 克雷默斯(Kris Kremers)，21 岁。

丽萨尼是个积极向上、乐观开朗、聪明的女孩，同时也是一个排球运动员，身高 1.8 米以上，身体健壮。她于案发前一年从大学毕业，学的是应用科学。

克丽丝则开朗，富有创意，有责任心。她刚从大学毕业，学的是文化教育。

她们都在荷兰长大。2 个人在同一家餐厅打工，又是合租的室友。她们为了这次为期 6 周的巴拿马之行，整整攒了 6 个月的工资。

她们计划在旅游中学点西班牙语，顺便做志愿者帮助当地的儿童，起初一切都像计划中那么美好。

2014 年 3 月 15 日，她们如愿以偿地来到巴拿马，先花 2 周时间旅游了一番。3 月 29 日她们住进了巴拿马西部的博克特(Boquete)一户当地人家中。她们计划在那里住一个月并在学校当志愿者。

4 月 1 日，愚人节，也就是她们到达后的第三天，她们于上午 11 点出发，带了主人的狗去当地一个森林徒步。从博克特可以走到大陆分水岭，单程徒步大约需要三四个小时。围绕巴鲁火山的是茂密的森林，这里风景优美，人烟稀少，据说站在山顶还能看见湛蓝的加勒比海。

有人看见她们在出发前和两个荷兰男孩一起吃了早午餐(此处未经证实)。

那条徒步线路并非完全的荒野或无人之境，而是有一条徒步小径的。如果游客沿着小径走，再加上有条认识回家路的狗，迷路的概率并不高。同时山里还有一些土著居住。可是当晚，寄宿主人发现，他们家的狗回来了，2 个姑娘却没有。

寄宿主人急忙和丽萨尼的父母联系，但丽萨尼的父母同样打不通自己女儿的电话。当晚，夜夜报平安的女儿没有发去短消息。

有一种说法：第二天，即 4 月 2 日，2 个女孩早上本应该和当地向导见面的，到约定时间却没出现。那么既然 4 月 2 日约了向导进山，为什么 4 月 1 日就独自先去了呢？这个向导也一度成为怀疑对象。最后警方解除了对他的怀疑。

根据后来一个美国人的采访，向导表示自己只在3月31日那天在镇上见过她们。他提议了一个套餐活动：第二天(4月1日)带她们去山里，在他的农场过一夜，去森林深处探险。但2个女孩不知为何拒绝了。

根据向导提供的信息，2个姑娘是想走大陆分水岭徒步小径的，这也是通常游客走的线路。

根据维基百科，4月3日，当局开始出动飞机和地面人员去森林里搜索2个姑娘。但搜索了10天，没有任何发现。

虽然巴拿马警方声称自己搜救很及时、高效，但当地人却不这么认为。他们称市民自发搜寻了三四天后，4月6日巴拿马警方才加入搜索。

警方觉得很委屈，发出了似乎责怪2个女孩的言论："她们没跟任何人说自己去哪儿，也没留个条子什么的。森林那么大，几十条线路，我们都不知道往哪儿找。"

警方一加入，就命令那些森林向导靠边站。但当地人不服，他们觉得那些向导才是最熟悉那片森林的人。

丽萨尼和克丽丝的父母急坏了。4月6日，他们从荷兰飞到了巴拿马，和他们一起来的还有荷兰的警察、侦探和警犬。考虑到当时2个女孩还可能活着，他们计划在雨林里开展为期10天的全面搜救。

可不幸的是，当时已进入雨季，那几天山区连降暴雨，影响了搜救。10天后，一群人只能空手而归。

随后，2个女孩的父母出资3万美元作为奖励，用来征集2个女孩的下落。当时巴拿马的高速公路广告牌上都是2个女孩的照片和寻人启事。

高速公路广告牌上的照片和寻人启事

发现尸体

慢慢地搜索中止了，此案成了失踪案。

但是10个星期后，6月中旬的一天，她们的背包却被人找到了。

当地一条叫Culubre的河在雨季湍急汹涌，当地人称之为Serpent（大蛇）。一个Ngobe妇女在河岸边的稻田里劳作，她发现稻田里有一些垃圾，其中有一只蓝色的背包。

Ngobe人是森林中的土著，以农业和渔业为生，对当地的地形地貌非常熟悉。

那个地点距离女孩本来要走的线路大约有8公里。

这个Ngobe女子天天去自己的稻田，她很确定前一天这个包还不在这里。她此前听说过失踪案，所以她把背包交给了当地警察局。

巴拿马警方从没有建立过指纹库，所以也没保护指纹的习惯。于是，当那个包被交到荷兰时，荷兰警方傻眼了，上面有30多个人的指纹。

背包里很干净，内部很干燥，里面的物品摆放整齐，有2副太阳眼镜、2个胸罩、一瓶水、一只相机、2 个女孩的手机、83 美元现金和丽萨尼的护照。

从 4 月 1 日相机里的照片看，其中一只花式胸罩是丽萨尼当天穿的。她们脱下胸罩放在包里，可能是因为热带雨林的天气异常闷热。

随后警方立刻沿着 Culubre 河展开了搜索。他们在河对岸的一块岩石上发现了克丽丝的牛仔短裤，拉链拉着，折叠整齐，距离开始时发现的背包有几公里远。但也有目击证人声称，牛仔短裤其实最初是在河里找到的。

又过了 2 个月（距离案发快 5 个月了），在靠近背包被发现的地方，他们又发现一块白骨，属于人体骨盆。此外，他们还在河边的一棵树背后发现一双靴子，靴子里面还有一只克丽丝的脚。随后在各处分散地发现了 33 块骨头碎片，经 DNA 检验分别属于 2 个女孩（其中 28 片是那只脚）。

发现她们部分残骸和背包的地方，其实离她们本来要走的线路出口并不远，步行只要 3 个多小时。真是可惜，如果那时候巴拿马警方能够给力一点，或许就能找到活着的人了。

不寻常之处

此案中的不寻常之处还在于两人背包中的手机和相机。

手机显示，就在她们徒步几个小时后，两人的手机就分别拨打过当地和荷兰的报警电话（112）。

接下来的每一天，她们的手机都会尝试拨打一下报警电话，可由于一直没信号，电话从未成功拨出。

4 月 5 日丽萨尼的三星手机电量先撑不住关机。4 月 11 日苹果手机最后一次报警。

从 4 月 6 日开始，曾有人不断在苹果手机上输入错误的密码，最终也没能打开手机。

拨打求助电话的日期	克丽丝的手机	丽萨尼的手机
4月1日	16:39 拨打 112	16:51 拨打 112
4月2日	18:14 拨打 112	06:58 拨打 112 10:53 拨打 112 和 119
4月3日	09:33 拨打 911 16:00 寻找信号	13:50 寻找信号 16:19 寻找信号
4月4日	09:33 寻找信号 13:42 寻找信号	—
4月5日	10:50 寻找信号 13:37 寻找信号	04:50 寻找信号 05:56 开机；电量用尽；之后无任何活动
4月6日	10:26 寻找信号(无密码) 13:37 寻找信号(无密码)	—
4月7日	10:51 寻找信号(无密码) 11:56 后关机 之后再无任何活动	—

克丽丝与丽萨尼的手机的活动记录

如果电话是她们自己打的，那么证明到 4 月 11 日，她们中至少有一人还是活着的。

第二个不寻常之处是她们的相机。4 月 1 日，她们拍了很多纪念照片。后来有人根据相机照片的列号推断，其中一张照片被删除过。而这张照片应该是拍摄于 4 月 1 日到 4 月 8 日之间的。目前不清楚删掉的是 4 月 1 日的最后一张照片，还是 4 月 8 日的第一张照片。这有可能是两人之一的误操作。

4 月 1 日后相机再没有被使用，直到 4 月 8 日凌晨，相机连续拍了 90 张照片，大概平均 2 分钟一张。

少数看得见内容的照片中显示，周围环境完全漆黑，只靠闪光灯才能照亮一小片。

其中一张照片中的内容显示树杈上有 2 个红色塑料袋，似乎还有 2 个铝箔包装和一个糖果纸，另一张照片似乎拍的是克丽丝的那头金黄色的头发，隐约可见一侧耳朵。

除了这四五张有内容的照片外，90张照片中的绝大部分是废的，只有黑暗中白乎乎的光，完全看不出任何东西，没有任何意义。哪怕对着周围乱按，也应该拍到一些树啊石头啊之类的吧？

是两人死后，有“闪电”（当地盛产树懒）在摆弄她们的相机乱按一通吗？

丽萨尼和克丽丝在4月1日那天及以后到底遭遇了什么？

各种猜测

目前有几种很简单的推论：

一、有罪犯参与的抢劫、谋杀、强奸以及碎尸……

我认为有罪犯参与的可能性很低。首先抢劫可以排除，83美元、手机、相机都是她们身上最值钱的东西，全都没有丢失。那么强奸、谋杀呢？牛仔裤和汗衫的叠放等，都无法用罪犯的思维解释。她们至少有11天时间都曾用2部手机在不同时间点报警，证明她们中至少有一人11天内一直活着，且活动不受限制，这和罪犯控制受害人的场景是矛盾的。那些电话会不会是凶手伪造的呢？手机拨打的既有荷兰的报警电话112，也有巴拿马的报警电话911。我认为造假不至于如此心细，也没必要。

而巴拿马和荷兰警方也基本排除了人为作案。

二、发生意外：迷路、跌下悬崖、被湍急的河流卷走或被野兽撕碎……

这样的假设也很多，但都是简单一句话。比如野外生存专家卡尔·维（Carl Weil）曾暗示她们大概是迷路了。“如果不是迷路，走回来也就三四个小时，为什么不回来呢？”

荷兰法医则推测,她们大概是跌下悬崖后爬不上来了吧?

也有网友猜测,她们是过桥时掉进河里了。

但坚持犯罪说的网友们不买账:如果只是迷路或摔下悬崖,为什么没有发现躯干、头颅等主要的骨头?那里可没有动物可以吞掉一整个头。为什么前一天那个包还不在稻田,后一天就出现了?

虽然我也认为无人为犯罪,但以上这些简单的解释确实留下了更多的疑问:

发生意外究竟是哪天?

如果是第一天,后面几天她们在做什么?

石头上的牛仔短裤和汗衫是什么用意?

她们一直在一起吗?

是谁在苹果手机上输错了那么多次密码?

为什么要在 4 月 8 日那晚拍 90 张照片?

为什么大部分照片什么都没拍到?

那些主要骨架去哪儿了?

国外网友线索

线索 1

2014 年 4 月 1 日 2 个女孩遇到意外/危险前,丽萨尼曾为克丽丝在以下位置(如图 1)拍了几张照片,从图片中可以看见她跨过小溪,正走入一条小径。

2017 年 4 月 8 日,有关注本案的网友和当地人探索未解之谜,似乎找到了 3 年前克丽丝拍照的那个位置。到底是不是同一个位置,大家看下对比照片(如图 2),自行判断。

如果确实是同一个位置,那么当时这 2 个女孩其实正是朝着大蛇河的方

图 1:克丽丝

图 2:网友

向前进的,与大家以为她们想要去的大陆分水岭线路以及回城的路,属于不同方向。

当天她们可能步行比较快,已经去过了大陆分水岭,想走其他小径看看;也可能她们心血来潮觉得走一条前景未知的路更刺激;也可能受了最初提供信息的人误导(既然排除人为作案,这不太可能了)。

这个可能真实的线索解释了为什么她们的一些残骸和背包会在大蛇河附近被找到。也解释了为什么地面搜救人员没找到她们,因为大家都是沿着大陆分水岭线路在寻找。

线索 2

有网友把 4 月 8 日凌晨那张照片调亮后,似乎能看见 2 条绳子。当地人认为这可能就是他们的猴子桥。

所谓的猴子桥其实就是几根绳索,人要像猴子一样踩着、抓着绳子过河。平衡能力差点可能会摔下去。猴子桥下面水势汹涌,布满巨石。

任何人如果走这条线路的话,要回到博克特,必须要通过这个猴子桥从东岸走到西岸。东岸留下的是克丽丝的短裤,西岸则是用塑料袋做的记号。可见她们穿越了至少一次。由于最后照片是在西岸拍的,他们可能是从东岸穿到了西岸。

讨论

有了以上 2 条线索,再结合我搜索的当地概况,我想尝试分析一下丽萨尼和克丽丝在 4 月 1 日及以后究竟遇到了什么。

现在正好也是 4 月。我查了下当地的天气,白天 30 多度,但是到了晚上,森林中的温度却可能急速下降,只有几度。由于 4 月进入雨季,几乎每天都会在下午或者傍晚下一场暴雨。也正是暴雨导致了几次搜救被迫中断。

森林的危险性还在于,繁茂的枝叶吸收了声音,也遮挡了视线,所以在那个地方,大声呼喊传不了多远,直升机也很难看见下方的人。

我查了当地的危险动物,可能会吃人的有郊狼、美洲虎和豹。

树懒是有的,蛇是有的,但如果她们只在小径上走,蛇不太会主动攻击人。

鳄鱼？不掉进水里应该不是问题。

两人在一起？

克丽丝和丽萨尼一直在一起吗？会不会她们一早走散，背包只在一个人的身上，2 部手机的报警电话都是一个人拨的呢？

我认为不可能。

4 月 5 日 13:00 还能从手机正常拨出电话，而 4 月 6 日手机多次输入错误密码，由此可见手机此前是由手机主人即克丽丝自己掌握，所以密码正确，在 4 月 6 日上午则成了他人。而 4 月 6 日到 11 日手机也一直在拨报警电话（紧急电话无须解锁也能拨），这个他人自然是丽萨尼。

丽萨尼为什么不知道克丽丝的密码？

两人在 4 月 6 日走散是不可能的，因为 4 月 8 日的一张照片中有一片疑似金发的东西，应当就是克丽丝的头发。所以至少 4 月 8 日两人还在一起。

从 4 月 8 日的照片看，克丽丝似乎已没有生机。那么 4 月 6 日丽萨尼开不了克丽丝的手机，比较合理的解释是 4 月 5 日下午至 4 月 6 日清晨之间的某个时间点，克丽丝陷入了昏迷或者死亡，而她死亡之前没告诉同伴自己的手机密码。

什么意外？

4 月 1 日 14 点多两人拍了最后一张正常的照片。16:39 克丽丝用苹果手机先拨打了 112。12 分钟后，丽萨尼用自己的三星手机也拨打了 112。可见两人第一次在这时候遇到了危险。

可 2 个小时前还好好的，2 个小时后会遇到什么样的危险呢？

除了迷路外，其他危险（比如被蛇咬之类）不太可能两人同时遭遇。从一直使用手机和相机这点看，丽萨尼显然活得更久，我会考虑是克丽丝先受了伤。可不管克丽丝发生什么危险或者受了什么伤，对于比克丽丝高十几厘米，身强力壮的丽萨尼来说，最明智的办法是走回镇上求救，毕竟正常步行也就三四个小时。如果她没受伤，可以背着克丽丝慢慢走回来。哪怕她自己也受伤了，如果认识路的话，也可以花上半天或一天挪回来。

从她们能够穿越猴子桥看（在两岸都留下记号物件），她们中至少一人的伤势并不那么严重。

可为什么她没有回来？为什么几公里的路走了 11 天？

种种考虑之下，当时两人迷路的可能性最高。

可无论是去勘察的荷兰警方，还是当地人，都表示大陆分水岭徒步线路并不复杂。一般来说只要沿着小径走，是不太会迷路的，更何况还是两人在一起，还有一条认路的狗。

那她们是怎么迷路的呢？

有两种可能：

一、她们故意走了一条岔路（这点由外国网友提供的线索二可以佐证，她们没有去或者已经走过了大陆分水岭线路，当时是往不同方向去了）。狗狗没有跟着去。由于岔路偏僻和湿滑，克丽丝可能滑倒并发生了脚踝骨折，这也可以解释为什么后来她的一只脚会断在短筒靴里。

到 16 点多太阳快下山时，她们中一人的脚受伤，又找不到回去的路，变得慌张起来，于是打电话报警。

二、两人一起摔下悬崖。当地若不下雨的话，18:00 天黑，虽然我觉得在天黑之前发生这种情况的概率很低，但也存在可能性。那里的悬崖多是 30 米高，掉下来后又没工具爬上去，她们只能带伤摸索一条新的回程路。而克丽丝或许也是在那次意外中摔断了脚踝。丽萨尼可能也受了伤，但不严重。

如果是第一种情况，她们再怎么健步如飞，在 16:30 时也应该距离原本的小径不会很远，不难找回原来的线路，所以我倾向于第二种。

11 天的地狱

4 月 1 日：14:00—15:00，她们离开原计划的线路，往大蛇河的方向走去，可能觉得时间还够，想看看不同的风景再折返。但是就在这途中，她们可能因意外滑落悬崖，跌入河谷而负伤。至此，她们已经不在之前的海拔平面了。哪怕她们的手机指南针能告诉她们大概的方向，也需要走一段更长的、之前没走过的路。

4 月 2 日：她们应该很快找到了大蛇河，并沿着河岸前进。在早上、上午和傍晚，她们分别打过 112 和 911。由于克丽丝的脚骨折，两人前进的效率大大降低。如果当天口渴，她们还可能喝过河水。

4 月 3 日：9:00，她们打了 911，只接通一秒钟就断掉了，之后再也没有信号。当天发生了什么呢？根据野外生存专家卡尔的经验，河水中有两种常见的寄生虫，会让喝水的人在 24 小时后发生腹泻，从而严重虚脱。那么，如果她们昨天确实喝了河水，今天可能处于一直腹泻和需要卧床休息的状态，加上受伤，也无法行走多少路。

她们沿路在河边的大石块上留下了牛仔裤作为求救信号。故意叠放整齐是想传递一个信息：这是刻意留下的，不是谁掉在这儿的，麻烦留意下。

4 月 4 日：她们来到了猴子桥的东岸。她们知道要回到博克特必须穿过大蛇河，而此刻终于找到了可以过河的办法。只是对于一条腿已骨折的人，这应该是不太可能完成的任务。

4 月 5 日：当天或者前一天，丽萨尼背着克丽丝过了猴子桥。当天晚上或第二天凌晨气温最低的时候，克丽丝昏迷或者死亡。丽萨尼自己的手机彻底没电，陷入了绝望。

4 月 6 日：丽萨尼不断尝试克丽丝的手机密码，但都失败，只能用它来拨打紧急电话。而这一天，警方开始地面和空中搜索。丽萨尼应当听到了直升机的声音。

4 月 7 日：如果克丽丝已死，丽萨尼为什么不继续前进呢？根据卡尔的经验，普通人在没有食物、干净水源、药物的野外，通常只能生存 6 到 10 天。她们 4 月 1 日出发，克丽丝在带伤情况下坚持 6 天，符合规律。而到了第 7 天，丽萨尼的状态应该也是极度糟糕。我认为她选择留在原地，一方面是因为体力不支，另一方面她或许认为这里靠近水源，自己可以多活几天，且在河边比在丛林里更容易被搜救队发现。

4 月 8 日：丽萨尼在大蛇河西岸的大石头上用树枝和 2 个红色塑料袋做了记号，同时她还在另一块石头上摆了白色卫生纸和镜子。有人说她放塑料袋是为了搜集雨水喝。但考虑到她的背包里还有一个塑料矿泉水瓶，且雨季下雨很频繁，她没什么必要那么做。

她用了红色袋子、白色卫生纸和镜子，只有一个目的：吸引搜救人员的注意。

当天凌晨，她听到直升机的声音后，立刻用相机闪光灯不断对着夜空拍照，希望飞机上的人能看到下面有闪光。这也解释了为什么 90 张照片中绝大部分里面什么都没显现，因为她是对着天空在拍呀。

同时她或许是为了在黑暗中看清楚自己做的记号物件，于是对着石头上的镜子、她摆的红色标记、克丽丝的金发拍了几张，以此来照明。

可惜她并没有吸引到任何人的注意。

4 月 9 日到 11 日，她的身体已经衰竭，但依然在坚持。7 号到 11 号，她总共拨出了 77 通报警电话，无一接通。11 日手机的电耗尽关机。

我们不知道她在那以后还活了多久。

丽萨尼死后，她们的遗体在湿热气候中很快腐烂了，白骨裸露，美洲虎和豹子等动物撕扯、带走了她们身体的一部分。由于克丽丝的脚被包裹在厚厚的靴子里，所以动物并没有吃掉它，而是带着它奔跑了一段距离后，遗弃在树后。

进入5月，暴雨更加频繁，涨水的河流带走了她们在岸边的遗体和背包。河水湍急，她们的骨架在河流中的石头上不断撞击，粉身碎骨。一部分被冲到了岸上，卡在无人的丛林中，一部分被带到下游不知去向。

那个背包由于本身是防水材料，所以内部没怎么湿，可能之前卡在哪儿，某天却和其他垃圾一起被冲到了稻田里。

总结

荷兰女孩在巴拿马失踪一事看起来很神秘，充满了超自然和犯罪的气息。

但在我看来，这只是在人类小小地淘气一下时，自然界大大地恶作剧了他们一下。

而当大自然恶作剧的时候，它是如此残酷和没心没肺，完全忽视人类的一切痛苦。

卡尔曾惊叹，一个女孩居然能在那种情况下存活了至少2周，简直超越了人类的生理极限。

我们无法想象她们生前遭遇了什么样可怕的经历，饥饿、疼痛、寒冷、疾病、孤独、野兽、恐惧、绝望……虽然她们最终没有得救，但我真的钦佩她们坚持到最后一刻的顽强意志力。

作为一个曾经的户外探险爱好者，我完全理解她们当时想探索未知世界的心情。

她们走的这条线路，其实选择的户外徒步者并不少，有的行程一走就是四五天，只不过都由向导带着罢了。

想要在残酷的大自然中生存，最终拼的都是人类自身的体力、智力、记忆力、意志力……比起一个好向导，手机这类电子产品可就弱爆了。所以请大家还是乖乖带上“能人”吧。

而强壮美丽的丽萨尼也向我们证明，运动和锻炼能让我们有更好的体格和体力，如果真的遇到意外，也能更久地和厄运抗衡。

马来西亚王丽涓遇害案

真实讲述：她们都曾在停车场内，连车带人失踪……

这是一位读者向我讲述的真实案件，文字内容由她的口述及所提供的新闻报道写作而成。

我们是江西赣州的，我的朋友小月（化名）是赣州开发区一家企业的出纳。

2013年的时候，小月找了一个当兵的男朋友。当时她男朋友在部队里给领导开车，所以他们的约会一直都是由小月开车去找他。

2013年5月9日，小月打电话给家里说，晚上不回家吃饭，不回家睡觉了。

随后她去理发店剪了一个新发型，又开车去大润发超市买红酒，因为男朋友说想跟她喝红酒。

小月离开超市时，大约是19:00左右，当时天下着微微细雨。

当晚，小月的男朋友等了很久，小月却一直没有赴约，电话也打不通。

第二天下班后，男朋友去公司找人，公司说她一天没去上班。

于是小月的同事带着她男朋友去她家里找。因为前一天小月跟家里说过不回家睡觉，而第二天又要上班，所以家里也没发现人失踪了。

但他们还是没有往坏处想，所以没有在第二天立刻报警。

她父母去问仙婆，仙婆说小月今年“放大刹”，意思是今年会有不好的事情发生。仙婆还说，是开车出去的，人在西边（这点都能被仙婆算出，有点瘆人）。

2013 年 5 月 11 日，小月父母去警局报案。警方查看了大润发门口的监控。

当时天黑了，加上监控角度的原因，只能远远看到她走出了超市，朝车子所在的方向走去。

监控显示车辆离开大润发超市，开往了郊区，途经杨梅渡大桥、赣州开发区金东路。

由于这辆车走的路线上有许多地方都是监控盲区，所以并没有追查到车子最后去了哪儿。

小月的手机最后发出的信号位置是在水西，那里有条路可以上国道。

因此警方认为，她是自愿和其他人一起出去玩的。她的失踪应该和感情纠纷有关。

警方首先锁定了她男朋友，审讯了很久，也问不出什么。

小月男友表示，他当晚约了小月要在崇义县见面，小月答应了前往。但是，他在当天 21:00 以后便再也没有联系上小月。他以为小月在赴约的路上出了交通事故，便立即赶往赣州市沿路寻找，未果。

当时我发过微博寻人寻车。

有位网友在我的微博上留言说，当时她和男朋友蔡某就在小月买酒的超市的停车场。

蔡某当晚驾驶的汽车正好停放在小月车辆的后一个停车位。当时，他和女友从超市购物出来径直上车，正欲发动车辆离开，看见小月将所购物品及包放置在后备厢中随后上车。这时，副驾驶室方向，一名年轻男子迅速蹿上车辆。

蔡某问女友："你看，前面是不是抢劫的？"

他们特意把车开到小月前面，再折返，以确定是否发生了抢劫。当他们与小月正面相对时，发现小月正坐在座位上，男子头朝小月右脸颊，用臂弯处环抱小月颈部，动作看似亲密。因两人年纪相当，他们认为是小情侣在争吵，所以没有管闲事，就直接走了。

我马上联系了微博上的那两位目击者，他们去警局里做了笔录。

之后警察根据目击证人的描述锁定凶手：男，22 岁到 28 岁之间，具有反侦查能力，情商较高，水西人士或者住在那个方向，因为车子是在那里失去踪迹的，手机也是在那里关机的。

警方认为凶手和小月认识，一是根据目击者的证词下的判断；二是因为他们认为小月是坐在驾驶座上主动开车的。如果不认识，小月怎么会让人胁迫自己开车去这么远的地方？

既然男友排除了嫌疑，警察开始怀疑小月有情人，于是查看了她家里的电脑和公司的电脑。上面没有可疑痕迹，同样没有发现线索。

随后他们又开始怀疑小月是被认识的人抢劫杀害了。因为小月是出纳，身上经常携带大量现金。但经过大量排查之后，警方依然没有半点头绪。

因为活不见人，死不见尸，本案搁置了下来。

直到案发后近一个月的 6 月 5 日，有人在赣州开发区客家大道家具大市场旁边的林荫道上发现了一辆无牌的红色思域轿车。经确认，该车正是小月事发前驾驶的车辆。

车子被清洗过，但车上仍有少量指纹以及血迹。

经过技术人员勘验，从该车多处提取到同一男性的DNA。

又过了大半个月，6月27日早上7:30，湖边镇涌泉村塘头组一个村民在清理一个灌溉渠道时，发现一具高度腐烂的尸体。

当时是夏季，多雨，天气也很热，加速了尸体的腐败，以至于一开始发现的人以为是什么动物，没想到是人。

那个抛尸地很少有人去，清理灌溉渠道也是几个月一次。

经过DNA对比，确认尸体就是小月。

最后案子怎么破的呢？

凶手没钱花了，又去小区里撬盗保险柜、偷东西，被抓后进了局子。录指纹的时候，发现跟本案留下的指纹一样，案子就这样破了。

破案后，警方才发现，小月其实在超市停车场就已经遇害。

凶手是钢材销售店的司机，每月工资2000余元，妻子在家没有工作，小孩尚幼。凶手的网名为“海盗船长”，他在其QQ签名中一直抱怨生活压力大，一心想挣快钱。

案发前，凶手曾多次在大润发超市附近进行踩点。5月9日18点左右，他将目标锁定在独自一人驾车来购物的小月身上。

他趁小月不备，迅速蹿入汽车的副驾驶室。小月激烈反抗并大声呼救。

凶手怕被人发现，拼命地扼住小月颈部，把她扼死。小月死后，凶手抢走了她身上的400余元现金和一部苹果手机。

他把尸体往后座拖，然后自己开车逃跑、弃尸、洗车、弃车。

由于是货车司机，凶手知道本市哪里有摄像头，哪里是死角，所以逃跑和抛尸的时候一直能避开摄像头。

而警察却一直以为是小月自己开车去的郊区。

案件很简单,但是过程很曲折,因为车子和尸体过了那么久才被发现。而且谁能想到,凶手压根没看清死者长什么样子,就下了杀手。

没药花园

这起案件让我想起了马来西亚曾经轰动一时的王丽涓遇害案。

王丽涓是马来西亚华裔,案发时 28 岁,长相美丽,拿过跆拳道黑带,在美国从事科技工作。

2003 年,她在吉隆坡照顾病重的父亲。

由于父亲痊愈,她也即将返回美国。案发当晚,王丽涓在吉隆坡一家高档餐厅请亲朋好友吃饭告别,并把车停在了地下车库。

饭后,她和母亲、妹妹在一楼排队等付停车费(许多车库需要拿了进车库的券到一个机器上刷卡付钱)时,突然想起来把停车券忘在了车上。于是她让妹妹和母亲等她一下,她跑回车上拿。

可她这一走却再也没有回来。

妹妹和母亲等了很久不见王丽涓回来,一遍遍拨打手机也没人接,便去停车场找她,却吃惊地发现人和车都不见了。

妹妹去停车场查看监控,发现王丽涓的车冲出停车场,撞破栏杆,在夜色中疾驰而去。

王丽涓的失踪引起全社会的关注。那几天,每发现一具无名女尸,媒体便蜂拥而至。

2 天后,有人发现了王丽涓的汽车。车的前轮爆胎,车内有精液、染血高跟鞋和许多枯朽树叶。

又过了4天，一名泰国工人在铁轨旁工作时，偶然发现前面的沟渠内发出一阵阵难闻的焦臭味。他走到一个用木板遮挡的沟渠孔前，发现一具焦黑的尸体，被2个巨大的轮胎紧紧压着。

经DNA验证，这具烧焦的尸体，正是王丽涓。

本案让人痛心的是，其实当晚凶手载了王丽涓逃跑时，曾经被警察拦停过，遇到过其他司机，甚至被偷过东西。但王丽涓却一再错失机会，没能成功逃跑。

凶手离开停车场不久，把车停在幽暗的马路边试图强奸王丽涓时，就曾引起巡逻警察的怀疑。

警察上前盘查时，发现一个男子坐在驾驶座，女子坐在副驾驶位置，神色紧张。他要求两人出示身份证时，王丽涓一直暗暗打手势求救。警察察觉异样，遂叫两人下车。

凶手却对王丽涓说："不要下车，这些人不是警察，是小偷。"随后，凶手趁警察不备，急踩油门，连身份证都不要了，仓皇逃跑。

而那个警察为了阻止车子离开，向车轮开了两枪，打中前轮。最终，他们的摩托车没有追上汽车，不了了之。

巡逻警察当时手上有两人的身份证，知道王丽涓汽车的车型和颜色，也知道对方逃跑的方向。他明明可以寻求支援，在前方设路障，阻止这起命案的发生，可不知为何，他什么都没做，甚至没有上报。

后来我看过对那个警察的采访，怀疑他在仓促中没记下车牌号，因而不敢上报。

此后，王丽涓其实还有一次逃生的机会。

由于前轮被警察打爆，在凌晨0点时，凶手无法再开车前行。当他停车时，旁边停了一辆大巴和一辆轿车。凶手下车，向轿车司机借千斤顶，准备换胎。

王丽涓再次尝试求救，未果，反倒又被凶手发现。于是凶手顾不上换胎，再次开车带她逃跑。

我也不明白是王丽涓过于胆小，求救的信号太弱，还是路人太冷漠，袖手旁观。

最后凶手把她带到一个建筑工地上实施强奸，并在她的腹部刺了 2 刀。

而就在他行凶时，这辆车又被一个经过的货车司机发现。当时那个司机正在工地上找材料修车。

凶手发现有人，又开车往前跑了 1 公里。

最后，凶手绑住王丽涓的手脚，堵住她的嘴，勒死她后，把她扔进了一个很深的沟渠，用 2 个灌石灰的轮胎压住了她的身子，又用一块木板盖住了沟渠。

正在凶手处理这些事的时候，想不到前面提到的货车司机又刚好经过此地。他再次发现这辆小轿车，且见车上没人，就顺手牵羊，偷走了王丽涓的手机和手提包。

凶手回来后发现车上失窃，担心罪行暴露，赶紧把车开到一公里外丢弃，然后自己打的回家。

第二天，他发现了铺天盖地的寻人信息，于是在凌晨又买了 2 桶汽油回到抛尸地，纵火焚尸。

案发 7 天后，警方根据身份证上的信息，抓到了凶手。

凶手竟然看似家庭幸福。他本人是一家负责清洗飞机的公司的主管，妻子是一家银行的高级职员，育有一个 3 岁的孩子，当时妻子正有身孕。

当晚，他在停车场内见到王丽涓打开车门取东西时，把她推入车内掳走。

凶手后被判死刑。

以上 2 起案件都发生在停车场这样的公共场所，2 位受害人在被凶手挟持时，都曾引起他人的注意，可惜她们最终都没能从险情中逃脱。

事发突然，加上恐惧，恐怕大部分人未必能更快地做出更好的反应。

也许事先了解一些应对策略，可以提高反应速度。

如果遇到类似情况该怎么办？

1. 上车时警惕周围的环境，自是不必说。如果有人鬼鬼祟祟地站在旁边，先不要开车门（许多车的设计是：当车主从驾驶座打开车门上车时，副驾的门依然是锁住的，需要驾驶员在驾驶座上解锁）。

2. 在与歹徒搏斗中，按车钥匙上的 panic（报警）钮，车子会打双闪，并发出高分贝报警声，可以引起周围人警觉，吓跑一些歹徒。

3. 如果歹徒已经蹿上车，立刻熄火，把车钥匙远远地扔出车外，车子将无法再启动。

4. 抓住一切机会求救。求救信号要明确，特别是遇到警察的时候。

5. 如果遇到和章莹颖案或者滴滴顺风车司机杀害空姐一案相似的情况，我认为趁车子等红灯，或者低速前进时跳车，生存概率更大一点。连环杀手赵志红曾在 1996 年到 2005 年间奸杀多名女性，2005 年一名被他强奸并劫持的女性，趁赵志红开车减速慢行时，跳车逃跑。她记下了车牌号以及赵志红的长相，这些线索成为破案的关键，令赵志红于同年落网。

EN 没药花园 MYRRH GARD

蒋青青在日本

TEEN

五个绝对真实的案

CASES FIFTE

蒋青青真的想自杀吗?

2017 年夏季,蒋青青(化名)从阿寒湖畔离奇失踪。本案尚扑朔迷离之时,我在没药花园上较早提出自杀一说。最终消息得到证实后,我曾总结过本案。

其实每天都有好多失踪案,大多数没过多久人找到了,或者证实他们是主动离开的。蒋青青失踪的 10 天,我整理了一下时间线索,如下:

7 月 18 日　赴日本北海道旅游

7 月 19、20、21 日　蒋青青在北海道洞爷湖、小樽、美瑛

7 月 21 日 19:00　在群里说日本有很多中国人,在车站可以帮她指路

7 月 22 日 7:00　从札幌 OCHO 酒店出发,未退房

7 月 22 日 16:30　蒋青青向父亲报平安,说自己已回到 OCHO 酒店

7 月 22 日 19:30　其实她那晚夜宿阿寒湖温泉的宾馆御前水

从札幌到阿寒湖温泉，全程需要7个小时，7:00出发的话差不多下午两三点到。可见她是晚上吃过晚饭后入住，在途中发了这条对父亲撒谎的消息。

7月23日凌晨　在微博给孙燕姿生日点赞

估计一夜未眠，正在考虑第二天的路线。

众人认定她的消失由此开始。但其实后面的许多消息（我不觉得日本人会像美国人一样认错人）证明她还在自由安全地行动。

7月23日7:30　离开阿寒湖温泉宾馆御前水，退房

7月23日8:00　乘坐阿寒湖观光船，时长85分钟，18公里，约人民币115元

打算消失了还去坐船？我当时有点担心她会想不开跳湖。那个游船中间会不会停靠什么岛，她会不会中途下船跑到哪个岛上去了，没回到船上……

我甚至还找了游船的路线图，中间确实会停2个岛呢。

可是最新发现：23日上午10:00左右，她在阿寒湖温泉宾馆御前水的罗森店买面包。

那应该是她坐船回来刚上岸的时间点。

7月23日　OCHO老板报警

7月25日　回程机票作废

7月26日　有人说看见她转发了林肯公园的主唱去世的微博

7月29日，日本警方于蒋青青在札幌下榻的旅馆内，找到了她留下的一些文字，其中有对父母的感谢，其父亲表示“应该是我女儿（的字迹）”。

虽然日本很多小镇人真的好少，但旅游时日本给我的感觉是非常安全的。最近有一对姐妹被杀，以及前不久的江歌案，都是因为人情纠缠原因被熟人所害，而不是针对游客的随机作案。

我粗略读了一下新闻，直觉是她要么自杀，要么主动消失（我当时觉得她

是想静一静，但那么久过去了，现在更倾向于自杀）。我这么认为的理由有：1. 故意骗爸爸已经回了酒店；2. 23 号中午以前手机明明在身上却不回消息；3. 故意把路线从热门的富良野转成冷僻的阿寒湖；4. 23 号凌晨给孙燕姿点赞时 iPad 的定位显示还在札幌；5. 告别信。

这以上 5 点其实也可以有不同的解释。1. 骗爸爸可能是怕家长担心自己乱走。2. 不回消息可能是手机没电了。3. 去阿寒湖可能是遇到的什么人给她推荐的，或者搭了个顺风车。4. 据说微博信号定位经常出错。5. 她弟弟说那不是告别信，只是个笔记。

8 月 14 日的新闻出来了，提供了更多素材。看完后，我发现上述的那几条解释几乎全被否定了，于是我的思路又回到了最开始的怀疑自杀。接下来我一一分析。

一、手机究竟有电吗？

刚开始听 OCHO 的老板说，蒋青青的手机充电器之类的都留在了放在旅馆的行李箱里，所以很多人觉得魅蓝手机撑不了那么久，肯定在到达阿寒湖的时候就没电了。

这么匆忙连充电器也不带，也刚好证明了她去阿寒湖是一时兴起。

可是她朋友却说，她很可能带了充电宝！现在事实也证明她确实一直在用手机，包括 23 号下午。

她曾于 7 月 23 日出现在钏路市一家咖啡店里，咖啡店的员工表示，蒋青青并没有拿 iPad，只带了一部手机。咖啡店员工说，当时蒋青青坐在窗户附近的桌子上，一直盯着窗外的河流，也不说话，表情很严肃，看起来很苦恼的样子。

她点了一杯卡布奇诺，在店里待了超过 40 分钟。

一个没电的手机她是不会拿在手上的。所以基本可以确定，她带了充电宝,手机一直有电。

那为什么22号晚上到23号下午她出现在咖啡馆的那段时间里,她的家人朋友都在微信上问她话,她却不答呢?只有一个解释:她不想回答。

二、为什么从富良野转成阿寒湖?

我不了解北海道,但读到介绍,7月中旬是富良野看薰衣草最好的时节,如果你刚好这时候来,那必定是不能错过的。一个理性的女游客,通常不会放弃薰衣草,而选择冷僻的阿寒湖。毕竟那个湖,说实话和国内的千岛湖差不多,无论什么时候都可以去。

很多人提到了渡边淳一的一本书《魂断阿寒湖》,讲的就是去那里自杀。在风景这么美的地方死去的确很有意境。虽然大家说她喜欢的是村上春树,可是有网友在豆瓣和微博上发掘出来,蒋青青确实读过《魂断阿寒湖》这本书。

那么,她会不会动了去阿寒湖自尽的念头,可是她到了那里,坐的却是一种游客很多的游轮(另外还有一种小快艇,也是几人一艘)。那种船中途要在一个岛上停留,几乎没法单独在无人的地方活动。如果她想自杀,一定会有人把她救起!所以坐上这条船后,她或许发现不适合完成计划,也或许她内心一直在挣扎,就离开了。

其实很多自杀的人,并不是第一次自杀就成功了(除了那些因吵架动怒的冲动型自杀)。很多都是经过预演、犹豫、放弃、反复……这过程中内心越来越悲观,直到最终下定决心。

三、她把iPad送人了?为什么23号和26号微博都有活动?

iPad为何离奇消失?日本富士电视台援引《南方都市报》的报道指出,蒋青青在微博上给孙燕姿的生日点赞,GPS定位是在札幌市政厅附近,但实际上,那天她已入住阿寒湖附近的酒店。也就是说,点赞地在札幌,而住宿地是阿寒湖附近,两地相距300公里。

蒋青青7月22日离开札幌的旅馆时带了手机和iPad，但根据后来的视频和目击者说法，之后蒋青青并没有带iPad。

日本媒体采访了IT专家落合正和，他认为，即便手机和iPad都登录了微博，7月23日凌晨点赞时显示的地址也还是终端所在地址：札幌市政厅附近。而7月23日凌晨，蒋青青已经在阿寒湖入住酒店，两地相距300公里之遥。

日媒据此分析，7月23日凌晨，蒋青青的iPad和手机可能已经不在同一地点，那么这两个设备究竟是何时分开的？这是个谜。

当时很多网友说，微博定位也可能出错。有没有可能错到相差300公里？我不太确定。我当时想，如果微博定位没错，那么她可能自己用了VPN登录改变登录地址，但我后来查了下定位在札幌的VPN，发现这几乎是不可能的。再说不就是点个赞，有这个必要吗？

更可能的是，其实当时iPad已经不在她身上了。

第一种可能：她22号离开札幌OCHO酒店后，在札幌先见了什么人。她在札幌待了3天，为什么之前不见那个人呢？或许她已经见过一次了？她把iPad送给那个人后，坐车去钏路，再到阿寒湖。

那人应该住在札幌市政厅附近。

把iPad送给某人的举动，也符合许多自杀者的行为特征。比如陈雯，就在出发去华山前把自己带的旅行衣物都送给了保洁阿姨。这也算是一种让自己的一部分继续留在世上的方式。

还有一个可能是，她只是把iPad留在了札幌某处，被人捡走了。为什么留下iPad，因为它有iCloud定位功能。她或许预料到接下来人们会找她，可能警方有办法登录她的iCloud，从而定位她。经过细心考虑，她认为不能带着iPad。同时我也想到一些网友的疑问，为什么她负担得起旅游费用，却用魅蓝这么差的千元手机呢？虽然这部手机她使用大概一年了，但我想她不买

iPhone 会不会是因为用 iPhone 会被定位呢?

同时,还记得吗,有人说 26 号,曾看到蒋青青的微博转发了一条愿林肯公园主唱安息的消息,然后秒删。因为当时没人截屏,所以也没证据。如果 iPad 在某人手上,这倒也可以解释。或许那时候蒋青青已经去世,可那人还在不时摆弄一下 iPad。

那么,这个人究竟是谁?为什么一直不发声?他是日本人还是中国人?曾有人分析为什么使用 iPad 的人(当时大家都觉得是凶手)会手误转了林肯公园主唱 RIP 的消息,因为他只认识这几个字,不认识中文,可能以为这和纪念蒋青青有关,就点了转发。

四、那封信究竟是什么样的告别信?

我开始也信了她弟弟的话,觉得可能是日本媒体乱写,就是一些旅行笔记。可后来发现不对。

我总结出以下几点:

1. OCHO 老板是香港人,老婆是日本人,他看得懂蒋青青用中文写的告别信,不可能理解错。

2. 老板明确写到,那是一封信,叠得很整齐(弟弟坚持认为姐姐是受害人,不愿意承认她是主动失联,可以理解。我也曾说过,往往家人是最不了解自己的人)。

3. 信中她向家人、朋友和世界告别。

4. 她没直接提到自杀。

再看 8 月 14 日的新闻,更明确这是告别信了。

旅馆店主透露,这封写着家里地址的信,就摆在一本村上春树的小说上,打开箱子就可以在显眼位置看到。

札幌 OCHO 旅馆的店主在接受日本媒体采访时称,“信件的最后部分写着‘我要变成星星，为大家祈祷祝福’之类的话”。

而我对星星的第一印象是童年听到的传说，死去的人会变成天上的星星，一闪一闪保护着我们。

蒋青青留在酒店里的行李箱上的锁不是紧密地盖着，其中一个锁头是翘起来的，这说明她当时没锁好箱子就出门了。日本原警察厅搜查科科长久保正行据此推断，“一般来说，出门都要把箱子锁好。但如果不准备回来的话，也就没有锁的必要了。相反，这样一来，打开箱子的人，就能把里面的东西还给她家里的人。”

五、爱情，还是为了爱情？

7 月 20、21 日，蒋青青身穿长裤，22 日出门时则穿长裙，还背了女式小包。从动作来看，7 月 20、21 日，她都是直接出门，唯独在 22 日出门时，蒋青青对着镜子多次整理了发型和衣着。

酒店外的监控视频显示，7 月 22 日当天出门后，她掏出 iPad 在音乐播放器中选择了一首爱情歌曲。一个音乐方面的专业人士推断，这是一首爱情电影的原声带《始まりの歌》。

日本富士电视台采访了日本原警察厅搜查科科长久保正行，他根据蒋青青特意换成裙装、出门整理发型、听着爱情歌曲出门等举动，推断蒋青青 7 月 22 日没有回酒店是为了和某个人见面，因为不可能穿着裙子去山坳里。

那么，这个人是不是在札幌？是不是就是被蒋青青送了 iPad 的那个人？

我本来想，会不会是和那个人见过面后，蒋青青变得绝望，去了阿寒湖？但从她准备信、不关箱子等方面来看，她对于自己的失联早有准备。所以她那种想离开人世的愿望和这次见面没有因果关系。

但从他不发声这一点来看，他对蒋青青想干什么是知情的。保持沉默，或许也是因为他答应过她。或许在很久以后，他才会说出来。

另外一种假设是，如果他和蒋青青认识过一阵子，他们之间有情感纠葛，那么他为了避免世人的责难（比如他已婚），不现身也是可能的（仅分析所有可能性，不存在污蔑意图）。

伤害人心的人，比凶手更危险。

之后蒋青青又回到了钏路，一个人坐在咖啡馆前待了 40 分钟，她在想什么？我看了钏路的 Google Earth，过了币舞桥，是人烟、房屋稀少的森林和大海。她会不会终于在哪儿撑不住心底忧郁的攻击而败下阵来？

蒋青青案件大结局：一个孤独旅行者

跳海自杀

2017年8月29日，日本钏路的渔民在捡海带时发现了一具被海浪冲上岸的女尸。当时我在美国，是深夜。早上醒来，微信上有5个朋友给我转发了同一条微博消息。我都回他们一句“跳海自杀”。

登录公众号，也有好儿人在文末留言或者发消息评论此事。匆匆浏览了一下新闻，其中一篇详细描述了尸体的穿着，包括红色围巾、白色球鞋。只是尸体受损严重，露出白骨，无法辨认容貌。毫无疑问，大家都相信，这就是蒋青青的尸体。

尸体是在钏路的桂恋找到的。桂恋是什么地方？我搜了一下，离她最后现身的渔人码头咖啡馆8公里远，步行需近2个小时。那里有一个很大的桂恋墓地。

她离开市中心后，很可能是朝那里步行，最后跳入大海。哪怕不是那里，最后终结之处也是此类偏僻冷清的地方。

下午，尸检结果出来了。

溺亡。无外伤。

我想说，日本人的效率真高。只用了一天！想想蓝可儿，尸体在水箱里被发现后，硬是拖了近4个月才出尸检报告。因为政府开支不够，人员紧缺，尸体都在排队等解剖。

可是蒋青青尸体的毒理分析也已经出结果了吗？其他可能性都排除了吗？我们尽可以有很多理由怀疑，比如会不会是尸体腐烂严重导致其他伤口消失，会不会被下毒，等等。这些怀疑都是非常珍贵的，因为万一真的是他杀，万一凶手以此蒙混过去……所以我们要保留其他一切“可能性”，在这基础上，再来说说最大可能性。

溺亡，这个结果，基本在办案上指向了一个最大可能性：蒋青青是自杀的。自杀加上大海，和我之前的推测差不多。

让我们回顾一下蒋青青在日本期间做了什么。

她像一个普通的旅行者来到日本旅游。制定旅游计划，提前定好房间。唯一特别的是，她是一个人来的。本来有个同事与她同往，倒不是被她支开的，而是那同事自己有事没来。

有人说她不仅订了中日往返机票，甚至订了从上海虹桥机场回她福建老家的机票（或是火车票）。订往返机票可以理解，很多时候为了得到签证、顺利入境，或者出于往返机票比单程更便宜等原因，可能就随手订了。可是细心到连回老家的行程都安排好，看来真的有按时回来的打算。我不知道她是几时定好这些行程的。我只能说，她的内心或者生活发生了一些变化。这些变化可能发生在从她定完行程到 7 月 22 号之间的任何时刻。

我之前就判断她是自杀或者主动失联。后来我也曾动摇过。倒不是因为以上这些理由，而是有许多细节让她看起来真的不像有预谋的自杀者。

哪些细节呢？她从阿寒湖退房时，戴了口罩，应该是因为没有化妆，怕之前看见过她妆后相貌的前台，见到她没化妆的样子。

她 7 月 18 日赴日本北海道旅行。19、20、21 日，连续 3 天，每天发一条微博，分别在上午、傍晚和下午，有用手机发的，有用 iPad 发的。总之看起来她没什么异样，就是一个普通的旅行者。21 号还自拍了一张闻花的侧颜，精心化了妆。

她还独自享受了不少美食，有甜点、寿司。这像一个自杀的人吗？再说，她好不容易考上了编制，她的毕业学校并不出色，能当上有编制的小学老师，这不是最理想的工作了吗？她不是还说要等《权力的游戏》下一季出来吗？

知乎上有个在日本多年的网友给出了非常技术流的分析，主要针对她的行进路线，分析得非常好。但那个网友和我不同，他相信蒋青青是遇到危险了，不管是人为还是意外，总之不相信她是自杀或者滞留。他给出的理由包括，她在坐大巴离开阿寒湖前，还买了好几个面包吃。一个都要自杀的人，还会提前安排好早饭和午饭吗？

可是，技术流同学却不知道，人心是非常非常复杂的。

蒋青青为什么自杀？

蒋青青去阿寒湖就是为了自杀。这点见之前分析。可是坐游船时她没有机会这么做，再加上内心动摇，她便想回到札幌。可是在途中，她停在了钏路，终于坚定了信心。

非精神病因素自杀的人分 3 种。

一种是暴躁型。吵到愤怒处，跳楼自杀，割脉自杀，反正身边有啥逮啥，一秒都不能忍。如果之后还能活着，冷静下来时肯定要后悔。

一种是绝望型。他们的生活一般是陷入了困境，遭受穷困或孤独，受到失去亲人的打击，无法从悲痛中恢复过来，得了抑郁症。这类人长期下来会消瘦，反应迟钝，无法集中注意力，吃不下饭，终日不出房子，不见人，对美食、旅游更不会有兴趣。最后“生”对他们来说毫无吸引力，只剩下痛苦，死就不那么可怕了，反而是种解脱。

第三种是理想型。这通常发生在教徒身上：比如人民圣殿教 900 多名信徒集体自杀；比如青少年叛逆期经常出现的相约自杀；比如有人追求在 0 点 0 分 0 秒去死；比如纳西族有很多殉情的情侣；比如在独孤求败式的寂寞中寻死。这些人对现实失望是肯定的，但客观上他们没有陷入绝境。这类自杀者一般都追求一种仪式感。

大老远跑到日本来自杀，已经是具有仪式感的一种行为了。不管是自尽于阿寒湖，还是跳海，本身都比一般的自杀手段更有仪式感（否则，她在日本的酒店里就可以割脉自尽）。陈雯爬上华山最高峰自杀，也很有仪式感。对于他们，或许死亡本身不是唯一重点，死亡的方式、时间、地点，也同等重要。我猜这一类人通常都具有某些完美主义倾向，对象可以是宗教，也可以是爱情。**自杀对他们来说意味着，我在现世得不到的完美，却能从死亡这件事中得到某种理想化的升华**。

我这么写，只是想说，对第三种人，“编制”根本不算什么。被困在一个小县城，困在不理解自己的亲人身边，或许才是痛苦的。

我对蒋青青一无所知，不了解她经历过什么。我个人感觉这桩悲剧的起因主要是爱情给她造成的失望感，加上她自身的轻度抑郁症，再加上受到独自旅行的情境催化。有人说她在自杀 2 年前失恋，但从她个别微博可以看出，她要么没走出来，要么现在有其他令她伤感的人。

她死前发生了什么？

8 月 29 日，日本新闻披露了她的信件内容。

在这封信中，蒋青青对亲友表示了感谢，并跟大家告别。信件内容如下：“对不起，这是告别的信。活了 27 年，现在已经努力不下去了。如果我不在了，请大家不要难过。我会成为星星守护着大家。我从心里爱着大家。”

日本媒体为什么选这个时候公布？我相信也是出于谨慎，太早公布是怕人们产生先入为主的印象吧。

我在前面的分析中就说，家人可能是最不了解她的人。在她行李中发现的明明是一封信：有家庭地址，折叠好的，有道别的话，有明确读者。可身在中国的弟弟，却坚持这只是旅行笔记。

根据监控视频，22 号在札幌的餐厅里，她手里提了一个白色袋子。22 号到了钏路后袋子就消失了。她是不是买了便当盒准备见谁？她的 iPad 到底在哪儿？是不是有个导火线（应该在 21 号或 22 号发生），让她突然打定主意自杀。

但是我在看到这封信的具体内容后，觉得这些都不重要了。

因为她 22 号离开酒店时留下的信，已经清楚说明她的自杀意愿早就维持了一段时间。包括截屏的那条微博，“人生最后的美好”也有很强烈的暗示性。所以她的死和她 22 号后来究竟见没见谁，关系并不太大。

我也一个人旅行过许多次，感觉独自在陌生环境中，胡思乱想的概率更大。独自旅行就像一种催化剂，能让悲伤孤独的人更悲伤，让亢奋活跃的人更亢奋。

看蒋青青的微博，发现她喜欢的许多书和影视，我也喜欢。

每个人都对自己的人生有不同的期待，各自也有不能说或不愿说的痛苦。我们就不要深究了。

她应该是希望在一个不为人知的地方跳入大海，世间没人知道她的行踪，她永远从大家的生活中消失。可现实却是，无数的监控追踪到她最后的行迹，而大浪把她送回人间。这大概也是种缺憾吧。

但幸好，钏路夏天的大海很美。